質的心理学の展望

サトウタツヤ

新曜社

はじめに

　本書は、筆者がこれまで執筆してきた論考のうち、質的心理学に関するものをまとめたものである。『方法としての心理学史』(2011)、『学融とモード論の心理学』(2012)（いずれも新曜社刊）に続く第三弾である。今回もまた新曜社・塩浦暲社長に格段のご尽力をいただき出版することができた。まず最初に深く感謝したい。

　発足10年を迎える日本質的心理学会。学会ができてしまえば有るのは当然という感じだが、私たちが大学院生のころは、質的研究という言葉も十分に浸透していなかったように思われる。社会問題、社会現象を扱おうと思った時、必ずしも実験や質問紙が有効なわけではない。そうした感覚をどうすれば良いのか、もてあましていた時期があった。

　幸いにも多くの人と出会うことで、質的研究の方法論についてたくさんのことを学び、多くのことを考え、多少なりとも成果を出すことができた。特に、複線径路等至性モデルという方法論を創案できたことは小さくない喜びである。そして本書の内容は、東京都立大学（現・首都大学東京）の助手時代の仲間や後輩たち、福島大学行政社会学部（現・行政政策学類）の学生・院生、立命館大学の学生・院生の皆さんと共に、社会現象を真剣に考えること、おもしろがること、をやってきた成果であるとも言える。

　個人的には、福島がフクシマになった今、かつての恩返しをどのようにしていくのか、考えているところである。読者のみなさんには、本書の通奏低音である「新しいことをしようとする熱意のようなもの」を感じ取ってもらえるなら、望外の喜びである。

　　　　　2013年4月16日

　　　　　　　　　　　　　　　　　　　　　　　　サトウタツヤ

付記

本書に収録された諸論文には最近のものが含まれていないため、付記として最近の重要な出来事を述べておきたい。

2012年、アメリカ心理学会が『心理学における研究方法(*APA Handbook of Research Methods in Psychology*)』というハンドブックを出版した。このハンドブックの構成を見ると、アメリカの心理学は完全に認識論的に転回した感じを受ける。全3巻、2074頁にわたる巨大なハンドブックなのだが、驚くべきことに、チーフエディター(Cooper, H.)による序章は、パース(Peirce, C. S.)を紹介する話から始まっている。彼は推論形式に帰納と演繹のほか、アブダクションを加えたことで著名な哲学者である。

また、全3巻の全ての論文中最初に収録されている論文がウィリッグ(Willig, C.)による「質的研究における認識論的基礎の展望」という論文である。量的な研究方法論よりも前に質的研究のことが位置づけられているのである。ウィリッグは、質的研究とは意味もしくは意味づけ(meaning)に関心を持つものだ、と定義した。そして、質的研究志向を持つ研究者は主観性と経験に関心を持っている、としている。量的研究のように、人を「変数の乗り物」として見てサンプルとして扱うのではなく、研究対象者の一人ひとりの主観や経験を重視するのが質的研究の基本的なスタンスだと宣言しているのである。

アメリカ心理学の後を追う必要も無いし、むしろ日本の方が進んでいるとさえも言えるかもしれないが、質的研究が心理学において大きな位置を占めているということが、このアメリカの『心理学における研究方法』というハンドブックを見るだけでわかるのではないだろうか。

目　次

はじめに　　　　　　　　　　　　　　　　　　　　　　　　　　　*i*

I部　質的研究の意義とプロセス　　　　　　　　　1〜104

1章　フィールド研究のプロセス ― 3
1　フィールドワークの技法がないと……　　　*3*
2　フィールドワークのプロセス　　　*11*
3　Kさんの実際のプロセス　　　*23*
4　まとめ　　　*28*

2章　研究デザインと倫理的配慮 ― 35
1　研究デザイン　　　*35*
2　研究プロセス　　　*38*
3　研究評価と省　察（リフレキシヴィティ）　　　*45*
4　質的研究における対象抽出　　　*49*
5　研究倫理　　　*53*
6　研究倫理のためのシステム　　　*59*
7　まとめ　　　*65*

3章　心理学からみた質的研究 ― 67
1　心理学の歴史から　　　*68*
2　質的研究とは何か　　　*78*
3　まとめ　　　*102*

II部　手法としてのフィールドワークとエスノグラフィ　105〜203

4章　フィールドワーク・クラスのエスノグラフィ ― 107

1	フィールドの概要およびフィールドワークのスタイル	*108*
2	授業担当者のティーチング・スタイル	*112*
3	ゼミとその参加者 ── 社会心理学的考察	*125*
4	エスノグラフィ作成過程を振り返って	*131*

5章　心理学で何ができるか ── 違和感分析への招待 ──── *135*

1	心理学を専攻しているアナタの気持ち	*135*
2	心理学という学問の特徴	*137*
3	subject とは何か	*140*
4	違和感分析	*142*
5	感受主体という考え方	*146*
6	違和感分析の実例	*147*
7	まとめ	*155*

6章　現場に居ながらにして現場に入り込む方法としての違和感分析
──── *159*

1	資格と現場と実践と研究と	*159*
2	エスノメソドロジーに学ぶ	*161*
3	憤慨やとまどいを違和感分析へ	*163*
4	現場的定義と感受概念	*166*
5	まとめ	*168*

7章　文化心理学からみた現場を伝えるいくつかの工夫
　　　── セラピーの現場を考える ──── *171*

1	実践活動と研究の二項対立を超えて	*172*
2	対象選択の問題	*177*
3	歴史的構造化サンプリングと複線径路等至性モデル	*181*
4	まとめに代えて ── 事例の時間的変遷を描く方法論	*185*

8章　概念や尺度に惑わされない性格研究を ──── *187*

1	性格心理学の停滞	*187*
2	ミシェルの素朴実在論批判	*189*

3　状況主義がもたらしたこと、従来の性格理論が見落としていたこと　　*193*
　　4　混乱の原因を解くのは人称的性格である　　*196*
　　5　性格という概念　　*197*
　　6　性格心理学徒こそ対人関係に興味をもとう。そして現場(フィールド)に出よう　　*198*
　　7　性格心理学の新展開　　*201*

Ⅲ部　時間を重視する質的研究をめざして　　*205〜252*

9章　複線径路等至性モデル
　　── 人生径路の多様性を描く質的心理学の新しい方法論をめざして ──────── *207*
　　1　事例研究とモデル生成　　*208*
　　2　新しいモデルとしての複線径路等至性モデル　　*211*
　　3　文化心理学とは何か
　　　　── 比較文化心理学との「比較」を通して　　*212*
　　4　複線径路等至性モデルの典型と主要概念　　*214*
　　5　複線径路等至性モデルによる事例記述のあり方　　*217*
　　6　複線径路等至性モデルの成り立ち　　*218*
　　7　まとめに代えて ── 水平的人間関係の構築へ向けて　　*221*

10章　「社会と場所の経験」に向き合うためのサンプリング論再考
　　── あるいはメゾジェネシスレベルの発生を描くということ ──────── *225*
　　1　ランダムサンプリングは必要か？　　*225*
　　2　変数を観測するということはどういうことか　　*227*
　　3　変数と変数の関係を見る
　　　　── あるいは因果モデルの適用のためのサンプリング法　　*230*
　　4　大数(たいすう)の法則の呪縛(じゅばく)は質的アプローチにも有効か　　*231*
　　5　経験ベーストサンプリングに向けて　　*235*
　　6　歴史的に構造化されたサンプリング（HSS）　　*236*

7	TEM ── 多様性の記述のための方法	242
8	発生のメカニズムを記述する	244
9	まとめ	250

付章　質的心理学の歴史 ──────────────── 253

1	質的心理学小史	253
2	日本における質的心理学	254
3	質的研究の勢い	255

おわりに	257
文　　献	259
人名索引	271
事項索引	273
初出一覧	277

装幀＝虎尾　隆

I部　質的研究の意義とプロセス

1章
フィールド研究のプロセス

　本章では、フィールド（現場）に出て研究を行い、それをエスノグラフィにまとめるまでのプロセスについて、筆者が肝要と考える諸点に焦点を絞って概説する。そのためには、フィールドとは何かについて定義しておく必要があるが、佐藤郁哉（2006）は、フィールドを、「調べようとする出来事が起きているその現場」とし、フィールドワークとは、その現場に研究者が身をおいて、参与観察と呼ばれる手法を代表とするような調査をする作業を指すとしている。したがって、調査研究の対象者を実験室や面接室や観察室に呼んで行う研究や、何かの目的で研究施設に来ている人を対象者にする研究は、「フィールド」研究ではない。

1　フィールドワークの技法がないと……

1-1　いくつもの挫折

　私は修士課程の学生だった頃、90人の妊婦さんを対象に、妊娠後期、出産4／5日目、産後1ヵ月後、の3時点で面接をしたことがあった。妊娠後期というのは比較的順調に面接できるが、出産は突発的であることが多く、出産4／5日目の面接をするのは大変だった。しかし私は延べ約270人に行った面接を、学術的な研究としてはまったく生かすことができなかった。修士論文は産後6ヵ月の母親600人ほどに対して郵送したアンケートの結果を用

いて書いた（佐藤, 1988）。

　博士課程に進んだ私は、近くにあった乳児院に出かけるようになっていた。なぜか？　とにかく実際の場所を見なければいけないのだ、という焦燥感にも似た思いに駆られていたからである。自転車で20分ほどの所にあった乳児院に毎週1回出かけた。短期・長期の滞在がある乳児院では子どもたちの「出入り」が激しいので、仲間入りのプロセスを観察しようかと考えたりもした。しかし、結局は「毎週遊びにくるお兄さん」になってしまい、観察は放棄せざるをえなくなってしまった。

　助手の頃、ある公立の施設で育児相談面接が行われている場面で同席したり、あるいはマジックミラーの背後から観察して記録をとっていた。修士論文で育児ストレスの研究をした私は、実際の悩み事が語られている場で捉えなければならないと考えていた。しかし、自分で相談を受けることはできない。そこで、相談場面を見て記録をとっていたのであった。その経験は、ある仮説を生み出したものの、その経験自体が研究として残ることはなかった。

　助教授の頃、ボクシングジムに通い、ボクシングすることやジムの文化を描こうとしていた。しかし、6ヵ月後に突如として学部の教務委員長にさせられ（これがいかに大変かは大学教員なら分かってくれるはず）、ジム通いどころではなくなった。

　このように、私はどうも気が多い。そして、現場にいることを志向している。しかし、困ったことに失敗が多い。興味があるだけでは研究にならないし、論文は書けない。院生・助手の頃の私には興味と時間はあったが技術がなかった。多少の技術を身につけてからやろうとした時には時間をとることができずに、継続できなかった。

　フィールドワークと聞いただけで、ヒミツの技法的な感じがして、好き勝手にやってるんじゃないの？みたいな疑問をもつ人もいるが、実際問題として、ある場所に「いる」だけでは研究にならない。単にどこかに出かけて研究しようとしても、まず、そこに長く通うことが難しい。また、長く行けば行ったで、その現場のもつ「現場性」に引き込まれて、研究どころでなく

なってしまう。その場所で生活するのではなく、観察者としての身を保ちながら現場にいる、ということ自体が、難しい技術なのである。さらに、観察を活かして研究をまとめていくのも難しい。こうしたことに関する技術を知らなければ、現場で研究をすることはできない。

こういう私ではあるが、血液型性格判断の流行を1つの現場として見た研究などでは、なかなかおもしろい研究をすることができた。

現在の日本で「なぜ」血液型性格判断が流行るのか、などを因果的に検討することはできない。そうであるならば、「どのように」流行るのかを記述する必要がある。そう考えて、血液型グッズを集めたり、歴史的背景を探ったりすることで、日本社会そのものを「一つのフィールド」として考えた血液型性格判断流行の研究を行うことができたのである（詫摩・佐藤, 1994；佐藤・渡邊, 1996）。しかし、私の研究は、良く言えば「天才肌的研究」（自分で言うか？という批判はおいとくとして）であり、悪く言えば「綱渡り的な結果オーライ的研究」であった。自分と同じような研究をするにはどうすればいいかを伝えることができない。私自身はその後、噂の研究などに進路を移して（佐藤, 1999）日本社会そのものを「一つのフィールド」として考えた研究を続けてきているのだから、自分なりに技術の蓄積はある。しかし、それを他者に伝えられなければ、価値は半減する。

1-2 挫折を防ぐ工夫 ── フィールドワークの技法

このようなジレンマを抱えていた時、1997年に文部省内地留学制度によって、東大文学部心理学研究室に所属することになった。この時の受け入れ教官は高野陽太郎先生であったが、この機会を利用して、当時東大教育学部にいた箕浦康子先生（現お茶の水女子大学名誉教授）の授業に出席しようと考えた。そして、実際にフィールドノーツをつけながらエスノグラフィを描くという機会にも恵まれたのである（佐藤, 1999）。

さらに翌年からは、「箕浦フィールドワーク・クラス」で得た知識・技術

を、当時の勤務校である福島大学の演習で適用することにした。すなわち、演習募集の際にフィールドワーク主体であることを明示し、所属する学生に対して、全員がフィールドワークを行い、エスノグラフィを書くことを課題にした。実際には全員がこの課題を完遂するわけではなく、他にもっと興味のわいたテーマで卒論を書いたりする学生もいるが、半数近くはフィールドワークをこなしていった。

　以上のような私的な背景をもって、私は本章で「フィールドワーク・プロセス」について解説・紹介していきたい。

　ここで改めて、私なりの言葉の定義をしておくと、

　　フィールドワーク＝フィールドで観察・記録すること
　　エスノグラフィ＝フィールドワークをもとに文化の記述をすること

である。

　一口にフィールドワークと言っても、3つの型がある。

① 場所固定型・定住型
② 突発型さらに移動型
③ 定住型で始まったものが問題意識が変わることで、フィールドを変えて移動しながら研究していく型

　以下では、①について中心に論じてみる。②③については論じられる限りにおいて紹介するが、フィールドワークにチャレンジしようとする学部生・院生にとっては、まず①の場所固定型を志向すべきだと考えるからである。

　エスノグラフィについては、2つのタイプがある。

① いわゆる民族誌

② マイクロ・エスノグラフィ

である。前者は文化人類学に根ざす「異文化記述」としてのエスノグラフィであり、後者は、教育学や心理学など、人を研究する各学問領域において人の生きている文脈ごと理解することをめざす研究志向としてのエスノグラフィである。

この2つは対象が異なるだけでなく、視線が異なる場合もあるので注意を要する。つまり、文化人類学はもともと「野蛮で遅れた人びとの文化」の研究であったことから、どうしても「上からの視線」になってしまうのである。その一方、マイクロ・エスノグラフィはそこにいる人びとの「下からの視線」をもつことが可能である。本章では主に、②マイクロ・エスノグラフィについて紹介する。

結局のところ以下では、場所固定型のマイクロ・エスノグラフィを念頭においてプロセスを紹介することになる。読者は自分の立場・境遇・興味を加味して、自分なりのスタイルを築くようにしてほしい。実験室実験のように、限られた空間に「被験者」を呼んできて統制された刺激を呈示してその反応をとる、というのであれば共通の方法は生まれるかもしれないが、フィールドワークは、自分と相手の関係の上に成り立っている。そして、こうした関係は統制することができないのである。

1-3　フィールドワークの技法 ── 見る＋書く＝考える

既述のように、本章では、私が学び、また、教師として学生に教えているフィールドワーク＋マイクロ・エスノグラフィの技法について略述する。

最初に私が最も大切だと思うことを紹介しておく。

書くこと

である。フィールドワークは、これに尽きると言っても過言ではない。もちろん、その前提には「見る」があるけれども。

(1) メモをとる。
(2) メモをまとめる。
(3) 思いついたことを記録しておく。
(4) ある程度期間が長くなったら、小さなレポートを書いてみる。
(5) 仮説をたて、観察を焦点化してさらに観察する。
　① メモをとる。
　② メモをまとめる。
　③ 思いついたことを記録しておく。
　④ ある程度期間が長くなったら、小さなレポートを書いてみる。
　⑤ 仮説をたて、観察を焦点化してさらに観察する。
(以下略)

　上記のサイクルを何度か経た後で、最終的なレポート・論文を書くのである。このプロセスの基本は「書く」ことにある。書くことで、自分のアイディア、考え、認識を鍛えていく。これが最も大切なことである。
　フィールドの記録をその場で、あるいはできるだけすぐにつけることができないなら、残念ながらフィールドにおける研究は難しいと覚悟しなければならない。観察のその場では書けなくても、フィールドから離れた直後（少なくともその日のうち）にメモをとるべきである。観察記録や印象をそのつどそのつど記録していかなければ、次につなげることができず、単なる印象の羅列に陥ってしまう。また、知らず知らずのうちに自分の認識が変化したとしても、最初の頃とどう違ってきたのかを確認することもできない。
　見て・書くよりも、写真やVTRなどの映像記録の方が優れているように思えるかもしれない。心理学という学問の中で「客観性」「客観性」と言われ続けていると、どうしてもそう思えてくるかもしれない。しかし、必ずし

もそうとは言い切れない。なぜなら、映像記録のための機器は一定の枠の中に世界を閉じこめているにすぎないからである。

映像記録は何度も繰り返し見ることができ、また一度に多くの人が見ることができるという利点はあるが、それ自体「切り取られた部分」なのであるから、それを繰り返し見ることができるとしても、観察者がカメラのフレームを超えて行っている観察記録より優れているとは言い切れない（劣っているとも言い切れない）。相互補完的に使うべきものなのである。

こうした映像記録の限界は、研究倫理の問題とも結びついている。あるフィールドに何人ものスタッフで行ってさまざまな角度からの映像をとりまくるということができれば、観察者よりも広い視点で記録できるかもしれない。しかし、そういうことは人員的に期待できないし、そんな大がかりな観察スタッフを組めば、それ自体がフィールドの生活に大きな影響を与えてしまう。

ここまで、映像よりはメモを、と書いてきた。その理由はもう一つある。映像記録（写真、VTR）を用いる場合でも、発表の際は、それらをそのまま利用するわけではなく、取捨選択（写真）、編集（VTR）という作業が必ず入るのであり、文字記録を用いる時と基本的には変わらない。また、その成果を公刊するためには、最終的には書かれなければならないからである。研究として認められるためには論文にしなければいけないという実利的理由は別にしても、書いたもので情報伝達がなされるのが学問の世界である[1]。

したがって、繰り返しになるが、常に「書く」ということが重要なポイントになるのである。

フィールドワークは field ＝野良、work ＝作業、つまり野良作業であるが、作業が目的になってはいけないと筆者は考える。エスノグラフィ＝文化の記述こそがめざされるべきである。

それから、もう一つだけ重要なことを述べておきたい。それは、フィールドワークが「試行錯誤または螺旋的な進行」によるプロセスだということである。観察をして考えた結果、自分がそれまで考えていたことは「甘い見

方」だということが分かってしまうことが往々にしてある。しかし、それは悪いことではない。自分の認識（ものの見方）も進行しているのであるから。あたかも螺旋のように、平面上では同じ位置に戻ったように思えても、高度的には上にのぼっているはずである。

　以下では、箕浦（1999）を基本的なテキストとして参考にしながら、私が教師として行っているフィールドワーク演習の進み方の経験を交えて、フィールドワークのプロセスを書いていきたい。その後で、筆者の指導（というのもおこがましいが）のもとでフィールドワークをしてエスノグラフィを書いたKさんの体験を紹介する。実際には「教科書通り」には進行しないのもまたフィールドワーク、だからである。

　なお、フィールドワークにもいろいろな流儀があるが、その中で箕浦（1999）の方法を、少し相対化しておきたい。箕浦の方法は、まず、実証主義に対して解釈主義的なアプローチを重視する、仮説検証的に対して仮説生成的なアプローチを重視する、ということがあげられる。また具体的技術としては、面接よりも観察を重視する、と言える。箕浦の演習では、観察者はできるだけ現象に介入せず「見ていること」が強調され、「壁の花」という言葉が使われもした（佐藤, 1999）。

　こういう次第であるので、読者におかれては自分の興味や課題に応じて多少柔軟に組み替えればよいと思われる。教師としてあえて読者に付言するなら、フィールドワーク指導は「おもしろがること」「褒めること」に尽きる。たとえ、学生がやろうとしていることに「そんなことできない！」と思っても、それを学生に伝える必要はない。長い期間やっていればそれに気づくし、気づいた時にはある程度「目」ができているので、内発的に研究を続けることができる。そして、こうした過程こそが重要なのである。

　なお、ここまでは教師であり研究者である筆者の視点からの記述が主であったが、以下では、この本の読者の視点で記述することを心がけ、教師その他の視点からの記述は注記することにする。

2　フィールドワークのプロセス

2-1　フィールドワーク・プロセスの概説

　フィールドに行くだけでは研究にならない。それは冒頭で暴露した個人的失敗談からも明らかである。やはり、準備が必要である。
　最も大事なことは、自分が何を知りたいか、何をやりたいか、ということである。そして、それが定まった上で、技術的な準備を行う必要がある。
　まず、フィールドワークについて知ることが大事である。
　観察や面接という技法についてその特徴を知る。また、現場での身の置き方や倫理についても知っている必要がある。ただし、倫理の問題については何もしない前から取り組んでも「アタマでっかち」になってしまうので、研究に着手する前から深く知る必要もないし考える必要もない。一方、フィールドワークが全体としてどのようなプロセスをたどるのかについてのメタ認知的知識は重要である。
　箕浦（1999）は、フィールドワークのプロセスを8つのステップに分けている。

①　フィールドサイト（場所）を選定
②　フィールドの全体を把握
③　リサーチ・クエッション（研究設問）の組み立て
④　観察のユニット（単位）を定めた焦点観察
⑤　観察結果を読み解くための理論的枠組みの探索
⑥　理論に導かれた事象の選択的観察
⑦　データの分析と解釈
⑧　エスノグラフィの執筆

である。このプロセスであえて強調するとしたら⑤である。理論から入っていく研究ではなく、まずフィールドの経験を蓄えて自分なりの理論枠組みを自分で作るということが大事なのである。このようなことはすぐにできるわけではなく、試行錯誤の連続ではあるが、ここが重要である。もちろん、最終的には先行研究などの知見や理論に学んでいくことも大事である。他者の研究と自分の研究を結びつける努力をしなければ、結局は自分の研究も学問全体から無視されるだけだからである。[2]

図1-1は以上のプロセスの図示であるが、→が重なっていることに注意されたい。これらのプロセスは単線的なものではなく、交互に重なりつつ、行ったり戻ったりしつつ行われるプロセスなのである。

また、箕浦の指導のもとで保育園でのフィールドワークを行い、エスノグラフィを書いた柴山（1999）の実際の進行表も掲げるので、全体的なイメージをつかんでほしい（表1-1）。

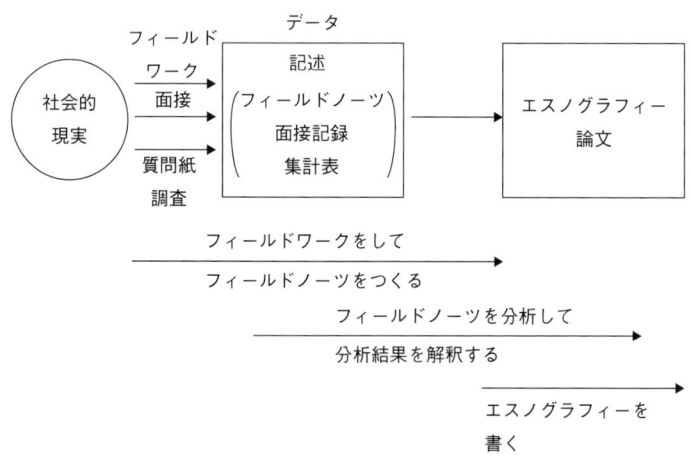

図1-1　フィールドワークのプロセス（箕浦, 1999）

表 1-1　実際のフィールドワークのプロセス（柴山, 1999 を改変）

年　月	フィールドワークの実施	フィールドワークの学習	エスノグラフィーの作成
×1年4月		授業の履修開始 仮説生成的研究を知る	
×1年8月	フィールドに入る （全体的観察期）	Corsaro, *"Entering the child's world"* を読む	
×1年10月	中国人男児 O 君の転入（焦点観察期）	参与観察法の学習	
×2年1月		エスノグラフィーの書き方の学習	
×2年2月		スクリプト概念の導入	
	O 君の保育園スクリプト獲得という視点からの観察 （理論的焦点が定まった観察期）	スクリプト理論の勉強	保育園スクリプトという視点からの観察データの検討
×2年3月	O 君の父親と面接		
×2年4月	O 君の転出		
×2年5月			学会発表 エスノグラフィー執筆：第1稿（事例の記述）
×2年10月			大学院ゼミで発表 エスノグラフィー改訂：第2稿
×3年1月	O 君についての基礎データの補充		フィールドノーツの読み直し
×3年6月			投稿 エスノグラフィー改訂：第3稿（理論的示唆の提示）
×3年7月			受理

2-2　準備的なワーク（課題）

次に、準備的なワークが必要である。泳ぎ方もよく知らないのに、いきなりプールに飛び込む人はいない。箕浦（1999）の演習では、いくつかの準備的なワークを行いながら、エントリーする場所を探すようにしていた。私も

同様の方法を勧めたい。箕浦 (1999) が課していた課題は

(1) 横断歩道観察課題
(2) 見知らぬ誰かの行動観察
(3) 自己観察
(4) 音声無し異文化 VTR の記述

であった。
　(1)は、任意の横断歩道において、観察地点を定め観察時間などを定めた上で、横断歩道上の出来事について記録をするものである。
　(2)は、任意の場所で自分とはかけ離れたタイプの人間を1人選んで、その人の行動を15〜30分ほど観察・記録し、その人について職業・年齢・暮らし向きなどを推定するものである。また、観察者としての自分自身のスタイルについても検討する。
　(3)の「自己観察」は、行動療法家が問題行動を低減させたい人に対して課す課題と類似している。たとえば、喫煙家がいつタバコを吸うのかについて自分でまず記録をとってから禁煙にトライする、というような課題である。自己観察は3日間にわたって、自分の起床から睡眠までの行動や感情の流れを記述するのが第一段階であり、その後特定の行動について、観察可能なように定義を行い、行動の生起する頻度やその行動が起きる条件について記述するというものである。なかなか実行が難しい課題ではあるが、自分の行動チェックをするという点では重要な技法である。
　(4)は、日本人にとって異文化であるアラビア圏内の学校の画像が用いられ、その場面を記述するものである。
　筆者自身は、演習において(1)〜(3)はそのまま行い、(4)に代えて「TV コマーシャルの分類」という課題を準備期間に行っている。学生なら常に TV を見ているが、CM については意識的に見ているわけではなく、ましてや分類などをしたことはない。日常生活から別の視点を立ち上げるという技術を

修得する上でも適切だと私自身は考えている。

これらの他にも準備のためのワークは考えられるが、いずれにせよこのような準備をしてから実際のフィールドワークに出かける方が望ましい。また、ゼミなどの集団でやっている場合には、他の人の課題に対する取り組みや目の付け所の違いを知ることになり、自分自身の視点や考えを相対化する上でも有用な経験になる。

2-3 フィールドエントリー

フィールドとは何か、ということに箕浦（1999）は明快に答える。「フィールドとは、人（actor）が、何らかの活動（activities）をやっている場所（place）である。」

フィールドワークはどこででも行える。ただし、やりやすい場とやりにくい場、入りやすい場と入りにくい場、があるのも事実である。まず、自分の日常生活とかけ離れている場の方がやりやすい。異文化として捉えることができるからである。そして「入りやすい」という意味では、公的な場ではないところの方が入りやすい。公立中学校と私的な夜間中学校とを比べれば、後者の方が断然入りやすい。制度的な縛りが強くなればなるほどフィールドワークができにくいのである。だが、これを逆手にとるなら、教育研究などでは、理念的制度的な場とは違うものが見えてくるという利点もある。エントリーのしやすさの程度が異なること自体が、ある種の問題を喚起するが、いずれにせよフィールドに入れなければフィールドワークは不可能である。

まず、あらかじめやりたいテーマが決まっている場合には、躊躇なく入っていけばよい。そうでない場合にどうするか？　いくつか考えてみよう。

学生という立場でフィールドを考えるなら、サークルなどの生活の場所、アルバイトしてる場所、ボランティアしている場所、学業（研究）のためと申告して入る場所、などがあげられる。

まず、サークルなどの生活の場所は入りやすいという利点はあるが、活動

に熱中するとフィールドワークにならないというジレンマがある。アルバイトをしている場所などは、日常生活とは異なっているし、かつ、入りやすいという意味では適している。ただし、接客業などは、接客によって収入を得るという意味でのプロであるから、仕事をおろそかにしていいということにはならない。卒論などに書くことが職業上の守秘義務に抵触するかもしれない。

ボランティア活動をしている場などは適切かもしれない。しかし、その場合でも、活動しながらメモをとったり考察するのは簡単とは言えない。

要するに、一長一短である。

さて、エントリーする際には、そこがどのような場所であっても「お願い状」のようなものを用意する方がいい。学生ならばなおさらである。自分の名前による「お願い状」だけではなく、指導教官にも一筆書いてもらうのはそれなりの効果がある。

なお、フィールドの性質にもよるが、一般にフィールドでの人の出入りは多いものなので、フィールドワークのためにそこに存在する人だ、ということは結果的にあまり意識されないですむ。「お願い状」の具体的な内容については、後出の図1-3を参照されたい。

2-4　終わり方のパターン

エントリーの次がいきなり終わり方？と訝しく思う人もいるかもしれない。しかし、パソコンですらスイッチの入切はマニュアルの最初に書いてある。危機管理、という意味からも、最初から終わり方について考えておいた方がよい。やる気に満ちあふれている人は読みたくないかもしれないが、そういう人こそアタマを冷やした方がいい。

苅田（2000）はフィールド研究の終わり方として、①期間限定のフィールドワークにおける終結、②研究者の異動による終結、③研究内容・対象の変化による終結、の3つのタイプをあげている。①は小学生を1学年間観

察する予定で行うフィールドワークがその例であり、学生のフィールドワークの大方はこのようなタイプだろう。②は研究者（院生含む）が予期せぬ異動でその現場を離れざるをえない場合、③は研究する側が一定の成果をあげて研究興味が他に移るような場合である。

以上の3タイプはいずれも円満なものであるが、私が指導している学生のフィールドワークではそうでない終わり方もある。④フィールドの消滅、⑤研究に向かないテーマに関心をもつ、⑥自分がフィールドワークに向かないと悟る、⑦何らかのあつれきが起きてフィールドにいづらくなる、などである。④は店にエントリーした場合にその店が倒産した場合、⑤はアルバイト先をフィールドにして、客のプライバシーが問題になる場合、⑥は持久力がないか、人と接するのがイヤという場合、⑦はフィールドワークが原因であれそうでない場合であれ、そのフィールドの人と問題を起こしてそこに居られなくなってしまう場合である。

あらゆる研究には挫折の可能性がある。フィールドワークは相手が人間であるだけに、研究計画が成就できない場合が多々あることをあらかじめ知っておく必要があるだろう。

2-5　観察前期 —— 観察開始とラポール

フィールドを決めたら観察を始める。まずは全体を把握することから始める。最初から「○○と××の関係を調べたい」と思ってフィールドに入る人もいるだろうが、そうであっても、まずフィールド全体のことを知る必要がある。最初にある仮説をもっている人ほど、その考えがフィールドの現実とかけ離れたものであると後で知ることになるが、それ自体は何ら悲しむべきことではない。いずれにせよ、フィールド全体のことを記述することが最初の段階では必要である。また、その際には、そのフィールドにいるすべての人に対して敬意をもち、かつ、自分には自制心を働かせることが重要である。そのフィールドにいる人は、フィールドワークの業績（学業論文・学術論文）

に対して何の責任もないのであるから。

　この時期に重要なのはフィールドの人たちとラポール（良い関係）をつけることである。少なくとも敵対的関係になることは避けなければならない。

　また、観察だけではフィールドの全体像を捉えるのは不可能であるから、文書資料や面接などを通して情報収集する必要がある。面接が無理なら雑談でもいい。自分がいるフィールドがおかれている文脈について知ることは、自分の研究を無制限に一般化しないためのカギであるし、逆説的ではあるが、ある限られた条件の中で行われている自分の研究の成果を一般化するためにはどうすればいいのかを考えるヒントになる。

2-6　リサーチ・クエスチョン（研究設問）の設定と焦点観察

　ある程度フィールドについての観察が行えたら、研究設問をたてて、そこに絞った観察をする段階に到達する。フィールドに入る前の課題というのは、「人気のある子はどういう子か」とか「不登校現象について」のようなものであることが多い。しかし実際にフィールドワークを行ってみると、フィールドに入る以前に自分で考えていた設問はピンボケであり、かつ、研究のための厳密な定義に欠けるということが分かってしまう。これはある種の挫折である（しかし、このプロセスこそが大事だとも言える）。

　観察する前に考えていた課題が、研究不可能だとこの時点で悟ることになる。フィールドの外から何となく考えている仮説が適用できるほど、フィールドワークは甘くない。もちろん、だからといって悲観することはない。自分がフィールドで行ってきた経験をもとに課題や仮説を修正してゆけばよいのである。逆に言えば、このことに気づかないのであれば、自分の見方や概念枠組みが強すぎてフィールドの論理が見えていないということである。さらに基本的な観察を行うべきなのである。

　そこで、新たに解くべき問い、問うべき問い、そして、フィールド観察によって解ける問い、を設定する必要が出てくる。それが研究設問である。

研究設問が作れたら、それを解くのに必要なユニットを作って観察することになる。これが焦点観察である。ここで重要なのは、ある程度の操作的定義である。フィールドワークは自分しか観察・記録者がいない。VTRを見て評定して一致度（評定者間信頼性）を出して……などということはできないのである。だからこそ、自分として可能な限り厳密な定義をすることが望まれる。そして、その定義に基づいて観察を行う。

　たいていの場合、ここでも少なからぬ挫折を経験する。自分の考え通りにデータが集まらない。この場合、問いが悪かったのか、焦点観察の単位が悪かったのか、さまざまな試行錯誤が続くことになる。

　なお、この時点で小さなレポートを書くことが重要である。指導者がいる場合には、指導者が課すレポート、ということになる。書いてみて初めて分かること、初めて「分からない」と気づくこと、がたくさんあるからである。

　そして、何かを書かなければいけないということになると、少なくとも小さな仮説をたてる必要が出てくるし、理論的な論文などを読む必要も出てくる。すでに述べたように、最初からアタマでっかちに理論などを知る必要はない。フィールドワーク前期の最後くらいから取り組めばよい。ただし、このへんで、倫理の問題が実際的課題として立ち上がってくるであろうから、それを考える必要が出てくる。

2-7　倫理について考える

　フィールドに馴染み、自分なりの最初の仮説が「まったくの思いこみ」であったことに気づいて、「ある程度フィールド感覚をもちながら観察する」ようになった時期にこそ、倫理に関する文献を読み、その意味を咀嚼して行動指針を自分なりに確立すべき時である。ここまでくれば、それが授業の単位をとるという目的であっても、卒論を書くという目的であっても、学術論文を書くという目的であっても、自分に「獲得目標」が出てくる。そして、それはフィールドの人たちの生活とはほとんど無関係であり、一方的な利得

関係だという現実を認識しなければならなくなる。そして、このような立脚地にたった上で、倫理の問題を考える必要が出てくるのである。

　ここで一つだけ筆者の心構えを書いておくなら、自分のフィールドワークの結果として、他人の人生に「非可逆的な変化」を引き起こさないように努力する、ということである。あるいは、個人を「告発」しない、ということである[3]。

　選挙についてフィールドワークしていたら、目の前で買収があるかもしれない。保育についてフィールドワークしていたら、そこで虐待があるかもしれないし、常軌を逸した性別しつけがなされているかもしれない。しかし、フィールドワーカーは、自分のフィールドワークに基づいて誰かを告発すべきではない（もちろん、命にかかわるような行為は、ただちにストップをかけるのはもちろん大切であり、それはやるべきだろう。ただし、行為をやめるように勧告することと、告発とは異なるのだから、その場合でも誰かを告発する必要はないということである）。

　日本心理学会の講演でのジャーナリスト・石川文洋氏の話を聞いたことがある（石川, 1998）。目の前で行われている銃殺を彼が映像記録（撮影）してそれはTVの戦争ドキュメントとして放映された。なぜその銃殺を止めなかったのか、と非難が殺到した。しかし、と彼は言う。自分の仕事は映像によって戦争について訴えることである。目の前の銃殺を止めることが自分の仕事ではない。ジャーナリストの仕事というのはこれだけギリギリの判断の上に立っているのだということであり、大変感銘を受けた。

　心理学者はそこまで極限的な状況に遭遇することはないだろう。しかし、少なくとも言えることは、社会正義のために告発をするというのであれば、その目的のために取材を行うべきであって、学問（学業）としてのフィールドワークを利用すべきではないということである。したがって、フィールドワークの最中に、告発すべきだと考える出来事に出会ったら、まずフィールドワークを中止し、その後、告発するという目的をもっていると述べて取材をすべきなのである。それが無理なら、その場合は、中立の第三者機関に調

査を依頼すべきである。

　誰かを告発してその人が逮捕でもされたら、その人の人生に「非可逆的な影響」を与えることになってしまう。それに、自分では告発すべきだと考えたことが、仮に冤罪だったら、それこそ大変なことである。

　フィールドワーカーは、フィールドワークの途上においては、正義感や倫理観自体をも相対化する必要がある。

2-8　観察後期 ── 仮説生成

　研究設問が定まり、ある程度の量の観察を行っていると、先に定めた研究設問が不適切だったと気づく場合がある。その場合は、もう一度やり直しである。ここでメゲてはいけない。データの蓄積こそ、フィールドワークの基本である。分析カテゴリーを再編して焦点的観察を行うのである。観察前期における焦点観察では、「見たい現象に絞り込んで」見る、というような意味の焦点でもよかったのだが、ここでは、「現象を説明できる分析カテゴリーを作成して」見る、という意味での焦点観察が求められる。

　その際には、見る現象を選んでおく必要がある。「見たいものだけ見ることはサンプルの偏りではないのか？」という質問もありえるが、むしろ現場に密着した「理論的サンプリング」なのだと考えるべきである。あるフィールドについて、その文化を記述するのに適切な分析カテゴリーを考案したと思えたとする。その時、その分析カテゴリーが本当に適切かどうかを試すには、すべての現象の観察をしていても始まらない（偏りかサンプリングかという問題は4-2節で扱う）。

　具体的な例がないと理解は難しいかもしれないが、分析カテゴリーがいくつか用意できると、それらのカテゴリー間の関連づけを行うことでフィールドの様子を記述できるようになる。これが仮説の生成である。

　仮説生成型研究は、仮説検証を行っていないのではないか、という懸念もあるが、実際には１つの仮説を自信をもって提出するまでには幾多の検証プ

ロセスがある。仮説生成という場合の仮説は、最後の最後に残った説明力のある仮説のことであるから、そういう意味では理論と呼んで差し支えないものである。実際、グラウンデッド・セオリー的な考え方をすれば、フィールドワーカーが提出する仮説は「領域密着型理論」と呼ぶこともできるように思える。

　大事なことは、仮説であっても理論であっても、ある範囲内で現象を説明することができ、他者による検証が可能な形に整っている、にすぎないという認識をもつことである。これは科学理論であっても同じである。たとえば、地動説と天動説という2つの説も、現時点では両者とも仮説である。どちらが動いているかは、宇宙の外から観察しなければ明らかにならない。そうした中で、より説得力をもっている地動説の方を私たちは理論として受け入れているのにすぎないのである。天動説が崩壊したのは、天体望遠鏡などの精度があがったことによる新しい観察事実の蓄積の結果、説明力が低下したことが原因であった。これと同様のことが地動説に起こらないとは誰も言えないのである。

　フィールドワークにおける仮説の位置も、(スケールダウンするとはいえ)同様のものではないだろうか。

　もちろん、どうせ仮説にすぎないんだから、と開き直ることは禁物である。地動説・天動説の例からも分かるとおり、地道な観察が重要だということである。他者を圧倒する観察があれば、その仮説は敬意をもって扱われることになるだろう。

2-9　エスノグラフィの作成

　フィールドでいろいろなことが見えてきても、そこで満足して終わりにしてはいけない。最後にエスノグラフィを作成することが必要である。その場合、以下のようなことを行う必要がある（箕浦, 1999）。

(1) このフィールドワークでは何が課題であったかを確認し、研究設問を文章化する。すでに読んできた先行研究について、自分との研究の関連を中心にレビューする。
(2) フィールドについての記述、フィールドワークをした時期、進め方、データの収集など研究方法に関する記述。仮に、同様の研究をしようと思った人が行えるように具体性のある記述を心がける。
(3) フィールドワークの結果、見えてきたことの列挙。どのような観察事実がどのような知見に結びついているのかという意味で、データとの対応を付けることを忘れないようにする。
(4) 以上すべてを含めた考察。特に、自分のフィールドワークが単なる個別事例ではなく、一般的意味をもちうることについて述べられるようにする。

これ以前に数度のレポート執筆をしている場合でも、最後の執筆時に大きな変化が起きることもある。データが足りないと気づく時もある。そのような場合は、もともとの視点やデータに固執せずに補足的なフィールドワークを行うことが望ましい。

フィールドワークは、どんなにあがいても、ある限られた時点におけるある限られた場所の研究であり、そうした意味で、個別性・特殊性が強いものとして捉えられがちである。しかし、個別性・特殊性をそこにいる個人の内的な側面に帰属することに固執しなければ、結局は、外的状況・システム・文化、といったものの記述を含むことになり、それはある程度の一般性・普遍性をもつものになる。

3 Kさんの実際のプロセス

ここでは、筆者の指導のもとで学部3年生から保育園でフィールドワーク

をして、卒論を書き、修士課程に進んだKさんの体験も含めながら、なるべく具体的にフィールドワークの過程を記述していきたい。なお、Kさんが所属しているのは社会科学系の学部であり、学生は「社会心理学」以外に心理学の専門科目を履修しない。ただし、3、4年と同じ演習（社会心理学）に所属して卒論を書くようなシステムになっていた。読者におかれては、自分なりの時間スパンで自分自身に適用されたい。この研究を行ったKさんは、保育園における夕方の時間、なかでも「親が迎えにくるまでの異年齢ごったまぜの時間」に注目し、異年齢集団における物の取り合いの様子を、保育者が関与する時としない時でどう違うのか、という点に着目して記述することになった。[6]

3-1　Kさんのフィールドエントリー（19xx.05月）

Kさんがフィールドワークをするということになって最初にやってみたかったのは、「人気のある子」の研究であった。そこで小・中学校に行こうと思ったが、フィールドエントリーが難しいことが分かり、また継続的に行けそうもないので保育園に行ってみようと考えた。

エントリーに際しては図1-3のような文書を用意し、快く受け入れてもらえた。この時点では「保育園での人気のある子」の研究を意図していた。

3-2　観察前期（19xx.06月）

Kさんは、こう述懐している。

> 毎週1回観察に行くことにする。他の保母さんと同じようにエプロンをつけた。ポケットにメモ帳と筆記具。そして、そこで気づいた起こっていることをメモ。さらに、その日のうちに同じメモ帳に「気づいたことをまとめた」。事実だけでなく、そこから考えたこともまとめておいたのである。パ

○○保育園様

　　　　　　　　　　　　　　　　　　福島大学行政社会学部
　　　　　　　　　　　　　　　　　　　　3年　山田みなみ
　　　　　　　　　　　　　　　　　連絡先××－××××－××××

　　　　　　　　貴園での観察実習のお願い
拝啓　貴園ますますご発展のこととお慶び申し上げます。
　さて、私たちが所属する福島大学行政社会学部の「教育と社会のフィールドワーク」というゼミナールにおきまして、「子どもの人格形成」というテーマで、子どもの遊びの観察と遊びの体験学習を行うことになりました。
　つきましては、保育のお忙しい中、誠に恐縮ですが、下記の内容で貴園での観察実習をさせていただきたく思っております。ご都合はいかがでございましょうか。
　誠に勝手なお願いで申し訳ございませんが、よろしくお取り計らいのほど、お願い申し上げます。
　　　　　　　　　　　　　　　　　　　　　　　　　　　　　敬具
　　　　　　　　　　　　記
　　　　　　期　　間：週一回程度で継続的に
　　　　　　実習目的：子どもの成長過程を見る
　　　　　　実習方法：自由時間に遊ぶ子供たちを観察
　　　　　　担当教員：佐藤達哉（Tel　××××－××××（内××××）

図1-3　フィールドエントリーのお願い

　ソコン導入後は、メモのまとめ（フィールドノーツ）はワープロソフトで作成することにした。書くことが多すぎて「何を選択しどう書けばいいのか！」混乱しそうな自分に憤りを覚えたこともあった。

　フィールドに出たからといって、学生が常に優等生でいるわけではない。Kさんも、メモをとるだけで、まとめないでいたこともあった。しかし、そういう場合に後からメモだけを見てみても、思い出せることは少ない。Kさんの反省を込めて言えば、やはり、メモはその日のうちに読み返してまとめる必要がある。たとえば、「○が何をとって、×が何とかと言って、もみ合いになった」というような記述は、すぐに書かないと不可能である。しばらくたってからでは「○と×がケンカした」程度のことしか書けないので、結局は後でデータとして利用できなくなる。

そうはいっても、Kさんは、たとえ数日後になっても、とったメモをフィールドノーツにまとめなかったことはなかった。この点は大事である。
　もっとも、毎週行ってると（教師には）言っていながら、行かない週もあったようである。フィールドワークに行くのを負担に感じて、サークルなどのコンパの日程をあえて観察日に誘導する時もあったという。
　ゼミでは定期的に発表が課せられていた。Kさんは、最初のうちは、あくまで「人気のある子」のことをどのように観察すればよいか、というようなことを考え、発表していた。だが、しばらくフィールドに通っていると、保育園において「人気のある子」のことをまとめるのは無理だと分かる。何をもって「人気がある」とするのかという定義付けが難しいことと、たとえ「人気がある」要因を取り出すことができたとしても、それらの「心理変数」を記述することはフィールドワークのやることではない、という考えをもって筆者が指導しているためである。
　こうして、Kさんに最初の大転換が訪れた。
　本人によれば「それまでのゼミ発表のために作ったレジュメ、フィールドノーツのエピソード、その感想や考察を読み直してみて、一番『書けそう』なテーマを選び」、「トラブルと先生の介入」について書いてみることになった。1つのテーマしか考えずにそれに絞るのではなく、いくつもの可能なテーマを考えた上での決定である。
　そして、その後はこれが焦点となって、その後はケンカ場面に関するメモをとるようになる。子どもたちの会話に注目して、子どもがいつどのような時に、他の子どもに対して「貸して」と言い、それがどうトラブルに発展するかに注目したりした。

3-3　観察後期（19xx＋1.06月）

　4年の6月以降（観察開始1年後）何かが見えるような感じになって燃えてきた。主体的に考えることができるようになった。子どもたちのトラブル

に関するテーマを堅持しながら、(授業の発表はせいぜい1ヵ月に1回だが)それとは無関係に自分でレジュメみたいなものを作って仮説生成・崩壊を繰り返した。仮説を作っては観察し、観察しては仮説が壊れ、というサイクルは相変わらずだが、その期間が非常に早くなった。

焦点を絞るようになると、「使える」観察データも増えていく。
　この時期、Kさんは関係する文献を探り、調べ始める。図書館にある本から始めて、いろいろと読むものを増やしていった。ここで、一種の「知恵熱」のような状態に陥る。先行研究の内容に圧倒されたのである。子どものいざこざに関する研究は、VTRを用いた観察研究が多く、そうした研究では、細かいカテゴリーを作って行動観察することが多い。そうしたスタイルと自分のフィールドワークとの違いにショックを受けたのである。しかし、それらの研究は、フィールドワークとは目的、見たいところ、注目するところが違うのだと割り切ることができた（10月頃）。

3-4　エスノグラフィの作成（19xx＋1.10月）

　　ビデオ観察型の先行研究の細かいカテゴリー記述に惑わされていたのだが、卒論を実際に書く時期になって、ふっきることができた。12月の時点では（卒論提出は翌1月末）、物の取り合いにおける保育者の介入をいくつかに分けて変数化して焦点をあてた。

この時期に読んだ文献に、自分の所有しているモノをとられた子どもが抵抗せず、「トラブル未満」のような状態になる、ということが書いてあり、自分のフィールドでも「あるある！」と思ってKさんもそこに注目してみることにした。つまり、トラブルにのみ目を奪われていたのが、文献によって、トラブルにならないものとトラブルになったものを比較するという視点を得ることができたのである。

19xx＋1年の12月16日でフィールド観察は終わる。結局56回行った。

最終段階で、パソコンのワープロソフトで管理していたフィールドノーツを1行ずつ表計算ソフト（エクセルなど）に移行した。こうしておくと、データ移動が簡単で、いろいろと思考を試行することができてより一層便利である。

結果的にKさんは、異年齢集団における物の取り合いに由来するトラブルとその解決について、保育者が関与する時としない時でどう違うのか、を中心にして、異年齢集団の文化を記述することができた。

4　まとめ

4-1　前期の陥りやすい問題点

後期まで行けば、進むも退くもないので、とりあえず前期において陥りやすい困難とそれを乗り越えるための心構えを述べておく。フィールドに入る経験が浅い場合には、1つの失敗が現場からの離脱をもたらしかねないからである。

まず、等身大の問題意識をもってフィールドに入るとよい。背伸びする必要はない。

しかし、もし不適切な問題意識をもっていたとしても、フィールドに身をおいて観察を続けるうちに、見えが変わり、考えも変わってくるのである。周りから見ている同級生や指導者からすると、「そんなことが分かるわけないでしょ！」というような問いをもってフィールドに入る学生がいたとしても、本人にとってはリアルな問いなのであるから、見守っていれば（放っておけば）よいのである。ただし、その最初の問いが崩壊した時に、「ほら

やっぱりダメだった」などとけなしたりせずに、「よくダメだって分かったね」などと褒めることが重要かもしれない。

　最初の憶測に基づく仮説が崩れることこそ、フィールド研究の醍醐味であると言ってもよいぐらいである。それを楽しむくらいでないとダメである。その時にこそ、本当の意味でのフィールドワークが始まるのだ、と思いたいものである。

　文献武装をしていかないことも重要である。ある程度フィールドに馴染んでから、それにあうような文献を読めばいい。倫理についても同様である。先に倫理に関する文献を読んでも、自分に実感がない場合には単なる読み物になってしまうからである。

　そして、メモをとることである。どんなに辛くても、その場か、それができなければその場を離れるチャンスがある時にメモをとる。最低限、これができないのであれば、やはり、フィールドワークを行うのは難しいと考えるべきである。できればその日のうちにメモをノーツにまとめ直すことが望ましい。したがって、フィールドに出るということは、メモ、ノーツ、までの過程を視野に入れて行うべきである。

　最後に、観察対象として生起頻度が高いものを選ぶこと。場所もそうだし、観察する中で注目することに関してもそうである。ボランティア活動の運営会議をテーマにするのはよいが、その会議の頻度が月1回程度であるなら破綻することは目に見えている。また、保育園に行った場合などでも、滅多にない行動をターゲットにするのではなく、ある程度よく目にすることについて研究すべきである。このような指摘は決して「研究のやりやすさ」という便宜的な面からのものではないことに気づくことも重要である。エスノグラフィを書くという観点からすると、「頻度が多いものは文化的に重要である」という箕浦（1999）の言葉の意味をかみしめることが重要である。

4-2 誤解と限界と

ある年の教育心理学会で私が自主シンポジウムで発表していた時（佐藤, 2000）に、ある質問が出た。

> フィールドワークをする時に、ある小学校のあるクラスにフィールド・エントリーしたとして、特定の子どもの行動に注目するとする。そうであれば、クラスを選んだ時点である種のバイアスがかかるし、さらに一般に目立つ子が観察対象になるだろうから、さらにバイアスがかかるのではないか。フィールドワークではサンプルの代表性についてどう考えるのか？

フィールドワークをすれば、研究者の最初の目論み、サンプルの選定は、おそらく変更せざるをえない、というのが私の答えであった。だから、フィールドワーカー以外の人が単純に考えるほど「偏り」はない。

フィールドワークへの批判がなかなかなくならないのは、実際にやる人が少ないからだろう。実際にやってみれば、サンプルの代表性というような言葉で現象を語ることにそれほど意味をおかなくなっている自分に気づくはずである。

とはいえ、一方で、克服すべき問題もある。概念を作ること自体の問題点である。

- 混沌とした事態が整理されているのか、
- 単に自分で割り切っただけで、新しい先入見・偏見（色メガネ）を作っただけなのか

こうしたことへの吟味が必要である。そのためには、やはりゼミなどでいろいろな人や教員に自分の考えを聞いてもらって、批判してもらう必要があ

る。見えた気になるのは簡単だが、それが単なる偏見でないと言い切れるのか。自分の概念に安住しないことで、リスクを最小限に抑えることが可能であろう。

　成果の一般性の問題もある。サンプルに代表性があれば、結果にも代表性＝一般性があるというのが、現在の（社会）調査論の仮定である。しかし実際には、サンプル抽出の手続きにおいて抽出前の代表性については厳しく吟味するが、そこからどのような抜け落ちがあったかということはほとんど問題にされない。このオメデタさには驚きを禁じ得ないが、フィールドワークの手続きがサンプルの代表性を確保するようにはなっていないことは認めなければならない。しかし、フィールドワーカーが現場で長い時間を過ごせば、そこで観察する事象は理論的サンプリングとでも呼べるようなものになっているはずである（2-8節参照）。

　もちろん、単純な意味でのデータの代表性の問題を無視することはできない。ここで重要になるのはハイファイ性と手続きの再現可能性、そして一部データの録画ではないだろうか。

　ハイファイ性とは現象再現の忠実度のことである[7]。おそらくこの点については一部を映像記録にするとか、誰かが同じ現場に足を運んでみた上でカンファレンスなどをするのが望ましいと思われる。

　なお、このハイファイ性を迫真性と混同してはならない。噂は細かいほど迫真性が高いし（＊＊に地震が起きる。それは＊月＊日、＊時＊分だ）、映画「ジュラシック・パーク」の迫真性が高いと言ったところで、恐竜を見た人は誰もいないのである。迫真性ではなく、現場を見た人・経験した人を交えたハイファイ性の確保こそが重要であろう。

　手続きの再現性とは、似たような研究をしたい人がどうすればいいかということを可能な限り開示することである。同じ場を研究する必要はない。再現性にこだわると研究が形式化するおそれはあるが、自分ひとりにしかできないことをやるのであれば、それは学問ではなくアートである。もちろん、アートを追求することはできるが、それならば心理学から離れた方がいいと

私自身は考えている。アートなら、本章で述べたようなプロセスを順に追っていく必要はないかもしれない（基礎デッサン力のようなものはどこかで身につける必要はあるが）。本章は、心理学という枠組みの中でフィールドワークを行うためのプロセスについて簡単に解説したものだと理解してほしい。

　最後になるが、いろいろな意味で、観察の一部では録画などを行っておくことも重要だろう。メモだけに基づいて行うのでは、やはり作文ではないかと疑われる場合がある。私などは、実際に現場に行きもしないでフィールドワークをやったと称して400字×40枚の論文を書けるなら、物語の作り手としてはよほどスゴイし、そんなことはできっこないと思うのだが、心理学者の中にはフィールドワークというだけでウソっぽいと思う人もいる。そういう人たちを説得して安心「させて」あげることもやはり大事であろう。映像による記録を行うことも考える必要がある。映像記録をとること自体が倫理的に難しい場合もあるだろうが、一度くらいはトライしてみるべきであろう。同じものを何度でも誰でも閲覧できる、という意味での客観性を、研究の一部で確保しておくことは大事なのかもしれない。

謝辞

　SKさんに感謝します。

注

[1]　もちろん、映像記録を軽んじるつもりはない。論文というスタイル以外で、知識の生産や伝達が行われる可能性については支持するし、多様性が確保されてほしいと考えている（やまだ・南・佐藤，2000）。また、観察の一部で録画などをするのは大事だとも考えるものである（4-2節参照）。が、ここではこれ以上取り上げない。

[2]　以下、この節は引用や断りがない場合でも、箕浦（1999）に基づいている。

[3]　もちろん、論文全体として、教育システムなり何なりを告発する可能性を否定するものではない。そのような場合ももちろんありえる。ここでは、フィールドワーカー個人が、フィールドにいる個人を告発しない、という意味である。

[4]　逮捕は有罪判決を受けることとは異なるが、現代日本ではその影響力は極めて大

きい。
［5］　この図は、筆者の演習に所属するI・K君が箕浦（1999）の内容のまとめとして
　　　作成したものである。
［6］　研究成果については齋藤・佐藤（2000）を参照されたい。
［7］　フィールドワークにおけるハイファイ（再現忠実度）性という考え方に関しては、
　　　南博文氏（九州大学）から大いなる示唆を得ている。

2章
研究デザインと倫理的配慮

　この章では、研究を行う際の研究デザインを研究倫理と結びつけて考えていく。インタビュー研究やエスノグラフィ研究において信頼性や妥当性といった概念での評価は難しく、再現可能性や省察が重要となる。質的研究で非難されやすい対象抽出のあり方について多様性を考えたのち、研究倫理のあり方について考える。

1　研究デザイン

1-1　研究デザインの何が問題になるのか

　ガービッチ（1999/2003；翻訳 pp.52-72）は、研究デザインをめぐる問題として以下の7つのことを焦点化してあげている（表2-1）。

表2-1　ガービッチによる研究デザインをめぐる問題

客観性、妥当性、および信頼性
厳密さ
省察
一般化可能性
主観性
標本抽出（サンプリング）
倫理上の問題

これらはいずれも興味深い論点ではあるが、ここですべてを扱う余裕はないため、以下では妥当性および信頼性、対象抽出、倫理上の問題などに絞って議論を進めていく。

1-2　研究技法

ガービッチ（1999/2003；翻訳 p.75）は、インタビューと観察が研究者がフィールド内で用いる2大データ収集法であると述べている（この他にガービッチは歴史資料探しを方法としてあげている）。さて、質的研究の二大主流と言ってもよい、語り研究（インタビューに基づくもの）とエスノグラフィ研究（観察に基づくもの）とでは、研究計画についての意識がかなり異なる。

前者は対象者に特定のテーマについて語ってもらうことが主要な目的であり、多くの場合、過去の出来事およびその現在の意味づけについて聞くことになる。一方、エスノグラフィ研究においては、観察を繰り返すことによって文化的意味を探っていくことになる。前者において同一人物への長期間の密着的調査が稀である一方で、後者においては（海外のフィールドで一時期に録音録画をした記録をもとに帰国後に研究する場合など）ごくわずかの例外を除けば、その現場の観察を繰り返し行うことで理解を深めようとする。

量的研究における経時的研究は、尺度を固定して同じことを繰り返すことによって、（得点の）変化を捉えようとする。たとえて言えば身長や体重を標準化された測定器（モノサシやハカリ）で測り続けるような場合である。つまり、繰り返す測定器具の同一性を保証することが、経時的な研究とその結果の理解を可能としているのである。

ところが、質的研究においては、そういった単一指標を設定することが難しいし、単一指標を設定してしまうと今度は変容を捉えることが難しくなる。誕生後から18歳ぐらいまでのヒトの変化は身長という単一指標の変化として捉えることは可能だが、ヒトの発達はそのようなことだけで捉えられるわけではない。認知的能力にせよ性格特性にせよ、5歳の時と18歳の時で同じ項

目を使用しても意味がない場合の方が多い。ましてや人生経験の意味のようなものは同一尺度を作るなら過度に抽象的になってしまい、意味をもたないだろう。

　インタビュー研究は人生経験を当人の語りを通して研究するものである。「過去」については経験や時間経緯を、「未来」については展望を、「現在」の語りによってデータを得るのがインタビュー法である。

　ここにおいて時間は、インタビュイーにとって3つの様相からなっている。まず、その人の人生自体に流れていた時間である。そして、それを再構成して語った時の語られた出来事に流れている時間である。そして、語っている時間である。インタビュアー・研究者はその時間の流れを、また別の視点でまとめていくことになる。

　　ここで本当の時間とは何であったのかを問うことはあまり生産的ではないが、時間のモデルには、直線型、円環型、螺旋型の3つがあることを知っていてもよいだろう（Müller and Giesbrecht, 2006；Yamada and Kato, 2006）[1]。また、聞く側も語る側も変容していくことこそ、つまり知の協働的な創造こそが質的研究の醍醐味である。

　観察研究は、進行中の行為や出来事を扱うのに適しており、特定の場所に存在する文化や意味を探ることを目的としている。また、フィールドにいる人にインタビューを行うことで、トライアンギュレーション（後述）的な精度の高いデータを入手することができる。

　質的研究では研究対象の綿密な観察とその詳細なテクスト化が重要となる。ここでの観察は「インタビュー vs 観察」という技術的な意味ではなく、対象についてよく理解するという方法論的な意味での五感を通じた観察である。また、逐語録だけがテクスト化ではなく、観察研究において観察記録を参照可能なように整える（文字化だけでなくイラストなども含む）ことがテクスト化の意味することである。フリック（1995/2002）は、質的研究を行う上で果たすテクストの役割を3つあげている（表2-2）。

　なお、テクストは単なる文字化を意味するのではなく、テクストとしての

表2-2　質的研究を行う上で果たすテクストの役割（フリック, 1995/2002）

研究結果の根拠となる基礎的データ
解釈の根拠
研究結果を提示し伝達するための主要媒体

データ／データとしてのテクストを産出・解釈する中で新たな現実（たとえばナラティブとしての人生）が産出される問題が十分論じられるべきだとフリック（1995／2002）は主張している。

　研究のための質の良いテクストを算出するためには、複数回の調査（観察やインタビュー）が必要であることが多い。繰り返しによって問うべき問いがクリアになり、自分の見方や聞き方の癖なども理解した上で質問をすることができるようになるからである。結果整理におけるテクストの扱い方については後述する。

2　研究プロセス

2-1　研究の開始

　研究をする動機はいくつかあるだろうが、特にやりたいことがあるわけではないが制度上やむをえず行う場合（卒業したい、博士号をとらないと出世できないので研究しないといけない）と、制度があるからやるとはいえ自分でやりたいことがあるのでやっていく、という2つを分けておくことは重要である。そして、後者の場合、つまり幸いにもやりたいことがあるとしても、自由にできるわけではない。

　何ごとにもルール（もしくは暗黙のルール）があるように、研究にもルールがある。知りたいことがあったとしても公序良俗に反することは研究できないし、学範（学問の領域）内の倫理規定のようなものもあるから、研究

できることは限られざるをえない。

　対象と方法はどちらが先に設定されるべきか、というのは難しい問いであるが、学部の卒業論文や修士論文などでは、学範で公認された方法の中で対象を見つけ絞っていくというのが普通であろう。ただしジェンシックは、構成すべき物語の中身を考えないで、もっぱら選んだ方法にとってやりやすい内容を研究テーマとして選んだり正当化することを方法崇拝（methodolatry）と呼んで非難している（Janesick, 2000/2006；翻訳 p.54）。方法（method）と崇拝（idolatry）の組み合わせによる造語である。心理学の領域において、方法崇拝という表現は質的研究が量的研究に対して（非難的に）言及する時の合い言葉のようなものであった。しかしジェンシックはそのような狭い意味で使っているのではなく、質的研究も含むあらゆる研究において、方法が先に決まるような傾向に警告を発しているのである。方法崇拝はあらゆる研究にとって忌むべきことである。このことは、研究の妥当性の問題とも関係するので後述する。

　研究にあたってはまずテーマを決めることが大事となる。研究を開始する前はどんなことでもできそうであるが、実際には1つのテーマに絞ってそれを研究していくのであるから、ある意味で可能性を狭めているともいえる。

2-2　問いの設定とフィールドや対象者へのアプローチ

　研究計画において最初にやるべきことは問いの設定であり、その問いにふさわしいフィールドや対象者を設定してアプローチすることである。ここでフィールドとは物理的な現場のことではなく、現場と現象を含む概念だと考えてほしい。やまだ（1997）が提唱した意味での現場(フィールド)であり、扱うための方法としては質的方法に依拠することが多い。ここで注意すべきことは最初の問いに執着しないということである。問いは変容していくものと考えるべきである。

　さて、最初に設定された問いは素朴な関心を研究に近づけるための第一歩

である。「発達に関心があるから、子どもの言語の研究をしたい」というだけでは、テーマが漠然としすぎていて研究を行うことは不可能である。「一語文から二語文に変化する時期を知り、その様相を記述したい」という問いに変えれば、研究ができるようになる。ただしこの問いについてはすでに多くの研究が行われているから、卒論や修論でやることの意義があるかどうかは不明である。このように、問いには新しさも重要となってくる。

　研究者たちは何をどのように問い、その対象を設定したのだろうか。

　たとえば谷口（2004）は病棟児学級に関する一連の研究を行っているが、その最初のきっかけは自身が（看病のために）病院に出かけた時に、入院患児の存在に関心をもったからだという。宮内（2003）はある幼稚園で1年間フィールドワークを行い、録画による記録を行っていたのだが、そのうちのある一日のある男児が泣いた、という現象とその解釈について問いを設定して（すなわち、問いを限定して）論文を執筆している。

　佐藤郁哉（2002；p.86）は、フィールドワークの特徴として「正しい答えを出すために有効なデータや資料を集めることができるだけでなく、調査を進めていく中で問題そのものの輪郭や構造を明確にしていくことができる」ことをあげている。研究はすべて何らかの問いに導かれて開始されるが、質的研究においてそれが当初から明確であることは稀である。というよりも、最初は最初なりに明確であったとしても、研究過程を経てよりシャープになっていくということである。佐藤郁哉（2002）の著書は『フィールドワークの技法――問いを育てる、仮説をきたえる』というタイトルであり、彼自身が有数のフィールドワーカーであるため、フィールドワークに特化して述べているかのような印象があるが、問いの明確化のプロセスはインタビュー型の質的研究にもあてはまる。

　学部生の卒業論文にあたっては、自身のもつ素朴な興味を維持するのは難しいと考えるべきである。自身の興味に沿ったデータ収集ができるとも限らないのである。

　筆者が指導したある学生は、犯罪について研究したいと思っていたのだが、

結果的に落書きの地理的分布を扱うことになったし、他の学生は交通安全についての研究をしたいと思っていたが、結果的に自転車のベル鳴らしの観察を行うことになった。デパートの洋服売り場で観察しようとしたら店員にうさんくさげに見られた、とか、デパートそのものが閉店されてフィールドがなくなるという理由で観察続行が不可能になる事態も起きる。

　対象へのアクセスを求める格闘はどのような研究でも存在する。安田（2005）は修士論文執筆のために不妊治療経験者へのインタビュー調査を試みたが、対象者にアクセスすることが（結果的に）難しかったため、養子縁組経験者を対象とすることになった。ただし安田のこの例について見てみるなら、当初の目的から外れたと考えてもよいのだが、不妊治療経験者の内部で養子縁組経験者に絞り込みを行ったと考えてもよい。時間をかけることができるなら、地道な努力が実を結ぶこともある。パン屋のライフストーリーで知られるベルトーは、まず近所のパン屋に出向いたが断られ、その後、製パン職人労働者の話を聞くことはできてもパン屋を営む人との接点はもてずにいた。しかし、バカンス中に訪ねたピレネー山脈のパン屋に調査許諾を得、その後は雪だるま式にインタビューが可能になったのである（ベルトー，1997/2003）。

2-3　インタビューのスケジュール

　問いの焦点が定まり、話をしてくれる人がある程度定まった時点で、スケジュール（研究計画）を考える必要がある。ここでスケジュールとは、どれくらいの期間に何人の話を聞くのか、というマクロな枠の話と、インタビュー場面で何をどのような順序で聞くのか、というミクロな枠の話がある。期間については、研究全体の時間の中で定めるしかないが、対象人数をどれくらいに設定するのか、という問題は難しい。意味的飽和が起きるまでインタビューを行う、というのが最も「通好み」で「優等生的」である。時間や資金に余裕がある場合には、意味的飽和が起きるまで例数を重ねるべきであ

る。だが、学業論文においては、締め切りとの関係で、人数を設定せざるをえないことが多い。[2]

　実際にどのような項目を尋ねるのかということは、事前に文献などを読んで準備することと、予備的なインタビューをいくつか行って洗練させておくことが望まれる。事前に調査項目を選びインタビューの理想的な進み方のガイドラインを設定しておくと、自分がその時点で何をどのように問いたいか、何を理解しようとしているのかが明確になる（徳田, 2004）。もちろん、実際のインタビューは相手とのやりとりの中で柔軟になされなければならないし、自分の疑問を相手に押しつけるようなことがあってはならない。

2-4　データ分析・解釈の同時進行
　　── 素朴な関心から問いへ、問いからリサーチクエスチョンへ

　質的研究に限らず、多くの研究では計画当初にたてた問いは持続しない。そして、質的研究においては問いが変容（transformation）することこそが特徴の一つであると言ってもよい。研究を始めることによって研究者の知識や意識が変化し、そのことで本当に問うべき問いが見え始める。その見え始めた問いを確かめるべく、データと格闘し、時には挫折する。

　こうした挫折は誰でも経験することであり、上級者が行う研究にも困難は存在する。日本の社会学・心理学におけるフィールドワーク研究の泰斗である佐藤郁哉でさえ、現代演劇の研究を始めた時には4年間たっても成果に結びつきそうになく、敗因分析レポートさえ書いたという（佐藤郁哉, 2002）。「芝居を作る力」というテーマで始めたこの研究は、解くべき問いであるリサーチクエスチョンが明確にならなかったのだという（もっとも、この分析後に明確な解くべき問いが現れ、『現代演劇のフィールドワーク』という著書（佐藤, 1999）に結びついていったのだが）。

　問いの変容や対象への接近のしにくさは ── いずれも質的研究実行上の困難を作り出していると考えられるが ── 否定的なものとしてだけ考える必要

はない。質的研究の再帰性や柔軟性をも表していると考えてよい。佐藤郁哉（2002）は――主にフィールドワーク的研究を念頭においてではあるが――「リサーチクエスチョンが最も明確になるのは、実際に調査を行っている最中というよりは、むしろフィールドワークの作業をあらかた終えて報告書としての民族誌を書いている時のことの方が多い」と述べている。現場でのデータや先行諸知見との知的格闘を終えて初めて、問うべき問いが姿を現すということを示しているのである。

このことは、質的研究のプロセスという意味では、インタビュー研究にもあてはまる。やまだ（2005）は、学問とは問うて学ぶことであると指摘した後、ライフストーリー研究では問いが変わることが常に起きるとしている。ただし、それは明確な問いを始めからもっているからこそであり、始めだから何も問いがなくてもいいや、という感じで不明確な問いを抱えて研究を始めても何も見えないということになりかねないことに注意を喚起している。

研究プロセスは決して単純なものではなく図式化できるものではないが、大まかな流れを見ておくと以下のようになる。

佐藤郁哉（2002）は、問いの設定、データ収集、データ分析、エスノグラフィ執筆を同時進行的に進めていく、漸次構造化法を推奨している。これはフィールドにおける観察と同時進行的に問い・仮説を構造化していくことで

表2-3　質的研究における研究プロセス

ステップ	獲得目標	支援ツール
素朴な関心を育てる	質的研究の訓練	文献的知識の利用
問いの明確化と対象や技法の選定	特定技法の訓練	機器類の利用
データ収集開始	聞き取りまたは観察記録	機器類の利用
データのテクスト化	文字化した資料作成	ソフト類の利用
問いの再構築	リサーチクエスチョン化	自分だけで煩悶
研究発表やミニレポート作成	発表スタイルの習得	教師・仲間の指摘
問いの再構築	リサーチクエスチョン化	自分だけで煩悶
研究発表やミニレポート作成	発表スタイルの習得	教師・仲間の指摘
最終報告（論文）の作成	論文様式の習得	先行諸知見の利用

エスノグラフィを完成に導くことを意図しており、複数回の観察に基づくフィールドワークならではのプロセスである。そしてこれがギアーツ (1973) の言うところの「ぶ厚い記述」(thick description) につながっていくのである。インタビューを主とする語りの研究においては、逐語録を読み直すたびにノーツを作り問いをたてていくようなプロセスになる。

　同様なことは、語り研究にもあてはまる。やまだ (2007) はインタビュー調査において、テクスト化を必要不可欠な要素として定義し直している。テクスト化は単に記録を文字化したものではなく、テクストにすることによって文脈から離れて考察することや、他の文脈のテクストと結ぶことができるのである。そして、このテクスト化された語りを繰り返し読むことによって問いの変容も起きるのである。

　やまだら (2003) はテクスト化を五次（論文や報告書まで考えれば六次）まで考えている。録音された語りを逐語的に起こし文字化したものが一次テクストであり、それを二次、三次……と分析を重ねて検討するのである。語りは語り手の経験やインタビュー場面の文脈に強く依存しており、他者の解釈を拒む場合もある。だが、テクスト化によって、元の文脈から切り離し、他のテクストとの統合も可能になり、新しい意味が生成されるのである。

　また、観察研究における自身のメモなどもテクストであると考えれば、KJ法などのボトムアップな整理法とナラティブにおけるテクスト分析には共通性を見いだすことが可能になる。グラウンデッドセオリー・アプローチ (GTA) においても「データの切片化」のプロセスがあり、それは語りなどを元の文脈から切り離す働きをする（戈木, 2005）。語りや観察メモを基盤にした質的研究はテクスト化とテクスト分析によって方法論的に新しいステージに立ったといえる（やまだ, 2007 参照）。

3　研究評価と省察(リフレキシヴィティ)

3-1　心理学研究に適用された信頼性と妥当性からの脱却

　心理学などの実証的研究の多くは信頼性と妥当性の確保を研究評価上の基本作業としており、量的研究においては一定の蓄積がある。だが、こうした概念が質的研究の評価に適用可能ではないという認識も近年は深まっている。その一つの理由として、信頼性や妥当性概念は測定を目的とした狭い方法内での研究の正しさの指標だということがあげられる（渡邊, 2004）。信頼性や妥当性は方法を離れて存在するのではない。
　信頼性や妥当性といった量的研究の基本的指標が質的研究にあてはまらないとはいえ、何らかの形で研究の品質保証が必要なのは確かである。質的研究に限らず研究方法には必ず限界が存在する。質的研究の限界に気づいてそれを低減するには、理論的記述、再現可能性の追求、などが重要となる（佐藤達哉, 2002）。再現性は佐藤達哉（2002）が最も重視する概念であり、手続き的再現性、外挿的再現性、臨場的再現性がある。このうち、手続き的再現性は、同種の研究を行えるように手続きを詳述することである。質的研究の扱う対象は必ずしも再現可能ではないが、研究方法については再現可能でなければならないのである。
　妥当性・信頼性に代わる研究評価概念の整備は質的研究の重要課題の一つである。質的研究の妥当性は客観的な外的基準との対応のみに求めることは適当ではなく、研究という営みそのもののプロセスや、研究公表後のコミュニケーションなどのプロセスで妥当性が確認されていくものだと考えるべきだろう。フリック（1995/2002）は、こうしたプロセスを「妥当化の過程」として捉えるべきだとしている。
　なお、西條（2003）は、妥当性・信頼性に依拠するのではなく、研究結果

の疑いにくさとしての信憑性（trustworthness）を中心にいくつか検討を行っており、さらには、trustworthnessのみならず、credibility, transferability, conformability, dependabilityといった概念について検討し、訳語のあり方についても論じているので参考になる。

3-2　省察ということ

　質的研究では再現性が重視されるといっても、完全に同一な再現的な研究が行えるわけではない。同じテーマでインタビューを行っても、インタビュアーやインタビュイーが異なれば、若干異なるインタビューになるだろう。
　質的研究では方法崇拝ではなく多様な方法によるデータの多様さが求められる。トライアンギュレーション（triangulation）である。この語は字義的に捉えれば「三角測量」であり、もともと地図の作成などで用いられてきた方法である。測量を3回行うと少しずつズレのある3つの測量値が得られるため、それら3点を線で結ぶなら三角形ができる。そして、真実の測量値がその重心にあると考える方法である（こうして作られた三角形のことを、誤差の三角形と呼ぶこともある）。この意味で、トライアンギュレーションという語を使用することは、唯一（絶対）真実の存在が前提となっているという批判もありえるが、一般的には有効な方法であるとされている（Seale, 1999, pp. 53-61）。質的研究に関して言えば、トライアンギュレーションとは「意味を解釈し、観察や解釈の反復性を証明するために、さまざまな認識方法を複合的に用いる過程（ステイク, 2000/2006；邦訳 p.111）」と見なされてきた。トライアンギュレーションは、研究者に異なる視点を与えてくれるし、複数の方法を用いることによってそれぞれの方法がもつ特殊性（による誤りの発生）を最小限にしてくれるのである（Berg, 2004）。データを得る方法、データ分析の方法、解釈する理論志向について、それぞれ3つほどの技法によるデータを用いることができるなら、誤りの範囲を小さくすることができることは誰でも実感できるだろう。

保育園における子どもの研究のデータを得る方法のトライアンギュレーションの例をあげれば、子どもの観察、保育士への聞き取り、保育園の成り立についての行政資料など、さまざまな方法によるさまざまなデータによって自分の見ている現象の意味を明確にしていくような作業となる。

　こうした丁寧なステップを踏めば質の高い研究になるとはいえ、状況によっては1つの方法でしかデータ収集できない場合もある。インタビューでしかアクセスできない過去の体験もありえるからである。このような場合には、省察性を確保することが重要となる。「省察」は自己の内面に向かう「反省」や、自己の内面を他者に「内省」報告するだけのものではなく、他者に開かれ、公共化していく循環運動を含む、対話的プロセスであり、対話的省察性の確保が信頼できる研究への道であるとしている（やまだ, 2007）。インタビュアーとインタビュイーが渾然としてしまい最終的なレポート・論文が誰の言葉で誰の考えかが分からなくなってしまうということを避けるためにも充分な省察が求められる。省察性確保のためにはすでに述べたようにテクスト化を丁寧に行うことが重要だが、メンターやピアのアドバイスも重要となる。

3-3. 省察性確保の工夫
—— ピア・カンファレンスとメンターによるアドバイス

　個々の研究において、問題意識を磨き技術を身につけることが重要であることは論を俟たない。だが、それ以上に重要だと考えるのは、メンターによるアドバイスである。メンターとは恩師や良き指導者という意味であり、さまざまな分野・活動において熟達者が初心者などにサポートを行うことである（野坂, 2004 参照）。質的研究においてメンターの役割は大きいが、研究者本人が近視眼的になっている場合に大きな視点からアドバイスすることがメンターに最も求められていると言える。たとえば、失敗・挫折時の支援や撤退の指示は、筆者個人としては最も重要なメンターの役割だと考える。研究

表2-4　サトゼミでの基本的スケジュール

1. 基礎的訓練課題の遂行と仲間内での発表と相互支援
2. テーマと方法の決定
    2-1. フィールドワーク；フィールドの決定
       フィールドへの入り方の支援（トップダウン依頼、ボトムアップ参加）
          初期観察（ゴサーっと観察）
          中期観察（焦点化観察）
          終期観察（一部確認型）
          撤退支援（中途挫折も含む）
    2-2. ナラティブ研究；対象とする人生経験の決定
       質問の生成と予備的実行・修正
       依頼の支援（トップダウン依頼、ボトムアップ参加）
          面接の実際
          書き起こし
          初期解釈
          本格的解釈
3. 論文・レポートの作成
       学問的流れの上に自分の研究を位置づける。何を序論で述べ、何を結論で述べるかのチェック。

者が現場に巻き込まれている場合の指摘も同様に重要である。他に重要なのは、スケジュール・コントロールである。以下に掲げたのは大学のゼミナール運営の基本的スケジュールである。近くに指導者がいない場合には下記を参考にして自分なりにタイム・スケジュールを組み立てておくことが重要となる。

　メンターによる上下関係のある指導体制にすべてをゆだねるだけでなく、仲間での討論（ピア・カンファレンス）も重要である。ピアとは仲間であり、身近な仲間に自身の研究を説明することによって、本人が意識していない研究上の問題点、解釈の妥当性、執筆時の穴などをチェックしてもらうことが可能になる（磯村, 2004 参照）。

　メンターやピアによるディスカッションは分析・解釈におけるリフレキシヴィティの確保にも役立つ。さまざまな視点からのさまざまな解釈が研究者本人による近視眼的解釈を脱するのに有効となるのである。

質的研究は「主観的」であるから、複数人で検討しながら分析した、というようなことを書く人もいるが、質的研究で問題になるのは「主観的」であることではなく「独断的」であることである。この意味で、自分と関心や目的が近い他者と複数人で分析を行うことは、決して良い方法ではない。個々人がもつ独断が増幅される可能性があるからである。それよりも、自分とは違う視点でアドバイスをしてくれる人を探すべきである。

　KJ 法や GTA などボトムアップ型のデータ整理において目立つのは、カテゴリーやラベルを作る時に、データの声を聞きながらまとめているにもかかわらず、最後の最後でトップダウン的なカテゴリーやラベルを適用してしまうことである。データに忠実に、データから離れることなくカテゴリーやラベルを作っていくには、良いアドバイザーが絶対に必要である。2 人で分析したからといって独断が破られるわけではない。自分（たち）の思いこみを冷静に指摘してくれる人を研究計画設計の時点で組み込む必要がある。自分のメンターやピアがそういう役割を果たしてくれる環境にいる人は少ないが、ここをはしょれば、結局のところ論文の評価（査読論文へのコメントも含む）の時に、手痛いしっぺ返しを食うことになる。

4　質的研究における対象抽出

4-1　質的研究の対象抽出法への批判とその対処

　研究とはまず問うことであり、その問いを解くことである。そのためにどのような「素材」を用いるのかを考えるのが、対象抽出（サンプリング）の問題である。心理学ではサンプリングという語を用いることが多いので、ここでも便宜的にサンプリングという語を用いる。心理学は人間の心理・行動・経験を扱う学問であるため、一部の例を除けば抽出の単位は人間の単位にならざるをえない。たとえば感染症治療をめざす研究なら、人間から切り

離してウィルスだけを取り出して培養して研究することも可能であるが、心理学ではそうしたこと（たとえば記憶のみを取り出して研究する）は不可能である。心理学の扱う内容は、ウィルスのように独立した単体ではない。

　質的研究は、人間を単位として数えるなら、1つの研究で扱いうる対象数が多くないし、特定の経験をした人を対象にして研究を行うため、結果として、サンプリングの偏りを指摘されることが多い。この点は質的研究への批判の大きな底流の一つである。結果の普遍性が保証できないのではないか、という批判である。

　だが、心理学の領域ではランダムサンプリングが推奨されているというその前提こそ疑う必要があるだろう。もちろん、研究は私的な楽しみとは異なるべきであるから、何らかの公共性が必要である。そうした時に重要なのがモデル構成という考え方である。普遍化ではなくモデル構成をめざすのであれば、対象の抽出法は非常に多様になる。

　やまだ（2002）は印東（1973）によるモデルの定義（関連ある現象を包括的にまとめ、そこに一つのまとまったイメージを与えるようなシステム）を紹介した上で、モデル化の機能を3つあげている。第一に多様な現象を包括して記述する知的活動の集積庫や図鑑の提供、第二に個々の事象を一般化したり類型化したりモノサシとなる基準を作る認識の枠組みの提供、そして第三に個々の事象を見る見方が変わり、新たな仮説や実証を発展的に生み出していく生成的な機能をもつ、ということである。やまだ（2002）は現場（フィールド）心理学におけるモデル構成は「特定の現場に根ざすローカリティをもちながら、他者と共有できるような一般化」を行うものであるとする。

　このことを逆から考えれば、ローカリティをもちながらの一般化という矛盾した要請に応えるには、モデル化という作業が有効だということである。ここでローカリティとは個人をとりまく諸状況の中における個人ということを指す。その人の歴史性、状況の歴史性や文化性などの網目の中に個人は存在しており、決して外界から切り離された個体ではない。こうした認識から出発するのならば、サンプリング方法についてランダムサンプリング以外の

さまざまな工夫が可能となるのである。

では、母集団を想定しないで個人を理解するために、どのようなサンプリング方法が利用可能なのだろうか。

4-2 サンプリングの多様性

パットン（1990）はサンプリングを確率標本抽出法と非確率標本抽出法に分けて整理している。前者は母集団を想定した上で、そこからランダムサンプリングや層化ランダムサンプリングなどを行うことである。なお、こうした抽出法の前提には結果の一般化可能性の確保への志向があるのであるが、このことを逆から考えるなら、母集団内の個体は均質ではないということを暗示している。仮に均質な個体であれば無作為抽出は不要である。母集団が何であるのかが明示されないで一般化を求め、その目的のためにランダムサンプリングが必要だというロジックの陥穽に気づくことも大事である。

パットンのいう非確率標本抽出法は、抽出する個体に母集団からの代表性をもたせるのではなく、研究対象となる事象について豊かな情報を与えてくれるような個体を選ぶということである。非確率標本抽出法は個体を研究するのではなく、生きた人間とその経験を対象にする。質的研究において、手順を重視した確率標本抽出法よりも非確率標本抽出法と呼ばれる方法が重視されるのも、このへんに事情があるのかもしれない。

パットンは非確率標本抽出法として15種類を紹介しているが、ここではヴァルシナーとサトウ（Valsiner & Sato, 2006）によって引用・紹介されたものを見ておこう（表2-5）。

便宜的サンプリングは数量的に多くの人を対象にできるが故に好ましく思われがちであるのに、一点突破的サンプリングなどは偏った方法だと批判されがちだというのは非常に偏った態度である。重要なのは現象理解であって、サンプリング方法ではないのである。

表2-5 主な非確率的サンプリング (Valsiner & Sato, 2006)

サンプリング	内容
理論的	理論的関心から対象としてふさわしい人びとを選ぶ。
実践に基づく	臨床心理学者、教師、看護師などの実践者が自身の実践領域で出会っている人たちを選ぶ。
一点突破的	何らかの理由で理想的な対象者を得られない時に、さまざまな努力や伝手（ツテ）によって対象を得ること。人数も少数になりがちである。
関係的ネットワーク依拠	最初に対象として選んだ人のネットワークを活用。推薦された人を次々と対象として選ぶ。
便宜的	依頼しやすい人たちを選ぶ。

4-3　現象選択というサンプリング

　サンプリングは対象抽出という意味である。ここまでは、対象となる人のサンプリングについて考えてきたが、研究を行うにあたってどのような現象を抽出するのか、ということも、サンプリングの問題として考えることができる（表2-6）。また、目的とする現象抽出に適切な方法も同時に考えることができる。

　心理学は自然科学を範にして成立した事情があるため――その是非はここでは問わない――、直接観察できるか、条件を統制できる現象を研究する時には強みを発揮する。しかし、観察や実験だけで人間の経験や心理がすべて

表2-6 現象選択の方法としてのサンプリング (やまだ, 1986/1997を改変)

焦点をあてる現象	ふさわしい方法
人生の比較的長期のプロセス（安定と変化）	伝記法
生活のプロセス	日誌法
特異な事件や特徴的なエピソード	逸話記録・逸話聴取法

捉えられないことは誰でも実感している。そうした場合に、本人によるナラティヴ（モノローグ、インタビューへの回答）やナラティヴ的テクスト（自伝、日誌）が重要な役割を果たすのである。

5　研究倫理

5-1　研究者倫理と研究倫理

倫理とは問うことである。

日本の学術シーンにおいては研究倫理を厳しく問われることが少なくない。

データねつ造、研究費の私的流用、研究者による研究対象者への身体的侵襲、同意不在の研究が問題となることは分かりやすいが、こうしたことをひとくくりで考える前に、研究者倫理と研究倫理を分けて考える必要がある。データねつ造、研究費の私的流用などは研究「者」倫理に属することであり、学問という営為の本質に照らしてこれらが良くないことは考えるまでもない。一方、研究倫理は研究内容により近い（分離しがたい）面の倫理が問われるものである。

研究倫理にもさまざまな側面はあるが、なかでも研究する側とされる側の関係の力の非対称性に基づく問題が大きなトピックスとなりつつある。研究におけるポリティクスの問題である。医学研究など「人間（人体）を対象にする研究」は、近年、より厳しい倫理基準を求められつつある。

対象がモノである研究領域では研究結果が直接間接に人を傷つける場合があり、たとえば原爆の開発の研究倫理などが問われることがある。一方、そうした分野と異なり、心理学・社会学における質的研究においては研究プロセス自体に人間関係や対人行動が含まれるが故に人を傷つけるおそれがある。したがって、研究協力者との関係を中心にした倫理を考える必要が出てくる。そうした意味で発達心理学会が2000年に提唱した研究者倫理の３原則

表2-7 研究者倫理の3原則（発達心理学会, 2000）

協力者を尊重すること
守秘義務を履行すること
協力者への恩恵に配慮すること

（表2-7）は注目に値する。

　柴山（2006）はこの3項目を「子どもや人間を対象とする」研究では必ず守らなければいけないと強く主張している。

　一方、クヴァル（Kvale, 1996）はインタビュー法に関する倫理を考える時には、インフォームド・コンセント（informed consent）、プライバシーの保護、インタビューの影響、という3つの点を考慮すべきだとした。

　インフォームド・コンセントは、調査者の説明（調査の目的やインタビュー回数や場所、公表の有無や方法）に基づいてインタビュイーが自発的な同意を行うことである。継続的な調査が予想される場合にはその旨述べておき、調査者側の事情が変わった場合にはそのつど説明を行い同意を求めるべきである。また、いつでも自由に調査から撤退する権利を保障する必要がある。ただし、事前説明をどこまで詳細に行えるかということは、研究の性質との関係で後に述べるように問題をはらんでいる。

　プライバシーの保護は、データの目的外使用の禁止、公表の際の匿名性担保、公表前の事前確認などを行うことである。またデータの保存についても細心の注意を払い実行する必要がある。

　インタビューの影響は、インタビューすることによって過去の記憶が戻って辛い思いをするような事態を避けることや、インタビュアーとインタビュイーの関係がセラピー的な関係に近づくことを予防することである。前者の問題については、インタビュイーの心理的問題に対応できるような医療的・心理療法的その他のバックアップ体制をとることが求められ、後者の問題についてはインタビュアーにアドバイスを行うことのできる上級者（スーパーバイザー）をあらかじめ依頼しておくことが重要となる。インタビューは内容によっては非常に個人的な話を共有することになったり、当面する問題の

解決を求めるものになりがちであるが、調査インタビューにおいては避けなければならないことである。

5-2 インフォームド・コンセントと研究プロセスにおける問いの変容

　「説明と同意」と訳されることもあるインフォームド・コンセントであるが、日本語の感覚だと「と」が「&」のようなニュアンスをもってしまう。インフォームド・コンセントは説明して同意をもらえばよいというのではない。十分に説明を受けて説明を理解した上での同意という意味である。その前提には対象者の理解が必須である。また、説明・理解・同意というプロセスは、研究者と対象者の相互交渉の産物であるから、理解を促進するための説明技法も大事となる。

　ただし、インフォームド・コンセントを考える上で、心理学領域の研究にはやっかいな問題が残っている。それは、研究開始時に研究者側がすべての説明を相手に行えるわけではないという問題である。意図をあえて隠さなければならない場合もあるし、研究当初には研究者側に完全な見通しがついていない場合もある。特にフィールドワークなどにおいては、その現場について、当事者も研究者も当初はまったく分からなかったことが研究成果として立ち現れる場合もある。

　そこで、心理学の研究に多かれ少なかれ含まれる、研究意図の秘匿や欺瞞、あるいは「意図的非意図的な不充分な事前説明」についてどう考えるかが重要になる。以下ではこの問題について考えてみたい。

　心理学的な研究においてインフォームド・コンセントを困難にする理由の一つ目の類型は、目的を明確にすると研究に差し障りが出る場合であり、もう一つの類型は研究開始時点での研究目的がその後のプロセスで変容してしまい、結果的に初期の目的と異なってしまう場合である。前者については人間の行動や経験を対象に行う研究一般にあてはまることであるからここでは

省略し、後者について考えてみたい。これは研究プロセスを考えるためにも役立つ。

5-3　問いの変容と調査前同意の難しさ —— ある研究を例として

　質的研究ではインタビュー型でも観察型でも、正確な予言的な見通しをもって研究を行うことはできないし、仮に、研究者の仮説通りの結果が得られ、問いの変容が見られなかったと主張するなら、それは思いこみの反映にすぎず不充分な研究と見なされることになる。

　たとえば、筆者が指導したある学生は、大学講義を一種のフィールドと見立て、参加する学生の参加のあり方を観察した。当初の仮説としては、座席の取り方（座り方）が授業への参加態度を反映する、というものであった。授業をまじめに聞く者は前に座り、不真面目なものは後ろに座る、ということである。これが仮説だとすると、教師や学生全員に仮説を説明して観察をする許可をとり、観察を続けて、そのような結果を得て論文を書くことに意味があるだろうか。

　この仮説の場合は、おそらく概ね合致する観察結果が得られるだろう。座席の位置（たとえば前と後ろ）を客観的に定義することができ、不真面目な行動もかなり明確に定義できる、という方法的なアドバンテージがあるからである。しかし、こうした観察に基づく結果は、何か新しい「知識の増分」があるのだろうか。学問は「something new」を求めるものであるから、やる前から漠然と分かっていたことを強化するような結果にはあまり関心がもたれない。

　この研究の場合、観察を重ねているうちにそれまでは考えてもいなかった重要なポイントが見えてきた。このプロセスこそがフィールドワーク的研究の特徴である。この研究では、講義の開始と終了の定義が問題になった。大学における講義の時間進行は時間で区切られており、制度的には講義の開始時刻と終了時刻は定められているし、チャイムが鳴ることさえあるのだから、

始まりと終わりは明示的なものだと考える人が多いだろう。また、講義の開始と終了の定義が問題になりえるということすら不思議に考えられるだろう。

ところが実際の講義においては、設定された時刻や開始の合図が講義の開始と完全に一致することはない。では、いつ、どのように始まり、終わるのか、これを定義しないことには、大学生の授業への参加態度は定義できないのである。つまり、当初たてた仮説——授業をまじめに聞く者は前に座り、不真面目なものは後ろに座る——は、授業というものがあることを前提としていたが、開始から終了が何の苦もなく定義できることを前提としていたことも明らかになったのである。

したがって、この研究においては「大学授業の開始と終了とは何か」ということが焦点となって観察が行われ、結果がレポート（論文）として書かれる必要がある。これはもちろん、最初の計画にはなかったことである。

仮にこの仮説を事前にもっていたとしても、調査前にインフォームドコンセントを得る際には、「大学授業の開始と終了とは何か」を調べたいとは言えなかっただろう。この卒論を執筆した学生によれば、大学の講義がチャイムやその他の機械的合図と完全に同期することはない。講義の終了については教師から「今日はここまで」や「はい、終わります」といった発言があり、そこで講義が終了することが多かったのだが、チャイムと同時ということはむしろ稀であった。

講義の開始についてはさらに不明瞭で、開始時のチャイムが鳴った時点で教師が教室にいるかどうかは、一定ではなかった。彼の記録によれば、38回の観察機会のうち、26回（68％）はチャイムが鳴った時点で教師は教室にいなかったのである！　教師が現れずに授業が開始されることはないから、教師の出現こそが授業開始の手がかりとなる。この時、教師本人による何らかの合図（「始めます」という宣言など）があれば始まりは明確だが、それがあることも少ない。したがって、教師が教室に現れても教室は一種の準備状態となるにすぎない。そして、その非常に曖昧な準備状態の時間帯に、教師と学生は相互に開始の雰囲気を作っていき、授業としての講義が開始されるの

である。前方の学生はその雰囲気を教師出現と同時に作っていけるが、後方の学生はそうでないことが多い。これを教師から見ると「後ろの方は授業が始まっているのにふざけてる」ということになるのだが、学生から見れば「開始かどうかも分からないんだから休み時間のように過ごしている」ということになる。

「教師が時間通り授業を始めるかどうか研究する」ということを目的に掲げた場合、容易に想像されることだが、まず調査を受け入れない教師が多くなるだろう。さらに、時間に遅れて授業を始めることは良いことではないので、調査を受け入れる教師は時間通り始めることになる人が多いだろうし、普段はそうでなくても調査を受け入れる時にはいつも時間通り始めるということになるかもしれない。研究対象への注目が、パフォーマンスを高めるという意味では、「ホーソン（工場）効果」が現れるのである。事前に「先生の授業を含む多くの授業について開始時間が正確かどうかを調査する」と言われたら、腹をたてる人がいるかもしれない。

こうしたことを勘案するまでもなく、大学の授業について「授業開始時間が正確かどうかを調べたい」という目的を伝えた上で「観察した多くの授業は時間通り始まっていた」というようなことを結果として発表したら、大学に勤務している研究者はおそらく違和感を覚えるはずである。

質的におけるインフォームド・コンセントはさまざまな力のせめぎ合い（ポリティクス）の上に成り立っており、特に人間の心理・行動・経験を対象にする研究では、事前の「インフォームド・コンセント」が倫理的であるとは限らないのである。倫理とは問うことなのであり、あるところでの倫理が自動的に他にあてはめられるものではないことを再度確認しておきたい。

6　研究倫理のためのシステム

6-1　現状における倫理的配慮のための組織内レビュー委員会（IRB）という方法

　ここまで述べてきたように倫理の問題は一筋縄ではいかないのであるが、それでもまったく無しにできるわけではない。さて、研究倫理の遵守とその遂行は個人的努力だけで可能なわけではない。何らかの組織を作り、システムとして対処することもまた重要であり、それが最近の潮流になってきている。特に、研究者が所属する大学や会社という組織には組織内レビュー委員会（IRB）が設けられていることが多い。IRB は Institutional Review Board の略であり、研究者が所属する大学や会社という組織における倫理検討委員会という意味である。

　具体的な例として米国・クラーク大学の「人間を被験者とする研究のための IRB（Institutional Review Board for Research on Human Subjects）」を見てみよう。このシステムは HP 上にさまざまな事項を公開しており、また申請も HP から行うことになっている。

　研究を実行する人は、ガイドを読んで準備を整えてから HP の入力フォームを通じて、委員会に対して自身の研究計画の検討を申請する。まず氏名や連絡先、ファンドからの資金調達を受けている場合にはそのファンドなどを入力する。また、その指導者・アドバイザーは、申請者と独立に委員会に連絡することを求められている。

　申請の際に必要な項目は以下の 7 項目である。

　IRB に対しては、一流科学誌の『サイエンス』誌上においてさえ、倫理審査の事務量の多さが IRB を機能不全にしていること、倫理を名目とした学問への管理主義、官僚主義がかえって科学研究を停滞させているという批判

表2-8　クラーク大学のIRBで求められる内容

(1) 被験者の性質（The Nature of Your Subjects）
(2) 被験者の同定（Identification of Subjects）
(3) 手続き（Testing Procedure）
(4) 被験者の権利（Subjects Rights）
(5) 同意をとる際の形式（Consent Form）
(6) プログラムの必要性（Program Necessity）
(7) リスク（Risks）

注　英単語が複数形でも、日本語には複数形がないことに注意されたい。

が掲載されたこともある（Gunsalus et al., 2006）。だが、この批判はこうした制度が成熟し広く使われているからこその弊害の指摘であり、すべて無くすべきだということには戻らないと思われる。他に日本語で読めるIRBへの批判として中島（2005）によるものがある。

　日本の人文社会系の組織（大学・研究所）ではまだIRBの設置は少ないため、クラーク大学のIRBで注意すべき点として例示された項目は、研究倫理を考える上では参考になるはずであり、IRBというシステムを受け入れるかどうかを決めるためにも、一端を知ることは決して無駄ではない。以下では表2-8のうち、4～7について紹介してみたい。

　4．被験者の権利（Subjects Rights）は、研究期間中に、以下の諸点について被験者の権利を守るための手続きについての説明であり、以下の3項目について回答が必要となる。

表2-9　被験者の権利（クラーク大学のIRBによる）

(a) 身体的、心理的、法的、社会的リスクへのセキュリティ。もし何らかのリスクが冒される可能性があるなら、終結手続きや事後カウンセリングの利用可能性などの防御をとる。
(b) データの守秘義務がある場合、データにアクセスできる人物を特定し、また、コーディングに他者が関与するのであれば守秘義務が確実であることを示す。
(c) 意見、信念、態度、感情などを変える可能性がある場合には、デブリーフィングが必要かどうか、する場合にはどのようにするか。

5．同意をとる際の形式（Consent Form）は、どのような情報を与えて被験者から同意を得るかということについての指針でもあり、特に、被験者の権利についての説明を詳細にすることが求められている。クラーク大学 IRB の場合、匿名が保証される質問紙形式の調査では同意書は不要であるとされる。また、同意書を得る場合には、研究者と被験者の手元にそれぞれ残すことが望まれている。

表2-10　同意をとる際の形式（クラーク大学の IRB による）

(a)　プロジェクトは参加までの適切な期間をもつ
(b)　あらかじめ予想されるリスクや不快なこと
　　　被験者にとっての利益
(c)　守秘義務がどこまで守られるか
(d)　ディストレス、傷害、トラウマが起きた時に利用可能な心理的・医学的カウンセリング（本学学生は学生オフィスの許可があればカウンセリングを受けられる）
(e)　参加は自主的なもので、参加取り消しはいかなる不利益にも結びつかない
(f)　参加者はいつでも参加を取り消せる
(g)　個々人が同定されない限りは、調査票の調査で個々人のインフォームド・コンセントは不要
(h)　研究者自身と指導者の大学における居場所・連絡先が分かること

6．プログラムの必要性（Program Necessity）

研究の性質や手続きについて事前に完全に説明すべきでない場合、手続きに虚偽説明を含む場合、書面による同意をとれない場合、には、それが研究目的にとって必要であることを IRB に対して説明する必要がある。

7．リスク（Risks）

手続きはどのようなリスクを含んでいると推定できるか。リスクは身体的、心理的、社会的、法的その他のリスクである。リスクがある場合、それが起きる可能性と深刻さを評定する。

7のリスクについては、ハザードとリスクが混同されているかもしれない。

ハザードは危険性そのものであり、それが起きる可能性を含む望ましくない結果がリスクであると考えるべきであろう。

　たとえば、インタビューによって過去のことを思い出して気分が悪くなるというのは方法論自体がもつハザードである。しかし、すべてのインタビューでそのハザードが顕在化するわけではない。たとえばある研究で、過去の楽しい話を尋ねるのであれば、そういうことは滅多に起きないはずである。この場合には当該研究におけるリスクは小さい、ということになるのである。

6-2　倫理は「べからず」集でいいのか。手続き的倫理と不作為の問題

　前項で紹介したIRBは倫理に関しての手順が集積された一つの形である。しかし、こうした手順化作業の果てには管理化された規律社会があることを想像することはたやすい。ガンサルスら（Gunsalus et al., 2006）もこの点について触れている。研究者倫理に関しては、絶対に行ってはならないことなど、いわゆる「べからず集」、あるいは「倫理チェックマニュアル」のような形になりがちなのである。

　研究倫理はこうした「べからず」規制とは異なるべきである。一般に研究倫理は、研究に歯止めを掛ける方向で取りざたされることが多い。そして、多くの場合、研究倫理は研究をやりたいけど大丈夫か、というような形で立ち現れる。しかし、問題はそうしたことだけではない。

　不作為という概念がある。薬害エイズが蔓延するおそれがあったのに、国は対策をとらなかった、という場合、「何もしなかったこと」が問題とされ法的責任を問われるのである。ところが、研究倫理において不作為を問われることが稀だということは注目に値する。ある種の研究をしないことが、誰かを不利益におとしめたり危害を与えたりする可能性にも、研究者は敏感になる必要があるのではないだろうか。

社会改革を必然的に伴うにせよ偶発的に伴うにせよ、当該研究において対象者にいわれのない不利益を与えることは避けなければならない。ただし、この種の判断も、統計的検定における第一種の過誤と第二種の過誤の関係に似ている部分もあるのでやっかいである。

何を良いとして何を悪いとするかについて、線引きを行えば、どんな場合でも誤りが起こりうる。この誤りをどこまで意識できるのか、ということは重要である。

研究倫理について、IRBのような委員会を作ってそこに計画書を出して判断を仰げばよい、というのは手続き的な回答ではありうるが、本質的な回答にはなりえない。なぜなら、判断には必ず誤りがつきものだからである。したがって、判断の誤謬の性質について理解することが、研究倫理について深く考えることにつながるのである。

単純に考えるために、研究には倫理的に許容されるものと許容されないものがあるとする。くどいようだがその内容は実際には複雑であり議論を要するものであるが、現実にはどちらかの判断が下される（研究を行ってよいかどうかの判断は必ずゼロイチである）。倫理的であるとされればゴーサインが出ることになるし、非倫理的だと判断されれば研究開始は認められない。しかし情報理論的に考えるならば、判断には必ず誤謬があるはずである。倫理的だと判断した研究が実際には倫理的でない場合（ミス）と非倫理的だと判断した研究が非倫理的ではない場合（フォールス・アラーム）である。

この2つのうち、どちらの誤りが重大な結果をもたらすかと言えば前者である。前者は研究を認めてしまっており、実際に非倫理的な研究が行われてしまっているからである。一方、後者は実際には表沙汰になることもない。研究は行われないので、非倫理的という判断が誤っていたかどうかを検証する機会はないのである。ここで、こうした誤りの性質を統計的検定における第一種の過誤と第二種の過誤との関係に置き換えるのは無駄なことではない。倫理判断における前者は第一種の過誤であり、後者は第二種の過誤である。そして誤りの性質がこうである以上、倫理的かどうかの判断は厳しくならざ

表2-11　倫理的な問題があるか否かの判断とその結果

	判断が正しい場合	判断が正しくない場合
倫理的問題ありと判断される	やってよい	事後的に非難される
倫理的問題なしと判断される	やらずに正解	？

るをえない。第一種の過誤を避ける判断がなされがちなのである。そして、このことは必然的に第二種の過誤を増大させることに注意しなければならないのである。

　表2-11における「？」は、やらなかったが故に引き起こされる問題である。研究計画について、計画時点で非倫理的だという判断が多くなると、必然的にその判断が誤っている場合も一定数で存在することになる。その場合、研究における不作為が起きることを認識しておく必要があるのである。

6-3　倫理は罰？　あるいは倫理の非対称性

　研究が公共的なものであり、再現可能な手続きが求められているのと同様に、研究倫理についても最低限のレベルでは誰にでも利用可能なものである必要がある。研究が名人芸であってはならず、独善的であってはいけないのと同じように、研究に関する倫理も独断的な押しつけであってはならない。

　繰り返すが、研究倫理は研究者倫理と同じものではない。研究者個人の問題に矮小化してしまうのは決して健全ではない。心理学用語でいうところの基本的帰属の錯誤を犯すことになる。

　研究倫理が単なる「べからず集」「やってはいけないことのリスト」「犯した場合の罰のリスト」だけになるのは、（仕方のない面はあるとしても）問題であろう。現状の研究倫理は「しないこと」に焦点があたりすぎている。

　最後に、研究倫理を相対化しておくことも重要である。研究倫理に近いが異なるものとしてジャーナリズム倫理がある。事実の公表をかなり上位の価値においている。公表することの事前判断は検閲を意味することであるから、

結果の如何をかかわらず、事前チェックをするべきではないと考えるのである。これはジャーナリズムの役割の一つが権力のチェックであるからこそ、認められるものである。ジャーナリズムとアカデミズムはもちろん異なる。異なるのであるから、異なる倫理が求められている。研究倫理を考える際に参考にすべきであろう。

　単純で重要なことであるが、倫理のあり方はそれぞれの活動によってそれぞれなのであり、繰り返すが判断することではなく、問い続けるということこそが最も重要なのである。

7　まとめ

　この章では研究デザインと倫理的配慮について考えてきた。今日、研究遂行において研究倫理を考慮しない研究計画はありえない。だが、研究方法を先に決めて後から対象を選ぶことを方法崇拝と呼ぶのと同じように、研究倫理の枠を先に決めてそれに合致する研究を行うことがあるならば、それは倫理崇拝と呼ばれるべきであろう。

　研究は学問的な興味に基づいて行われ、それを実現するために方法が整備されるべきであり、研究によって人や社会を傷つけることがないような配慮を考えるべきである。こうしたことが逆立ちしてはならないのである。

注

[1]　このほかの議論については、*Culture & Psychology* 誌第12巻第2号（2006）などが参考になる。
[2]　人数については2010年ころから、経験則としての1・4・9の法則を提唱している。対象者の人数が1人か$2^2±1$人か$3^2±2$人、によって研究の質が異なることが経験的に知られているのである。この点については安田・サトウ（2012）『TEMでわかる人生の径路』誠信書房刊．を参照されたい。

研究倫理に関する3冊の本

日本パーソナリティ心理学会企画.安藤寿康／安藤典明（2005）『事例に学ぶ心理学者のための研究倫理』ナカニシヤ出版

American Psychological Association. (1992). *Ethical Principles of Psychologists and Code of Conduct.* (富田正利・深澤道子訳（1996）『サイコロジストのための倫理綱領および行動規範』日本心理学会.)

日本発達心理学会監修／古澤頼雄・斉藤こずゑ・都筑学編（2000）『心理学・倫理ガイドブック――リサーチと臨床』有斐閣.

　研究倫理については、心理学関連の3つの学会による3冊をまとめて紹介する。なかでも安藤らの書には豊富な事例が掲載されており、読みながら考えるのに最適である。

3章
心理学からみた質的研究

　この章では、質的研究のあり方について、心理学にこだわった立場から語るとどうなるかということを考える。質的研究の定義は後で説明するが、心理学、社会学、看護学という学問は、それぞれにこだわって研究することで質的研究方法が発展すると考えている。

　統計という方法のことを考えると、心理統計もあるし社会統計もある。さらにいえば医学、生理学、薬理学、経済学等々いろいろと使われていて、その分野ならではの発展をしている。だが重要なのは問題を解くことであって、方法ではないはずである。問題をどう設定するのかということは、学問にある程度規定される部分があるので、ここでは心理学ということをあえて前面に押し出しておく、ということである。こういう限定をするのは、筆者個人の由来、心理学の訓練を受けてきたことに関係している。他の分野の方が心理学以外の学 範(ディシプリン)に依拠して質的研究について語ることを筆者は否定しない。むしろ期待している。

　何にも依拠しないでピュアな純粋培養のような質的研究というものがあるとは考えられないのだから、心理学という一定の前提のもとで話を進めたいと思う（心理学がどうであるかのような話に興味のない方は、2節からお読みください）。

1　心理学の歴史から

　心理学が成立したのは19世紀の半ばから末頃にかけてであるが、その時に問題となっていたのは、精神をどう研究するかという問題であった。精神の問題はいろいろ扱い方があり、自然的に考えることもできるし、哲学的、たとえば20世紀頃に現れた現象学のように、精神のあり方を主観の内側に徹底的に探っていく方法もある。19世紀に成立した心理学においては、精神を科学的に扱うべきであるということがそのモチーフになっていた。

　それによって心理学という学範(ディシプリン)が大きく広がっていったことは疑いのない事実であろう。19世紀末には心理学者はわずかしかいなかった。たとえば心理学の父とされるウィルヘルム・ヴントはライプツィヒ大学で哲学の教授だったわけで、まだ心理学者はいなかったのである。1879年という年が象徴的に心理学成立の年とされているが、その後にしても、ドイツで哲学者的心理学者と呼べる人は10人くらいしかいなかった時代である。それが、130年たった今、どれだけの心理学者がいるか。日本だけでも6000人はくだらないのである。こうした拡大を可能にしたのは、精神の問題を自然科学的方法で扱おうとしたことに（それ唯一の理由ではないとしても）よると思われる。

1-1　初期の成立過程でどういうことが問題になっていたか

　心理学成立当時、「進化」と「発達」が大きな問題であった。キリスト教的な考え方では、神と人間が、その他の動物とは異なっているという発想だったから、進化論の主張は奇異に感じられた。奇異どころではなく、驚異/脅威として感じられた。人間とその他の生き物は近いが、神とは違う存在なのだという境界線の引き直しが、進化論によって提唱された。そこで進化、発達が問題になっていき、そもそもそれが世界を想像した神という存在への

疑問をも引き起こし、人びとがキリスト教的世界観から脱却するということになったわけである。

もう一つの大きな問題は、「感覚」および「感覚と知識の関係」であった。心理学を学んだ人なら、図3-1のような錯視図を見たことがあると思う。たとえば、事典類やテキストには、同様のたくさんの図が載せられている。いくつか見てみよう。いずれも有名なものである。

たとえばミューラーリアー錯視、これは上下の線の長さは同じなのに違って見える。もう1つは通称バウムクーヘン錯視（図3-2）。2つの扇形の大きさは同じあるが、上が小さく見える。これを応用すると、小さいバウムクーヘンを下の位置に置くと大きく見えるので、自分が上をとると大きい方を食べることができる、ということになる。

たとえば平凡社の『心理学事典』には、実に多くの錯視図が載っている。学部生の頃にそれを見た時、過剰さが迫ってきたことを覚えている。なぜ、こんなに錯視図が生産されたのだろうか？　あるいはなぜ人は、錯視図を作り続けたのだろうか？　心理学史をやっているおかげで、こうしたことへの答えが見いだせるようになったのは個人的に嬉しいことである。

おそらく、その当時において錯視が問題になったのは「知識が正しい感覚を導かないのはなぜか？」、ということが問題になったからだという。たと

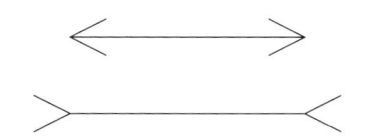

図3-1　ミューラーリヤー錯視（通称、矢羽根錯視）

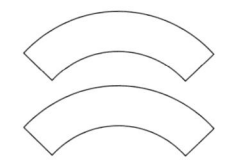

図3-2　ジャストロー錯視（通称、バウムクーヘン錯視）

えばミューラーリヤー錯視では、同じ長さだということは知識では分かっているのに、感覚的には上の方が短く見えてしまう。知識があっても見え方は同じ長さに訂正されない。羽をつけたら上の方が短く見える、つまり錯覚だという知識はあるが、それが感覚に及ばないのである。

そもそもそれがなぜ問題なのかというと、西洋の人たちはこれまで自分たちは理性的な存在だと思っていて、理性、知識が重要だと考えていた。一方で大航海時代を経て植民地が増え、現地の人と自分たちの違いは「理性」の違いだと思っていたのに、自分たちでも、理性や知識が感覚を正しく導かないことがデモンストレーションされてしまった。そういうことからこの問題に関心が向き、そうした現象の解明のために心理学で錯視図が過剰なまでに作られたのではないかと思われる。

1-2　学融領域として成立した心理学

ここまで、「心理学では……」のような言い方をしてきた。あたかも心理学というものがずっと前からあったような言い方である。しかし、実際には、心理学というのは19世紀半ば頃に誕生した学問である。それ以前にも心理学的な研究はあったが、それは独立の学問とは言えなかった。

ここで、心理学の成立について「学融」という概念から考えてみよう。学融は trans-disciplinarity の訳で、筆者は trans を「融合」の「融」と訳そうという提唱をしている。トランスナショナルなどとカタカナ表記が使われることが多いようであるが、このトランスについても「融合」と訳した方が、いろいろなことが見えるだろうと思う。学際のインター（inter）ではなく学融のトランス（trans）は融合だという発想である（酩酊の意味のトランスは trance であり、違う単語なので注意）。

心理学は精神を扱う科学として、哲学と科学の学融領域として成立したと言えるかもしれない。

ただし19世紀末、哲学とか科学が学問として独立していたという見方自体

が間違っているという話があり「そんなに明確に分かれていなかったはずだ」と批判を受けている。この批判はつまりこういうことである——今からみると哲学とか科学は確固としたものとしてあったように見えるけれども、19世紀末の時点でそうだったかどうかは疑問である。

　しかしこのような批判があることは承知した上で、心理学が哲学と科学の学融領域だと考えることには一定の意味があるのではないかと考えている。

　では科学とは何か。この問題は、後で質的方法に関して、非科学性という批判が出てくる時、科学というもののとらえ方が違っていると、議論が噛み合わない可能性があるし、余計な批判を背負わなければいけないので、そもそも科学とは何かということを理解しておく必要がある。

　科学についての考え方は多様であるが、教典主義、思索主義とは異なるという点で経験主義にたつ世界の理解と捉えておきたい。

　科学の語源は「知る」ということである。知るとはどういうことか。キリスト教的な世界では、ある時期までは聖書に書いてあることが真実である、聖書にどう書かれているかを知ることが重要だとされていたが、それに対して、自分で調べることによって知識を増やすことが科学なのである。経験主義的観察に尽きるのだと思う。ちなみに、実験は観察の特殊な形態である。自分で条件を整えることができる、コントロールできる場合、ある条件で観察する特殊な経験が実験なのである。

　(いかにもウソっぽい) 逸話があるので紹介しよう。中世、馬の歯は何本かということが問題になったそうである。実証主義が徹底する以前は、聖書を読んで調べることになる。聖書を読むといろいろな表現が出てくるが、その中から、馬のことを書いてある部分を解釈によって同定するのである。この部分こそが馬のことを書いており、そこには歯の本数が何本だと出ている、そういうことを解釈で見いだすわけである。もちろんこうした解釈には揺れがあり、そこで論争が起きたりする。ある人は聖書のある部分で馬の歯の本数を言っていて、それは20本だと言い、他の人はそういう読み方は正しくないといって聖書の他の部分を見て、この部分こそ馬の歯の部分だと主張する。

馬の歯の本数を確定するための解釈学的アプローチ、というとカッコよいが、こういう追求の仕方があったわけである。そこである人が「馬の口を開けて歯の数を数えよう」と言ったら、「馬の歯の本数は教会が決めるんだ」と言って怒られたという話である。自分で見て知識を増やすのではなく、すでに真実は聖書の中に書かれているというスタンスである。

科学は、こういう知識のあり方に対するアンチテーゼだと言えるだろう。だからこそ21世紀の今日に至るまで、キリスト教と科学の間に人間の起源をめぐる見解に関して一定の緊張関係があるわけである。

では、心理学はその展開過程で、精神の問題をどのように扱い、どのように解こうとしたのだろうか。

たとえばメンタルテスト（mental test）というものがある。精神をテストするということである。これはある意味で心理学にとって正統的な研究テーマで、19世紀末から20世紀初頭にかけて、多くの心理学者が精神を客観的に捉えるという課題に取り組んでいた。精神を科学的に捉える検査、メンタルテストは心理学にとって大きな課題であり、その成果は大きな業績だったわけである。結果的にはフランスのビネが有用な検査を作り、それがその後でいろいろと不幸な展開をするわけであるが、精神を科学的に捉えるという心理学自体がもつひな型というか範型が、メンタルテストにまとまっていったわけである。メンタルテストは精神の問題を客観的に捉える端緒を開いたという意味で、20世紀前半の心理学における希望の星だったのである。

メンタルテストは、精神という目に見えないものを、何とか測定して数値で表そうという試みである。要は、実験や測定をして数値で表すのが客観的であり科学的、と捉えられるようなところがあったということである。

科学とは何か、というのは難しい問題である。心理学は科学的であろうとして、精神現象の数値化を求めた。

エスノメソドロジーに「アグネスの研究」と呼ばれるものがある。エスノメソドロジーの創始者であるガーフィンケルによる、アグネスという「女性」についての研究である。簡単に言うと、トランスセクシャルな人の研究

である（ここでもトランスを融と訳すことを提唱したいところであるが、とりあえずカタカナ表記にしておく）。生物学的に男ではあるが、女性として生きようとする人の話である。

そういう人が女装をして人前に立つようになると、最初は化粧も念入りだし、非常に女っぽい行動や言動をするそうである。それはなぜかというと、自分が女性ではないことが分かっているし、自信がないから、典型的な女性的行動を学び、それを実践していくのである。いわゆる「ニューハーフバー」に行くと典型的な女性がいるのは、そういう理由である。実際の女性がそういうところで（生物学的に男性の）「ホステス」に会うとショックを受ける。自分より女らしい男の人がいる……と。しかしそれは話が逆なのである。男だからこそ、女の典型的な行動をせざるをえないのである。人から女性だと思われないと、自信がもてないのである。

科学的であろう、という気持ちやスタンスも、これと同じかもしれない。自分たちが何かを科学だと思う時、科学のエッセンスは何だろうと考える。そこから抽出した「科学の典型性」のようなものを装うことによって「心理学は科学だ」と思われるので安心、ということがあったのではないだろうか。おそらくそれが、実験的手続き、結果の数値化というものであったと思われる。

ちなみに、20年～30年たったトランスセクシャルな人は化粧などせずに髭を生やして、「あーら、何言ってんの、これでも私、れっきとした女なのよ」ということになっていくらしい（比喩的表現である）。自分の中で自分が女だということが自覚できるから、外見はどうであろうが、人から「汚いおじさん」と見られようが、自分の女性性は揺るがないわけである。

例が適切かどうかは別として、科学的であろうとすることをめぐって、初期の心理学にも似たような展開があったと考えることには、それほど無理がないと思われる。

もっとも、心理学の中でも（すぐに実験に訴えるのではなく）地道な観察、文脈的な観察を行うべきだという主張はあり続けた。「臨床的観察（クリニ

カルリサーチ)」と呼ばれる一群の領域である。クリニカルリサーチというと、今ではセラピューティカル、つまり、治す、ケアするということが中心という感じがするが、もともとクリニカルという概念はそういう意味ではない。

　クリニカルという概念を心理学に位置づけたのはウィトマーという人で、彼は最初の臨床心理学者と言われている。ドイツのヴントのもとで研究して帰国し、アメリカでサイコロジカル・クリニックを作った人である。この人はなぜ clinical という言葉を使ったのだろうか。

　ウィトマーという人は、今の言葉で言うなら学習障害にかかわっていた人である。その中でも、字を読めないという読字障害の子どもの事例を研究した。そういう子どもを、教育学の教科書やキリスト教の教典を見て思索的に研究するのではなく、あるいは実験をするのでもなく、子どもがどういうふうにやっているかを実際に見るべきだと言って、クリニカルであるべきだ、としたのである。本人の言葉を引用すれば、「医学において clinical は、単に場所を示す言葉ではなく、それ以前の哲学的・説教的な医学から脱却する時の方法を示していた」ということであり、学校で学習障害にかかわる心理学者たちもそのような意味でクリニカルであるべきだ、と考えたのであろう（サトウ・高砂, 2003）。

　クリニカルという発想はそもそも医学で始まった。その意味で clinical が臨床と訳されるのは適切である。ただ、クリニカルを医学以外で使うとすると臨床でいいのか、という疑問も出てくる。筆者としては「臨場的」とか「対面的」と訳した方が間違いがないと思う。臨場対面的というのもいいかもしれない。最近、医学や心理学以外にも、臨床哲学、臨床教育学などという語を見かける。臨床政治学を専門にしているという記述を見かけたこともある。いつまでも「床」という言葉にしがみつかず、適切な訳語を作るべき時に来ている。繰り返しになるが、本来のウィトマーの発想からすると、clinical は「場に臨む」という意味なのである。

　心理学においても、セラピー的ではなくてクリニカルな研究はある。その代表者はピアジェである。彼の研究を簡単に述べるのは難しいが、たとえば、

子どもにおける「保存の成立」の研究があげられるだろう。子どもは細長い円筒型のコップに入っている水を、平皿に移すと「水が減った」と思う時期がある。それをピアジェは実際の子どもの有様を確かめた上で、理論的に精神的発達について考えようとした。単純に言うと、子どもはある時期まで「量」の概念を体積として捉えることができず、たとえば高さという一次元だけでしか捉えられない。だから、平皿に移すと減ったと思ってしまう。そこには量の保存が成立していない、ということになるわけである。わが子をその育つ場で観察し続けた姿勢は、まさにクリニカル＝臨場対面的なものであった（もっとも、ピアジェとその業績が傑出しているのは、そこから仮説や理論を構築していったことにあるのだが、ここでは触れない）。

1-3　心理学のジレンマ

　心理学は科学として成立したが、科学ということを狭く捉える傾向があった。根本的な問題として、「精神」という心の内部を対象にするという課題設定のあり方自体の問題があり、そもそも見えないものをどのように科学的に研究するかということに、心理学者はしのぎを削ってきたわけである。そのため心理学は、「曖昧なところは切り捨てて研究できるところを研究する」ということになった。

　先ほど紹介したピアジェの研究がうまくいったのは、自分の子どもの、しかも認知機能の研究だったからという面もある。子どもは生活の文脈が限られているので、文脈ごと丸抱えにして外から見ることができる。いい大人を捕まえて3時間も拘束して、水が増えたとか、減ったとか、やっていられない。私が大学2年生の時、実験実習で大人相手に知能検査をしなければいけないことがあり、高校時代の同級生にやったら（その時は協力してくれたが）後で怒られたことがある。2時間も拘束してあんなことさせて、と。大人を相手にしたクリニカル＝臨場対面的な研究は、やはり難しい。

　だからといって、やれるところだけやっていていいのか、という問題が出

てくるわけである。とりわけ20世紀半ば頃になって、日本でも世界の心理学においても、それでよいのか、という反省がおこり、社会や発達における心理学領域で実際の生活上のことも扱うようにすべきではないか、という声が大きくなってきた。もちろん、こういう問題意識は心理学だけのものではない。実際の生活上のことも扱うように方法を見直すべきではないかというのは、心理、社会、教育、そして看護に共通していると思う。

1-4　心理学が生活上のことを扱うために必要なこと

　さて、生活上のことを扱う時には、いろいろな枠組みを変えていくということにならざるをえない。研究という言葉を使うと、どうしても研究と実践という二分法になり、しかも研究が実践より上、というように優劣で語られてしまいがちである。そこでそのような二分法に陥ることのないように、研究を「新しい知識の生産」として設定しようというのがモード論の考え方である。モード論はもともとギボンス（ギボンス他, 1994）の科学社会学的な理論であるが、私はそれを心理学に適用してきた。[1]

　研究もしくは実践に有用な知識を生産することが研究者の目的であって、研究と実践に優劣の区別はない。「学範(ディシプリン)主導のモード」＝モードⅠと「実践主導のモード」＝モードⅡがあるにすぎない。

　2002年に日本人がとったノーベル賞はこの２つのモードをよく示している。小柴昌俊さんの物理学賞は、宇宙ニュートリノの検出に対するパイオニア的貢献に対するもので、モード論でいうところのモードⅠである。こうすればこうなるはずだからと理論をたて、岐阜県にカミオカンデという実験施設を作って観測をし、うまく理論が証明された。学範主導、理論主導である。一方の化学賞を受けた田中耕一さんは生体高分子の同定および構造解析のための手法の開発に対する受賞で、タンパク質の分析・測定のための装置を形にして、それが普及し多くの発見を生み出した。これはモード論でいうところのモードⅡである。田中さんの名は世界でも日本でも、ノーベル賞受賞まで

知られていなかった。装置は普及浸透していったけれども、その装置の元となる考えを作った人のことは、知られていなかったわけである。ノーベル賞は1901年にできたが、それまでに学位制度はしっかりできていたので、自然科学系のほとんどの受賞者は博士号を持っている。ノーベル賞ができてから博士号を持っていない受賞者は初めてか2人目だったということだ。田中さんの場合、企業の現場で実践して、ある目的のために作った装置がどんどん発展し、研究と応用を促進した。まさにモードⅡと言える。こういうことを、心理学でも考えることができないかということである。

さて実際に生活における人間（の心理）について考える時、量で迫る方法と質で迫る方法がある。

再度、図3-3のような矢羽根の錯視を例にして考えてみよう。量で迫る方法では、AB間とCD間でどれくらい違うと思うかという主観的な量を聞くのではなく（実際は同じ長さ）、主観的に同じに見えるように片方の矢羽根を動かしてもらって（矢羽根をスライドできるようにしてある）、主観的等価点が実際の等価点と何センチ何ミリ短いか、を計測する。矢羽根の角度を変えて60度の時はこう、30度の時はこう、というように、数字同士の関係に置き換えるわけである。こうして得られた数字はその実験を誰がどのような状況でいつしたかなどの意味が捨象され、結果を四則演算できる（ように見える）。だからこそ法則性を捉えやすくなるのである。このような現象を調べるのには、これは大変優れた方法である。

なぜこのような複雑な手続きをとるかというと、AB間とCD間で「どれくらい違うと思う？」と聞くと、「ちょっと長い」とか「3 mmぐらい長い」など、いろいろな答えが返ってきて、整理が難しくなるからである。心

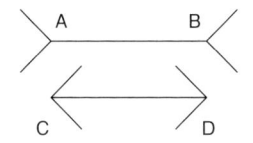

図3-3　ミューラーリヤー錯視図の比較

理学は整理しやすいように数値化する道を選んだから発展した部分がある。逆に言えば、数値化できることだけを研究対象としてきたとも言えるわけである。そこでは、「AB が個々人にとってどれくらい長く見えるのか？」という問いは発せられない、あるいは、無視されてきた。

　個人個人に迫るための理解が重要になっていくなら、そのための心理学はこれまでに用いてきた方法とはやや性質を異にする方法が必要であり、そのための方法論を考える必要がある（もちろん、異なる方法とはいっても実証的であることなど、いくつかの点で量的な方法と共通の土壌の上にあることもまた重要な事実である）。

2　質的研究とは何か

2-1　質的な経験と質的な研究

　心理学において質的研究が重要だという認識に立った上で、そういう研究をするにはどうすればいいかという問題設定をした場合には、まず心理学という学問のもつパラダイムを考える必要がある。上に見てきたとおり、心理学は人間を狭い意味での科学で扱おうとして、それで扱えない現象はむしろ扱わないということになりがちであった。

　しかし生活の中の人間を扱いたいという時には、それではあまりに窮屈であって、新しい方法の整備が必要になる。従来の心理学がめざした狭い科学ではなく、個人を扱うことができる、広い意味での科学的な方法が求められる。それが質的研究である。まず、質的研究とはどういうものかを考えてみよう。

　最初に「質的な経験」ということを考えてみたい。『心理学の新しいかたち』（佐藤, 2002）の中で書いたことと重なるが、割合気に入っているので再掲をお許しいただきたい。

詩人・高村光太郎の妻の智恵子が、生まれ故郷の福島県の二本松で「本当の空がある」と言った。
　この「本当の空」はどのような空なのか？　その当時の天気を調べて、こんな色だったなどと智恵子が見た（だろう）空を復元してみることもできるだろう。だが、そういうことを通じて智恵子が「本当の空」と言ったことを了解できるだろうかといえば、それは違う。
　では、どのようにすれば了解できるようになるのだろうか。もちろんそのためには、何らかの了解のための原資（リソース）が必要になる。では何をリソースにして智恵子の発言に迫ればよいだろうか。
　それは、心理学における質的研究の伝統である。社会心理学におけるフィールドワーク、発達心理学における日誌観察法などがあり、ある女の子が泣いた５分間のことを書いて一冊の本にした現象学的心理学者もいる。いずれにせよ、こういう心理学における質的研究の伝統を原資にしながら考えていくわけである。

2-2　質的な研究とは何か

　質的研究とは何かということについて、能智（2001）はこう言っている。「扱われるデータと結果の表示が質的であること」。マイルスとヒューバーマン（Miles & Huberman, 1984）は、「言葉の形式によって表されたもの」と言っている。澤田・南（2001）は「言葉に限定せず、図や映像、音声など、事物も出来事の様態を写したり記したりしたもの全般」と言っている。
　このような引用で分かることの一つは、数式と数字で結果を表すのではなく、主として言葉で、あるいは図像で表すということである。
　ちなみに化学にも質的分析と量的分析があるが、心理学の質的分析はどう違うのだろうか。化学の質的分析の良い例はリトマス試験紙である。試験紙を液体に浸すことによって赤になると酸性、青になるとアルカリ性と、媒体が質的に変化したことによって分析するのである。ある媒体の質の変化に

表3-1　質的研究の特徴（澤田・南, 2001；能智, 2001）

澤田・南（2001）	能智（2001）
帰納的	自然な状況でのデータ収集
対象となる事態と人びとを全体的に見ていく	プロセスに対する注目
研究者自身が対象に与える影響に敏感である	帰納的な分析
対象者の視点から相手を理解しようと努める	意味への関心
研究者の信念、視点、事前の前提をいったん保留する	

　よって、知りたいものの性質を知ろうとするのが化学における質的分析である。心理学の質的分析はこれとは違って、言葉、あるいは映像によって現象を表現することを志向している。

　これはどういうことだろうか。澤田・南は、質的研究は、「体験を記述し、そこに含まれる成分、構成要素を明らかにし、他の類似の体験との関係において、この体験の特質・特徴を浮きだたせるところにある」とする。「本当の空」と言った智恵子の例に照らして言えば、空の色の周波数分析をしたり、他の場所の空の色との異動を比較したりするのではなく、質的研究では、「本当の空」は誰と一緒の時のものか、本人はどういう状態だったかを考える。あるいは智恵子が故郷にいない時の状態はどうだったのかなど、さまざまな状況を明らかにしていくことが「本当の空」を理解することにつながっていくわけである。「本当の空」と言った時に智恵子の経験、そしてそれはどういう経験と似ているのか、あるいはどういう経験と違うのかを理解する必要があるのである。空の色の周波数分析によってその空を再現するのではなく、質的研究では文脈の再構築によって「本当の空」の意味を浮かび上がらせると言える。

　質的研究の特徴について、澤田・南と能智は、表3-1のように整理している。

2-3 質的研究への批判に答える

2-3-1 非難は無視し、批判には制度的に答えよう

さて、質的研究の方法論に対する批判が行われることがある。それらをいくつか見た上で、必要なら反論してみたい。

質的研究は資料を読み込んで、解釈枠組みを作り説明を試みるプロセスであるので、よく言われる批判は「客観的ではない」ということである。筆者の立場からすると、この手の批判は、実際には客観的かどうかということが問題にはなっておらず、むしろ「独断的だ」ということが非難されているように思われる。研究者と対象者の関係においてどちらかが権力的になってしまうとか、表面的に分かったつもりになっているとしたら、それは確かに問題であるから、それについてはコントロール（制御）をしていく必要がある。「独断的、独善的傾向を避けなければいけない」ということは、確かに考慮されるべきだろう。

ただし、間違いを恐れる必要はない。間違いはどんな学問にもある。間違いを防ぐ手立てが制度的に整っていないとすれば、それが問題なのである。研究は、一生懸命やったけれどまったく間違いでしたということではすまない。あるいは、自分がやったことはまったく間違いの可能性がないと豪語することもできない。どれくらい間違っている可能性があるか、それをどう組織的に防げるか、ということに関して努力をすべきなのである。ある研究が「独断的」かどうかについて、他者が判断し検討できる方法を制度的に作らなければならない問題なのである。

批判は傾聴し時には受け入れることがあってもよいが、不当な言いがかりには反論する必要がある。「質的研究は信頼がおけない」「解釈が入っている」は、批判と非難の中間であろうか。「データが偏っているのではないか」「曖昧なものから曖昧なものを見て何が分かるか」というようなものになると非難に近い。「ごみからはごみしか出ない」という言い方をされたことも

あったが、これは批判というより非難である。ただし、こういう非難には「ごみから家庭の状況が分かる」と切り返すこともできる。

　質的な研究の結果は都合のよい「いいとこ取り」ではないか、というような批判もある。最初から分かってることを取り出しているにすぎないのではないか、という批判とも重なる。そういう批判が出てくることはよく分かることではあるが。しかし一つ重要なことは、こういう批判は質的研究だけにおきる根拠はないということである。どんな研究にも言いうることである。もちろん、「質的研究だけにあてはまるわけではないからそんなことは考えない」という反論は開き直りにすぎない。

　以下では、実際にこういう批判にどう応答するかを考えていこう（こうした思考こそ方法論的な思考なのである）。

　私は第一に、「理論的な記述」を大事にすべきだと思う。事実を普遍的なものにするための理論をしっかり立てることである。第二に「第一種の過誤の低減方策の確立」、つまり、偽であることを誤って真であるとしてしまう誤りを極力無くすことである。第三は「評価システムの構築」である。

　こうした策を講じることによって、批判に対して反論していく必要がある。開き直りではなく、反論していくことが重要である。

2-3-2　理論的な記述

　理論とは、抽象的かつ体系的に現象を説明するものである。幼稚園で子どものしていることを観察して記述する時、そこにはすでに理論が入っている。ある現象をケンカと記述するか、じゃれあいと記述するか、はたまた所有権をめぐる葛藤と記述するか、どういうカテゴリーで書くのかによって、その現象はまったく異なるものになる。ヴァルシナーは「データをして語らしめよ、などという人がいるが、データが語るはずがない」と言っているが(Valsiner, 2001)、これも同じことを指している。記述自体が概念付加的だということを自覚する必要があり、「記述・概念・仮説・理論」の不可分性に自覚的になる必要がある。そして、そのためには「ぶ厚い記述」を心がける

必要があるし、キレのいいカテゴリーを作成する必要がある。

仮説ということについて言えば、「生成」し「継承」していくことが大事である（やまだ, 2002；西條, 2003）。生成された仮説を個人の研究者が検証して終わり、ではなく、その仮説自体をさらに発展、継承していくのである。

仮説は発展、継承される中で、「理論化」がめざされる。ある一人の人のあること（事例）を取り扱った研究であっても、「その人のあること（だけ）が分かりました」というのではなく、そこから普遍的な側面が取り出されて理論となる。

2-3-3 誤りの2つのタイプと第一の過誤の低減

方法論的な留意点の2つ目は「第一種の過誤の低減」である。第一種の過誤と第二種の過誤については2章で述べたが、よく言われるのは「第一種の過誤＝慌て者の誤り」、「第二種の過誤＝ボンヤリ者の誤り」である。実際に「差がないのにある」と言う誤りと「あるのにない」という誤りは違うのである。たとえば、若者が、道行く人すべてが「自分に気があるかも」と思うのが「慌て者の誤り」で、相手にその気があるのに「無いよきっと」と思うのが「ボンヤリ者の誤り」である。「〇〇君があなたのことが好きだよ」「そんなことないよ」と言って他の子にとられるのが「ボンヤリの誤り」、「あいつ俺にホレてるぜ」と勝手に思うのが「慌て者の誤り」である。このように、判断の誤りには大きく分けて2種類がある。

さて、どちらの過誤もないにこしたことはないが、学問はどちらをより統制すべきだろうか。「ないものをある」と言ってしまう誤りの方が重大であり、「第一種の過誤」をコントロールする必要があると考える。

血液型性格判断の例で考えてみよう。個人的なことであるが、私はネット上で、血液型と性格の関係を認めない頑迷な心理学者として非難されていたりする。「海外で多少研究があるのに意図的に無視している」とか「サトウが少数者差別（ブラッドタイプハラスメント）を作り出している」という批判もある。しかし、「ないものをある」と言う過ちと「あるものをない」と言

う過ちと、どちらが罪が少ないだろうか。「あるものをない」と言う過ちの方がましであろう。もし本当にあると分かったら、その時に「ごめんなさい」と言えばよい。逆はそうはいかないわけで、「ないものをある」と言って保育園で血液型別保育をやってしまったら、「やっぱり間違っていました、ごめんなさい」というわけにいかないのである。そういう意味で、慌て者の誤り、つまり「第一種の過誤」をどうコントロールするかは重要な問題であると思う。

統計的検定のロジックは、まさにここにあり、有意確率などを用いて帰無仮説棄却の基準を５％にしたりするのは、第一種の過誤を避けるためであることは知っておくべきである。統計的検定の良いところは、私たちも見習わなければならない。

2-3-4 評価の蓄積で誤りを低減する

評価の蓄積で誤りを低減するためには、単一の評価ではなく複合的な評価をすることが大事である。

まず研究仲間による評価がある。ゼミの中の討論でもいいし、質的研究評価研究会等を開いて討論することもよいであろう。ただし、これには仲間同士の信頼関係が重要で、しっかり批判できる関係がもてているかどうかが大事になってくる。

その他にメンター（指導教師）による評価がある。教師が学生の論文を批判することは大事であり、たとえここはダメ、あそこもダメ、という具合に批判になってしまったとしても、それでもやはり有効である。なぜかと言えば多くの場合、メンターの人の方が理論、方法論を知っているからである。

さらに、研究対象となった当事者による評価がある。ただし、フィールドワークや面接調査に基づく研究を当事者に見てもらった時に、本人が納得するのがよいのかどうかは、議論が分かれるところであろう。当事者にはよく分からないことを書いてしまって、怒りを引き起こすこともありえる。ある人が「修士論文の時は、現場の人が喜ばないことでも書くくらいの姿勢が大

事だと思っていたけれど、その後は、書いたものを現場の人に見せられないようではフィールドワークと言えないのではないかと考えが変わった」と言っていた。つまり、個人でも考え方は変わるので、当事者の評価の問題は単純ではない。一方、当事者の単なる代弁者では、何のために研究しているのか分からないと考えている人もいる。私自身としては、当事者に見せることが必要なことは認めるが、その内容が常に当事者の方から承認される必要はないと考えている（佐藤, 2004の冒頭座談会「ボトムアップで行こう」も参照）。

　レフリー付き雑誌による評価も重要である。レフリー付き雑誌に掲載されるということ自体、複数の人、それもその道のプロが読むわけであるから、専門家に評価されたということである。学会誌であれば学会の評価も受けたということになる。さらに学会で賞を制定していてそれを受賞すれば、それは大きな評価になる。

　以上、誤りを防ぐということを評価という側面から見ることもできることを示してみた。評価を多重に行うことで、研究の過誤を制度的に防ぐことができるという視点は、質的研究にとって非常に重要であると思う。

2-4　量的研究の研究評価とは異なる評価をしてもよい

2-4-1　信頼性・妥当性概念の検討

　私たちはどうしても「妥当性・信頼性」という用語を使って研究の評価をしようとしてしまうが、それでいいのだろうか？　私は、妥当性・信頼性という概念を使っていてはダメだ、それでは量的研究の世界に絡め取られてしまう、と思っている。

　質的研究の「第一種の過誤を低減する」ための手立ては多面的な評価であることを上に述べたが、この時に妥当性、信頼性の概念を使っていては、結局のところ量的方法の呪縛から逃れることはできないのではないだろうか、と思うわけである。特に、心理学における信頼性という概念は特殊な概念で、

定量的測定にとっては重要である。量的研究にとって「のみ」と言ってもよいかもしれない。

一口に信頼性と妥当性と言うが、信頼性のないところに妥当性は存在しない。毎回測定値が変わるのに妥当性など言っても仕方ないであろう。しかし、心理学における測定は長さを測るようなものではありえない。そこでいかにして安定した値を得るかに腐心するのである。たとえば折半法という方法があり、これは１つの尺度を半分に分けて異なる被験者、あるいは同一の被験者に時間をずらして施行し、相関関係を見る手法である。そもそも半分に分けて測定するというところも変であるが、それは問われない。再検査信頼性というのもあるが、これもおかしい。これは、たとえば２週間後に同じ検査をやってみてどれくらい結果が一致しているか、その相関を見る方法であり、それが安定しているということを指標にする。つまり今日やった測定と２週間後の測定の相関で信頼性を見るというのは、変化を見ないことを前提にしているわけである。

そもそもゴルトンが「相関」や「回帰」の概念を作った時、相関の概念は「遺伝主義的」で「変化否定的」なものであった。変化は誤差だと考えるわけであるから、相関係数は変化を扱うための概念ではないとも言えるのである。

妥当性という概念も、同様に相関係数がベースになっており、人の変化や成長を捉えるには適切ではない。

さらに、「構成概念妥当性」「併存妥当性」など質問紙尺度における妥当性の概念は、自己撞着的であることも指摘しておこう。「この新しい不安尺度は、抑うつ尺度との相関が高かったので妥当性がある」式の主張はよく見られるが、これはおかしいであろう。帯広畜産大の渡邊芳之氏は「尺度の相関係数を出す前に、それらの尺度間で同じ単語が何個使われているかを調べたらいい。同じ単語が使われているほど相関が高くなるから、データをとる必要はない」と喝破したことがある。尺度の項目自体が著しく類似しているわけで、いくら相関が高くても妥当性があるとは言えないのではないだろうか。

これは極端な議論かもしれないがある哲学者が「極端な議論を考えてみるのは学者の役目だ」と言っているように、極端に考えることによって本質が見えてくることがある。

　もちろん量的研究においては信頼性・妥当性の概念は有用ではあるにしても、それは一般的な日常語としての信頼性・妥当性とは異なっている。質的研究を評価し研究の質を担保するには、これらとは別の視点が必要となるのである。

　別の視点とは何か。個人的には、研究プロセスを明示して再現可能性を担保することであると思っている。フィールドワークであれば、ただ「見てきました」「話を聞きました」ではなく、その手続きを詳細に書く。そしてフィールドワークのプロセスでそれがどのように変わっていったかを、自分の考えの変化も含めて詳細に書く必要があるわけである。

　次に、もう少し広く、研究評価の広がりという観点から考えてみよう。

2-4-2　評価概念の広がり

　質的研究では、従来の評価に関する概念を広げていく必要があり、いろいろな人がさまざまな提言をしている。『質的心理学研究』第2号に載っている西條論文（2003）は、もっと多様なところから質的研究の概念を取り上げているので、それも参考にして、今ここでは表3-2のようにしてみたい。

　「客観性」ではなく「再現可能性」「反証可能性」であるが、再現可能性については、手続きをしっかり書くということである。「反証可能性」は、ど

表3-2　評価概念の再検討（フリック, 1995, p.292；西條, 2003を参考にした）

従来の概念	→	提唱したい概念	
客観性	→	再現可能性	反証可能性
信頼性	→	確実性（手堅さ）	監査可能性
内的妥当性	→	有意味性	真正性（迫真性でなく）
外的妥当性	→	転用可能性	一般化限定性

うしたら自分の意見の主張が覆るか、ということである。

「信頼性」ではなく「確実性（手堅さ）」「監査可能性」は、いつも同じ結果が出るということではなく、「確実性（手堅さ）」を重視するということである。「監査可能性」というのは、トレールする（軌跡を追う）ことができることを指す。会計帳簿を会計監査するように、研究の軌跡をフィールドノーツ等の資料を通して追うことができるということである。

「内的妥当性」に代わる「有意味性」「真正性」であるが、「有意味性」は「その研究にはどういう意味があるのか？」ということである。1人だけにインタビューして何が分かったのか？というような問いに対して、自分が聞いたのは1人だけの話であるが、あるいは見たのは1つの現場ではあるが、こういう意味があり、その事例はこれこれの学問のこういう文脈に位置づくということが言えるかどうか、ということである。おそらくそのためには理論が必要になるので、理論の話とつながるところである。

「真正性」は、その研究の問いに関してきっちり捉えられているということである。よく、迫真性ということを重視する人がいるが、「迫真性があるよね、リアリティあるよね」と言う記憶や証言が、必ずしも正しいとは限らない。また、近所に「当たり屋が出没している」という噂は迫真性があるとしても、実際には噂にすぎない、ということがある（佐藤, 2001など）。迫真性ということではなく、その研究にどういう真正性があるかを語れるものでなければいけない。

「外的妥当性」に変わる「転用可能性」と「一般化限定性」であるが、あるローカルな事例で分かったことが他に転用できるというのが「転用可能性」であり、ここまでは使えるという意味で限定をかけるのが「一般化限定性」である。1人のことについて分かったことが、その1人のことで終わるのでは学問とは言わないわけで、その人を越えて知見が転用可能でないといけない。しかし「ここにはあてはまりません」と、理論的に限定して言っていく必要もあるわけである。

個人的に重視しているのは「再現性概念」で、それをどう拡張して整備し

表 3-3　再現性概念の拡張と整備（佐藤, 2002）

手続き的再現性
外挿的再現性
臨場的再現性（ハイファイ性）

ていくかを考えている。「手続き的再現性」「外挿的再現性」「臨場的再現性（ハイファイ性）」ということを考えてみたい。

「手続き的再現性」は、他者が同じことをできるように手続きを詳細に書くことである。他の人が他の人の研究をやったら違って当たり前であるが、しかしそれにもかかわらず、どうやったかをしっかり書くべきなのである。

「外挿的再現性」は、ある研究プロセスの中で作られた概念が、別のプロセスでも説明概念として使用できるかということである。たとえば観察から得られた概念で、同時に撮っておいたビデオに映っていたシーンの現象が説明できるかということである。

フィールドワークで、観察に行きメモをとり考える、さらに観察に行きメモをとり……を繰り返す。こうした作業・格闘の末に見えてきた概念がどのくらいの広がりをもつのかが問題になった時、過去にとっておいた画像記録をその概念で説明するというのはおもしろいだろう。つまり、観察期間中に随時何度か録画しておいて、最後にその概念を適用してみるのである。

これは親子関係鑑定で（最後に）血液型を調べるようなものである。戦争孤児の肉親探しの調査などでは、最後に親子関係で血液型を調べる。なぜなら、最初に客観的なデータを知ってしまうと、以降の調査がその結果に引きずられてしまいがちになるからである。これと同様に、最後の最後にその概念の適切性をテストできるものをどこかにもっておくことは重要なのである。これが外挿的な再現である。録画を撮っておく以外にも、ある保育園で生成された概念を他の保育園での 1 回だけの観察で適用してみるとか、いろいろ工夫ができるであろう。

「臨場的再現性」は、その場にいるような感覚をもたらす情報を用いた再

現性を言う。ハイファイ性と言ってもよい。もちろん、これはその場にいない場合における「らしさ」の追求だということを、しっかり頭に入れておく必要がある。

教室の文化についてフィールドワークする時、たとえば教室にはどんな掲示物が張られているか。ロッカーはあるか、本棚はあるか、ものの配置はどうなっているかなどもしっかり書いておく。それぞれの場所も書き込んでいく。絵を描ける人はイラストにしておく。イラストであると複数の視点をもりこめるので、カメラでとった写真よりも臨場的再現性という点で優れていることが多い。

ある人間やその人の人生は、他の人のそれと交換可能だということはありえない。だからこそ、個人を対象とした研究の場合には、いろいろな形で手続き上の再現性を確保していくことが大事なのである。

2-4-3　質的研究の訓練

質的研究は名人芸的なものである、と言われることがある。私は学問である以上、ある程度のトレーニングが可能だという立場にたっている。

つまり、「質的研究の訓練」が必要であり、可能なのである。では、どういうふうに訓練していけばいいのだろうか。

面接や観察の技術の訓練では、面接・観察を繰り返して、問いを洗練させる訓練を積むことが重要である。『フィールドワークの技法と実際』（箕浦, 1999）には、初期の訓練について書かれている（本書1章も参照されたい）。

私の場合は、たとえば、テレビコマーシャル課題というものを初期に課している。テレビコマーシャルという日常的に見るものを少し違う目で眺めてみる。そしてあるカテゴリーができる。それをもういっぺん壊して新たなカテゴリーを作ってみる——作る、壊すの過程を何度かやってみることは重要であると思っている。

横断歩道課題というのもある。横断歩道の観察である。普通なら横断歩道は道路を渡る場所、ということになるが、たとえば横断歩道は待つ場所であ

るということが見えてくる場合がある。そうなると、電車を待つのと横断歩道はどう違うか、などと考えが進んでいく。このように繰り返し訓練することをやっていくのである。

その際に「書いて発表する訓練」を交えながらやっていく。書くことは大変重要である。単に考えているだけだと、どんなことでも考えることができるし、一度にいろんなことを考えられる（ように思える）。どんなことでも結びつけられる。ところが、実際に書いてみると一度に書けることは決まってくるので、考えの筋道が整ってくる。少しずつでよいから書いていくことが重要である。

書いたら人前で発表する。これもいろいろとやり方があり、それはここでは割愛するが、練習してから臨むことが大事である。

そして、発表をきちんと批判することも大事である。しかしこれは難しい。私の場合は「人を褒める訓練」をする。批判の訓練も大事だが、褒める訓練も大事だと思う。褒める関係があってこそ、批判がついてくる。そして批判を受け入れて、より良いものを作っていけばよいのだと思う。

日本では質問されると怒ったり、「なんでそんなことを答えないといけないのか」と非難する人がいたりするが、アメリカの大学では（というのも紋切り型的表現であるが）、まず発表に対して「グレイト」と言ってから質問が始まる。自分が褒めてほしかったら人を褒めることである。

日本心理学会で、「いい研究をするにはどうすればいいか」ということについて話したことがある。その時は、「いい研究をするには人を褒める。それが回り回ってくるのだ」と述べた。いいネットワークをもつことも重要であり、いい業績を出せる人はどういう人かというと、日頃から対人関係をよくしている人なのである。自分が困った時、誰かが助けてくれる、すぐ助けてくれるということは、普段からいろいろな人を助けていたり、いい関係を作っていることの現れなのである。困った時にいいアイディアをもらえる人が、他者からブレークスルーとなる着想を得ていい業績をあげられるのである。質的研究に限ったことではないが、褒める訓練をする必要があると思う。

2-5　テクニカル・アドバイス

以下では、技術的なちょっとした工夫についていくつか話したい。

2-5-1　テクニカル・アドバイス —— **初期**

まず初期では、「繰り返しの視聴」が重要である。現場に行くなら何度も行って何度もメモする。私自身は録音、録画が常によいという立場ではないので、何度も観察するということである。もちろん録音録画がまったくダメというわけではない。もしそうしたなら、それを何度も視聴することが大事である。分野は違うが、ロジャースやベイトソンといった人たちは何度も同じ会話記録を聞いて、そこから彼らの説を作っていったという。記録画像などは、普通とは異なるスピードで早送りしたり遅送りしたりして見てみるのも良い方法である。

次に、「頻度の多いことには文化的意味がある」。これは私の師である箕浦康子先生の言葉である。箕浦先生のフィールドワークの授業を受けていた時のことである。先生はわりと予定のことを言う。最初は分からなかったが、繰り返されることは重要だ、という目で見ていくと、時間管理や見通しというのが大事だということが分かってくる。予定への言及は授業の一部というよりは業務連絡の一種ではないかと思いがちだが、授業時間内に言われている以上は重要なんだと思うようにするのである。また、これは大学院の方法論の授業でテレビコマーシャルについてやってもらった時のことであるが、番組の宣伝がコマーシャルかどうかということが問題になった。「今日の7時からの番組、見てくださいね！」みたいなことを多くの人はコマーシャルだとは思わず、データからカットしてしまう。しかし、頻度が多いことは文化的意味があるわけで、番組宣伝はコマーシャルに入るんじゃないか、と考えてみるのである。すると違ったことが見えてくる。多いから、またか、と思うのではなく、多いからこそ意味があるのだと思うことが重要である。

「固有の言い回し、表現があったらチェックする」。フィールドワークする時には、そういうローカルな言葉に馴染むことが重要である。現場の特殊な略語などは、最初は違和感があってもチェックしておいて、どういう意味かを探っていく。これはイントネーションなども大事で、現場の人と話す時に違和感なく使えるようになればフィールドワークの初期はクリア、ということになるかもしれない。この人はここにいて馴染みがあるなと思ってもらえるからである。

「違和感を大切に」。これは、自分自身をある種の測定器として考えてみるということである。違和感があるということは、自分のそれまでの人生とその現場とが激しく交錯している証しである。何がそれを生み出しているのか、を考えてみるとよいだろう（本書6章も参照）。

2-5-2　テクニカル・アドバイス ── 中期

中期になると「仮説生成と仮説の組み直しを楽しむ」。これをやらないとダメで、最初の仮説のままでは何も見えていないということになる。保育園で人気のある子は誰か、ということに興味をもってフィールドに入ったとしても、その考えに固執してずっと2年間やっているのはだめなのである。そのテーマを考えたのはフィールドに入る前の自分であって、そういう考えで保育園という場所が何か動いていたりするわけではないからである。その現場においてもっと重要な概念があるんだというつもりで仮説を組み直していかないといけない。

ある時点まで観察するとある仮説ができる、そこに焦点を絞って観察をやってみる。あるいはとったデータを見直してみる。そうすると必ずその仮説は崩れてしまうものである。

焦点観察、仮説生成というが、実際には仮説は崩壊してしまう。箕浦ゼミのある学生が、「先生は仮説生成というけれども、自分たちにとっては仮説崩壊の方が実感できる」と言っていたがまさに名言である。仮説を作っては壊し、また作って、という行きつ戻りつのプロセスは嫌になることもあるが、

そういうプロセスを楽しみたいものである。

「中間レポート的なものを何度か書いていく」。書くことは大事である。考えは奔放に広がりやすいが、書く時は必ず一定の順序が生まれる。それを利用して秩序を作っていくのである。また、書き始めると仮説や考えがガラッと崩れることも多いので、仮説生成のよいきっかけにもなる。

「多様な資料を活用する」。たとえば、保育園という制度自体がどうできているか、無認可とは何か、認可とは何かなどということも含めて、制度的な基盤を調べてゆく。同性愛の研究なら、日本における歴史的背景はどうか。保健室登校の研究なら、保健室というものがそもそもいつできたかを調べておく。あるいは多面的に理解するという意味では、保健室の壁に何が張られているか、生徒が入ってくる時、何と言いながら入ってくるか、等々を理解していくのが、多様な資料の活用ということになる。

「雑談をすることが重要」。これは特にフィールドワークの場合の中期にあてはまる。観察でも面接でも、面と向かって「インタビューさせてください」と言うと相手も身構えたりする。ご飯を食べたり、駅まで送ってあげたり、そういう何気ない会話の中で自分の疑問点をぶつけて回答を得ていくことも重要なのである。フィールドワークでなくても、データを狭いものに限定しないで、いろいろと試みて広げることをやっていくのが中期の課題である。

2-5-3　テクニカル・アドバイス ── 終期

終期の最大のヤマは、もちろん執筆である。書く時にどういうことが必要だろうか。

「有意味性を訴えるために文献精読・引用を」。自分が見ている事例は、ある意味でマイストーリーにすぎない。その小さい物語をどういう大きい物語の中に位置づけるか。ある障害者の研究をしている時、目前の人に自分がかかわっているという意味ではマイストーリーにすぎない。相手と2人で協働生成しているという言い方ができるとしても、書くということになれば結局

はマイストーリーである。それを位置づける大きな物語を3つくらい作らないといけない。3つというのは、論文の序論の部分の節だてを3つぐらい、という意味である。

　たとえば、駅のホームでタバコを吸うとはどういうことか。パーソナルスペースという理論に位置づけることが必要になるかもしれない。いずれにせよ社会心理学的なテーマを見つけてきて、そこに位置づけないといけない。これが1つ目の大きな物語であろう。もう一つ、フィールドワーク（やインタビュー）という方法についての物語があるので、とりあえず2つの大きな物語に自分の現象を位置づけることができる。3つ目の大きな筋立ては、たとえば、健康の言説とタバコを吸うこととにどう折り合いをつけるか、というストーリーがあるだろう。自分のデータには意味があると訴えるには、3つくらい大きな物語を作らないといけない。駅でタバコを吸っている場面を研究しましたと言っても、その学問的意味は分かってもらいにくいわけで、それを説明する努力が必要なのである。そうすることで「とるにたらない行動から人間の生命や行動を考える」ことが可能になる。

　また、こうした大きな物語を書く時には、先行研究を引用することが必要である。引用するためには読むことが大事となる。引用も評価の一種ということがあるから、敬意を表する。誰の論文も引用しないような論文は誰からも引用されず孤立することになる。

　「サンプリング方法の記述で腰を引かない」こと。「事例が限られているから」「私が見たのはある1つの例ですから」と言わない。言い訳するくらいなら書くなということになる。いきなり言い訳から始める人も結構いるが、雑誌論文審査者の立場からすると、言い訳を書かないでしっかり理論武装するか、投稿をとりさげるかにしてくれと言いたい。自分で少数事例研究という方法を選び取っていながら「わずか1例（あるいは数例）ですから、何も言えない」のなら、審査者としては「そんなものを読ませるな」と怒りたくなる。サンプリングの問題は非常に大きな問題なので、後で論じる。

　「何が知識の増分なのか分かりやすく書く」。上2つとの関係があるが、こ

こまでの研究で分かっていたことがあり、そして、他ならぬ私がある駅でタバコの吸い方を研究したことでさらに何が分かったか、それを書くことが大事であり、そういうことがないなら論文は書けないだろう。新たに分かったことを、ここでは知識の増分と言ってるわけである。

「執筆時には生の声を埋め込む」。実は個人的にはあまり好きではないが、レフリーの中にはこういうことを言う人が多い。歴史家は資料が出てくると、それを喜んで見せたりはしない。それは素人のやることで、得られた資料をどう読み込むかが仕事なのである。研究対象者がどう語ったか、その生の声を出すことが説得力を増すとは私には思えないが、現在のトレンドということで紹介しておく。多くのレフリーは、生の声が必要だ、というようなことを言うようである。

2-6　サンプリングという考え方をめぐって

次に、サンプリングの偏りとかエラーということについて述べてみたい。私は2000年の夏にベトナムで調査をしたが、それはベトナム人、中国人、韓国人、日本人を対象にした調査の一環であった（山本他, 2003）。ベトナムの心理学研究所でお世話になってお小遣いと買い物場面の調査・観察をした。誰に面接するか、どこで観察するかが当然問題になる。この時は経済的に高階層な家でも低階層なところでも調査ができた。ところが、自分たちでそう思っていても、この手の面接や観察を行うと、人数が少ない、サンプルが偏っているという批判が寄せられるわけである。

しかし、そのサンプルは「偏っている」とか「エラーだ」つまり間違いだと、なぜ言えるのだろうか。何かをする時、「エラーだ」と言えるとはどういうことか、ということである。批判する人の中には、何か前提となるカテゴリーができていて、そこから偏っていると感じているのであろう。だからこそ、カテゴリーの中のサンプルのエラーだと言いたいのであろう。

そもそも、サンプリングエラーなどと言うことは可能なのだろうか。ある

3章　心理学からみた質的研究

人がある研究のためにある人に出会った。その出会った人のことを、「偏り」とか「エラー」だとか言うことが可能なのだろうか。

それは、エラーなどではありえないのではないだろうか。私にはむしろ、「偏りだ」と言わせる力は何なのかを問う方に関心がある。

左上の図3-4-1の小さな点、これがたとえば対象者だとしよう。その人だけのことしか分かりたくない、というわけでもないので、その広がりというか転用可能性が想定されることになる。その時、図3-4-2のように小さくてもいいからその対象を中心にした円のような範囲のことを考えたいと思っている場合がある。ある意味で慎ましやかな態度である。しかし、「偏っている」と非難する人は、図3-4-3の図のような広がりを（勝手に）想定して、その対象は偏っている、と言っているように思われる。人の研究に対して暗黙に（勝手に）転用可能性の範囲を決めて、偏っていると批判するのはいかがなものかというのが私の意見である。こういう批判にどのような対処法があるかと言うと、自分の説明範囲はそういうものではないと言って限定する方法（これは図3-4-2に相当）か、あるいは、理論化である。

偏っていると（親切にも？）指摘してくれるのであれば、その範囲を教え

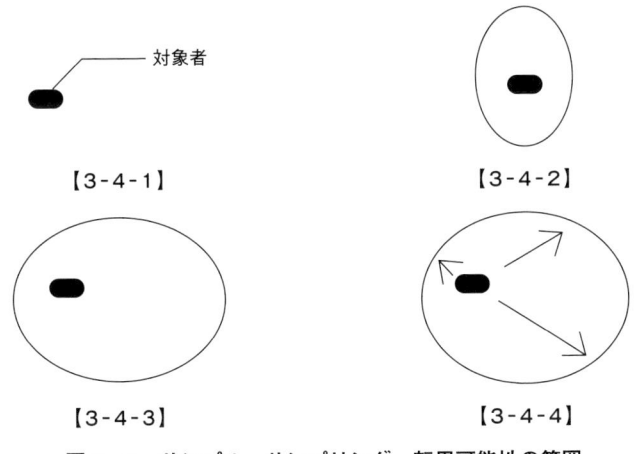

図3-4　サンプル、サンプリング、転用可能性の範囲

てもらってそれを補完するような理論を作っていけばいいのではないだろうか。偏りだという以上、中心のようなものがあり、そこを中心とした何らかの範囲を想定できるはずである（図3-4-3の状態）。そうだとすると、非難する人が考えている範囲のようなものと自分の研究対象との関係を描写することが可能となる。図3-4-4の矢印は、そういうことを意味しているつもりである。「自分のサンプルはここだけど、こういう広がりの偏りをもっていると言われた。それを埋めるために理論的に考えたい」というように理論で補っていくのである。ここではあえて「範囲」という語を用い、「母集団」という語を用いていないが、それは母集団というものを想定する必要があるかどうかはきわめて微妙な問題で、その必要がないとも言える（そもそも母集団など意味もないと言える）からである。これについては代表性や一般化の問題として考えたい。

　サンプリングはランダムサンプリングだけに限られるものではない。ランダム性を強調するサンプリングにはその前提があるはずで、質的研究のサンプリングにその前提を持ち込むことが果して良いのかどうかは疑問と言える。質的研究にとっては、他のサンプリング手法の開発やその理論化（本当の意味での方法論の開拓）こそが求められているのではないだろうか。

　また、ついでにサンプルの数が少ないという批判についても触れておこう。数を増やせばいいという話にはならないはずであるが、実際には、「ピアジェも3人やったから3人やれ」みたいなことが言われたりする。ある島でフィールドワークをした人が、「島が1つなのはよくない。3つの島でやってほしい」というレフリーコメントが帰ってきて怒ったという逸話があるが、論文審査でこう言われるなら笑い事ではすまないだろう。

　サンプル数が少ないから増やせというような言い方も、実は大問題なのである。つまり、数を増やせる、多くできるということは、同じカテゴリーのものがあると前提すること（加算可能性を前提する）であるから、素朴に研究対象に関するきわめて単純なカテゴリー化が前提となっているのかもしれないのである。偏りがあるという言及も数が少ないという言及も、サンプル

を何かと同一のカテゴリーとにしていることをあまりに自明視しているように思える。

　先ほどのベトナムでの研究に戻ると、ベトナムではお年玉を子ども同士であげるようである。お年玉は親から子どもにあげるものという考えをもっていたので、なかなか聞き出せないでいたが、ある人に面接している時にそういうことが分かった。それ以降は「お年玉を大人からもらいますか」という質問に加えて「お友だち同士でお年玉をあげますか？」と聞き始めた。「今年1年、いい年であるように」と子ども同士で50円ずつくらいあげるのだそうである。お互いにあげあうから、同じくらいの額が戻ってくるそうだ。

　ベトナムの子どもは子ども同士でお年玉をあげる、日本ではほとんどない。こういう違いは単純に文化集団に帰属すると考えるなら誤りとなりやすいが、何かの違いを反映しているということを考えてもよいだろう。ところが「（ベトナムで子ども同士でお年玉をあげあっているのは）あなたが聞いた数例だけでしょう？」と言われることもある。2人目までは聞き方が悪かったから分からなかったが、3人目で分かった。それは1／3にすぎないのだろうか。これが100人になっても同じである。100人目までは聞き方が悪くて分からなかったとして、1例だけからは何も言えないのだろうか。そうではないのではないだろうか。

　「子ども同士でお年玉のやりとりをしますか」という項目を用意しないで500人にアンケートをとって何も見えないデータと、3人にインタビューして3人目に何かが見えるデータと、どちらが妥当なデータと言えるのだろうか。

　500人にアンケートをとる方が客観的で良い調査だと言えるだろうか。このようなことを言うと、面接の後にアンケートをとればいいということを言う人がいるが、それは問題のすり替えだと思う。

　少数事例研究に対する批判は、「少なさ」批判と「偏り」批判が交絡しているように思われる。ここでは、サンプルの代表性の問題というより、結果を一般化する時の問題として考えてみよう。得られた結果や洞察がどこまで

99

あてはまるのか、ということである。

　この問題に対しては、妥当性という言葉に代えて、ここでも「転用可能性」という言葉を使ってみたい。「あなたが言うのはサンプルの問題ではなく、いわゆる妥当性の問題ですよ、妥当性の問題に関してはこういうことです」と言っていけば、少数事例の研究に関する非難はなくなっていくのではないだろうか。

　ベトナムで障害児を対象にインタビューをして「お小遣いをどう使うか」と聞いた時、その結果を聞いた人が「ベトナムの障害児でしょう。なぜそれを重視するの？」というようなことを言うとするなら、それは「排除の論理」である。特別な例かどうかはそちらの知ったことではない（というのは言い過ぎであるが）。「私が対象にした子どもは、あなたの考えている子どもの典型とずれているだけですし、私はあるところに行って研究してきたわけですから、それを元に考えるのがなぜいけないのですか？」と問うことがあっていい。カテゴリーを前提とした上でさらに典型性まで勝手にこしらえて問うのは、まさに疑問視する側の暗黙の前提の反映に他ならず、「少数事例であてはまらない」と言うのは排除の論理かもしれない。

　むしろ、ベン図でいうところの和集合的に考えるとよいのではないだろうか。子どもの可能性を考える際、「ベトナムの障害児はこうなんだ」ということがある。他のところでもそういうことがある。たとえば日本では子どもたちはおごりあわないという実態がある（少なくともおごりはダメだと親が思っていることを知っている）。ところが、ベトナムでは子ども同士でお年玉をあげる。そういう現象が４つも５つもあるなら、その最大限の範囲（いわゆる和集合）を考えて、それをまとめていけばいいのではないだろうか。

　「少数事例だから、典型性がないから一般化できない」のではなく、特殊性だとしたらますますいいのではないだろうか。可能性が展望できるからである（楽天的すぎるかもしれないが）。統計では外れ値と言って嫌われるが、質的研究で嫌う必要はない。特殊性があるだけいいではないか。人間の可能性はここまで広がっている。「あなたの考えている人間の典型性と違ってい

ても、いいじゃないですか。あなたが考えている人間はここに位置する。私が聞いた人はこういうところに位置する。逆側にも同じ距離がある。もっといろんな人がいるかもしれない。いろんな人がいることが分かるじゃないですか」と言えるのである。

　特殊であることが外れているという議論ではなく、可能性を示すという発想は、相関係数に基づいて人間を変数の束と見なして大集団をサンプルとする研究からは出てこない。たとえば学業成績や知能に関する継時的研究において2時点間の相関係数が0.3という話があると、全体としては安定している、という話になりがちである。時点1から時点2で成績が変わった人が1人いても、それは外れ値と見なされる。全体としては、ある時点における成績と別のある時点における成績は安定しているということになる。安定しているからある時点の成績で未来予測をしていいということになり、入試や知能検査の得点で振り分けてもいいという話になる。もっとひどい例はいわゆる優生劣廃学（Eugenics）で、親の知能が低いと子どもも知能が低いと予測されるから子どもを産むな、というようなことになっていた。

　実際に2つの時点で相対的な位置が大きく変わっている人は外れ値だから特殊な例ということになって、切られてしまう。そういう「下処理」をしておいて大多数は安定していると言われても困るのである。しかも、一人ひとりの成績が伸びたり落ちたりすることが現実なのに（安定することも変化の1つのバリエーションである）、それを相関係数という1つの指標に表すことで見えなくしてしまう。全体として安定している、それを相関係数が示しているなどとくくるのは、大きな間違いかもしれないのである。個人個人がどう変わったかを見ていく。典型例とずれていればずれている程、可能性があっていいのではないだろうか。いろんな人がいて「よかった」、「人間を見る視点が増えてよかった」という感じである。

　私がお小遣いの研究でノーベル平和賞をとろうと言うと、賛同者は1人で、韓国の崔順子（ちぇ・すんじゃ）さんしかいない。でもこの研究ではお金をめぐって多様な生き方があることが分かる。多様性を知ることができる。多様性が分かり許容

できると、人と争う気がなくなる。お金の使い方は争いの原因なので、それが分かれば平和に暮らせる方法も分かるということである。

話を戻すと、サンプルエラーだといって非難されることは、サンプルの代表性の問題とは違うのだということである。ある1人にしか聞いていない研究だからダメだと思うくらいなら、研究発表の時にそういうエクスキューズ（言い訳）をつけるくらいなら、代表性があるサンプルでやった方がいい。高野陽太郎さんが方法論の本（高野, 2000）で、「日本人全般について述べるのならば、過去の人間についてもサンプリングすべきである」と真っ当なことを言っている。死んだ人のデータもとるのが、日本人を母集団に想定した時のデータの取り方であろう。勝手に一部分で日本人を代表するようなことは言うなということになる。もちろん高野さんは所詮、無理を承知で言っているのであるが。

3 まとめ

以上、心理学における質的研究の位置づけについて述べてきた。なぜ心理学にこだわるかといえば、それは、心理学は他の学問、たとえば社会学と違うからである。かつてオーラルヒストリーの研究会に出ていたが、文学や社会学の人と一緒なので、その違いが分かっておもしろかった。社会学は社会のことを知りたい。1人の人生を知ることで社会のあり方を知ろうとする。心理学は自分を含めて、個人のことを知ろうとする。自分は何か、人間が考えるのはどういうことか。もちろん、両方とも利点があり欠点もある。

学問の世界につながる人間として、特に修士論文執筆中などは学範（ディシプリン）に受け入れられることが課題なので、その学問の伝統的な規範と闘うことは難しいかもしれない。ましてや、他の学範を批判的に吟味することは覚束ない。しかし、自らの学問の方法にこだわるからこそ、将来他の分野と融合できるのだと思う。トランスする、融合するためには、個が確立していないといけ

ない。これは一種の矛盾であるが、融合のためには確固としたものが必要なのである。アメリカでパーソナルがトランス（trans）することがなぜ重視されるのだろうか（たとえばトランスパーソナル心理学などは日本よりよほど流行している）。個々人のパーソナルな部分がしっかりしているからである。アメリカのトランスパーソナル研究者の中には、「日本の人間関係は個が確立していない、トランス（融合）している」と思ったりすることもあるようであるが、だからといって日本人が意識してトランスパーソナルを楽しんでいるわけではないのは言うまでもない（くどいようだが、酩酊の意味のトランスするは trance で違う単語だということを再度指摘しておく）。

　あることに関して一生懸命やって、ある枠組みでこういうことが分かる、だからこういう方法を使う。そのために質的研究が必要だという主張は重要である。もちろん、質的とは違うアプローチからは批判されるかもしれないが、それを乗り越える方法を個々人が作っていくことによって、初めて社会学や看護学の人たちと質的研究に関する連携ができるのではないだろうか。自分たちはこういう問題設定だからこういうことをやっている。看護学でもこの部分ならこのように使える、こういうふうに転用可能性を限定しつつ考えることが大事ではないだろうか。看護学は患者の看護こそが大事であり、どう治っていくか、どう支えていくか、のプロセスがある。その中のある部分の研究には、心理学で作られた知識が有用だ、ということが必ずある。今ここでは別の道を行こう。でも必ずつながる。そういう限定をつけた上での転用可能性を訴えることが重要である。

　質的心理学研究は、「質的」や「心理学」にしっかりとこだわっていくしかない。そのこだわりこそが、他の学範とのかかわりを作っていくのである。排他的にならないように注意する必要があることは言うまでもないが。

　看護・福祉・教育・保育・心理など、それぞれの領域において、人間への関心が高まっている。人間が人間として接する部分が重要だということが認識されてきたこと、制度的に、心理、看護、福祉を大学院などで勉強する人が増えてきて、関心の範囲が広がってきたのも一因だと思われる。

実践活動を通して研究する時には実験的な方法は難しくなる。患者さん相手に実験できることと、できないことがあるので、質的研究の重要性が高くなってくると思われる。

　私はかつて「ボトムアップ人間関係論」を主張していた（佐藤, 2004を参照）が、人間とはこうだから、教育とはこうだから、福祉はこういう制度だからとトップダウンに見るのではなく、人と人がどう接するという枠の中で、どう人が変わっていくかを見てみたかったのである。人と人がどういう関係性を持っていくかということに関心を向けることで、学融領域としての人間科学を作っていくことが可能ではないかと考えている。

　ただ、他の学問分野と比べた時、心理学には理論家がほとんどおらず、データに馴染みがある人が大多数だ、という特徴がある。そういう意味で、実証データの扱い方に関心をもつ人が多いのかもしれない。転用可能性の高い技法を工夫する人が現れることを祈りたいと思う。

　質的研究のおもしろさ、生活状況と人間を考えることのおもしろさを質の高い研究につなげるためにも、そういう研究を支援できるような評価方法を構築していくことが、私たちに求められる。

注

[1]　この考えは、サトウ・渡邊・尾見（2000）『心理学論の誕生』などで読むことができる。

II部　手法としてのフィールドワークとエスノグラフィ

4章

フィールドワーク・クラスのエスノグラフィ

ここにゼミの打ち上げコンパのお知らせがある。このゼミは、「気の抜けない」「議論の中から何かを得て行こうとする」「活気ある」「苦労した」ゼミだったようで、文面からでもその雰囲気を読みとれる（図4-1）。

本章は、ある年にZ大学で開講されたフィールドワーク・クラスについての報告である。授業担当者のティーチング・スタイルと、授業参加者の多様なアイデンティティ、そして集団としてのフィールドワーク・クラス、という点に焦点をあてている。本来であれば、授業の内容や強調点、参加者の成果についてもある程度扱うべきだが、割愛（かつあい）せざるをえない。ただ一点だけ述べておけば、授業担当者にとってフィールドワークという技法は仮説生成法という研究スタイルと結びついたものであり（箕浦, 1999参照）、単なる「技術」のみを伝える授業が意図されているわけではなかった。

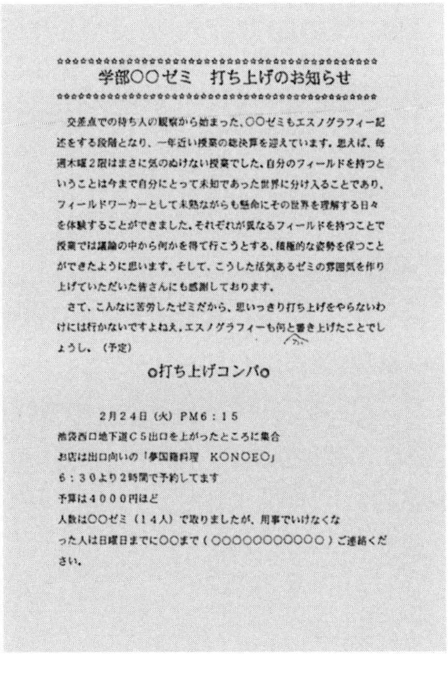

☆☆☆
学部〇〇ゼミ　打ち上げのお知らせ
☆☆☆

交差点での待ち人の観察から始まった、〇〇ゼミもエスノグラフィー記述をする段階となり、一年近い授業の総決算を迎えています。思えば、毎週木曜2限はまさに気のぬけない授業でした。自分のフィールドを持つということは今まで自分にとって未知であった世界に分け入ることであり、フィールドワーカーとして未熟ながらも懸命にその世界を理解する日々を体験することができました。それぞれが異なるフィールドを持つことで授業では議論の中から何かを得て行こうとする、積極的な姿勢を保つことができたように思います。そして、こうした活気あるゼミの雰囲気を作り上げていただいた皆さんにも感謝しております。

さて、こんなに苦労したゼミだから、思いっきり打ち上げをやらないわけには行かないですよねえ。エスノグラフィーも何と書き上げたことでしょうし。（予定）

o打ち上げコンパo

2月24日（火）PM6：15
池袋西口地下道C5出口を上がったところに集合
お店は出口向いの「多国籍料理　KONOEO」
6：30より2時間で予約してます
予算は4000円ほど
人数は〇〇ゼミ（14人）で取りましたが、用事でいけなくなった人は日曜日までに〇〇まで（〇〇〇〇〇〇〇〇〇〇〇）ご連絡ください。

図4-1　打ち上げのお知らせ（一部伏せ字）

1　フィールドの概要およびフィールドワークのスタイル

1-1　舞台となる授業

　Z大学Y学部Xコースの学部生向け専門科目である。この授業は必修授業科目ではなく、形式上は半期（Z大学では夏学期、冬学期と称する）2単位の授業の連続になっていた。どちらかの2単位のみの修得も学務システム上は可能だが、授業担当者は連続履修を強く指導していた。いわゆるシラバスにあたる『講義計画と内容』にもその旨記されていた。なお、Xコースの方法論に関する授業としては、学部生必修の質問紙法主体の社会調査法関連の授業があった。

　授業担当者は内外で論文・著書を精力的に公刊しているエスノグラフィ研究の第一人者であり、この授業を担当して5年目であった。授業の内容は毎年少しずつ更新されているが、1997年度は表4-1のようなスケジュールで行われた。授業担当者自身はこの授業をフィールドワークの「入門コース」と位置づけており、フィールドワークをしたことのない人でも一通りの技法が習得できるように内容が整えられていた。

　この授業は単なる講義ではなく、実習課題が随時課された。実習課題は、主に観察と面接について行われた。

　そして、最も大きな課題が、参加者自らが行うフィールドワークである。フィールドの選択や問題意識は参加者自身に任せられている。フィールドを自由にしていることについて、授業担当者は「かつては入るべきフィールドを探せない学生に施設を用意したこともあったが、それはかえって学習効果を低めることが分かった」と筆者に説明したことがあった。ただし、フィールドの選択時には、必要な援助が必要に応じて提供されていた。これは授業担当者のみが行うのではなく、たとえば、公立学校にエントリーしたい参加

表4-1　1997年度フィールドワーク・クラス授業予定

〈夏学期〉

- 4/10　コースの概要　宿題1
- 　17　観察とは？　公園のVTR　宿題2
- 　24　自分のフィールド研究のテーマは？
信号と日本人(1)　宿題3
- 5/1　参与観察法、フィールドとのコンタクトはとれたか？
- 　8　フィールドへの入り方、Corsaro (1985) 第1章の講読
- 　15　信号と日本人(2)　面接1
- 　22　fieldnote taking and fieldwork
- 　29　面接2　フィールド状況報告
- 6/5　面接3
- 　12　研究倫理
- 　19　第1回訪問記録（どんな所で何を見てきたか、誰にあったか、何を感じ、何を考えたか── holistic approach）
- 　26　焦点観察（focused observation）
- 7/3　reserach questionsとは何か？
- 　10　focused observationより tentative hypothesisを導く
- 　17　tentative analysis and interpretation
- 9/18　レポート作成個別指導（必要な人のみ）

●主要参考書
Spradley, 1980／Spradley, 1979／原, 1989／佐藤, 1992／続他, 1974／志水, 1996／Corsaro, 1985.

●夏学期の requirements
(1) 授業に参加してほとんど毎回出る宿題をやる。評価は、60％は出席点、40％はレポートである。
(2) フィールドを定めて、フィールドワークを行う。フィールドワークをしないでこの授業に出ることはほとんど意味がないと知るべし。
(3) フィールドノーツをもとにレポートを作成する（締切1997.9.25）。

〈冬学期〉

- 10/2　冬学期には何をやるのか。
- 　9　LeCompte & Preissle (1993), 第7章
夏学期成果発表(1)
- 　16　LeCompte & Preissle (1993), 第7章
夏学期成果発表(2)
- 　23　LeCompte & Preissle (1993), 第7章
夏学期成果発表(3)
- 　30　LeCompte (1978) のエスノグラフィ
講読、夏学期成果発表(4)
- 11/6　ゲストスピーカー
- 　13　Asking Descriptive Questions, Structural Questions (Spradley, 1979) pp. 78-91, 120-132.　ケース報告(1)
- 　20　Analyzing Ethnographic Interviews (Spradley, 1979) pp.92-106 ケース報告(2)
- 　27　Asking Contrast Questions (Spradley, 1979) pp.155-172.　ケース報告(3)
- 12/4　Discovering Cultural Themes & Writing an Ethnograply (Spradley, 1979) pp.185-216.　ケース報告(4)
- 　11　writing のレベルについて、language and fieldwork (Spradley, 1979) ケース報告(5)
- 1/8　on epistemology ケース報告(6)
- 　22　もう一度 methodology とは？　ethics（研究成果の還元と謝礼のあり方を中心に）ケース報告(7)
- 　29　まとめ・何を得たのか？

●主要参考書
LeCompte & Preissle (1993). Chapter 7, Analysis and Interpretation of Qualitative Data ／ Glaser & Strauss, 1967／ Hammersley, 1990 ／ Spradley, 1979／ Wilcox, 1982／ LeCompte, 1978

●冬学期の requirements
(1) フィールドワークを続行しながらデータを分析し、その結果を2回クラスで報告する。
(2) 文献講読を1回以上担当し、クラスで発表。
(3) エスノグラフィの作成（締切：卒業生は2月10日、それ以外の学生は2月末）評価は、出席点60％、エスノグラフィ40％。

表4-2 宿題とされた観察課題

〈宿題1 観察のスタイル〉

観察法における研究の道具であるあなた自身の観察のスタイルについて洞察を得るとともに、言葉をかわさない状況でどれだけデータを集められるかを知る。スーパー、本屋、駅、乗物などの公共の場所で、ノートをとってもあまり人目につかない一角を選ぶ。自分とかけ離れたタイプで、しかもおもしろそうな人を1人選んで、その人を相手に気づかれないように15〜30分観察し、ノートにとる。

得られた情報から推定される年齢、暮らし向き、職業、家庭状況などを推定してみる。その上で、あなたが観察した人を、全然知らない人にも、その人のことがいきいきと伝わるような観察レポート（以下を含める）を作成する。
(1) 被観察者についてのレポート
(2) 観察者としてのあなた自身についての自己省察

〈宿題2　dyadの相互作用を
　　　　自然状況で観察すること〉

どのような場面の2者関係でもよいから、自分が研究してみたい、あるいは自分にとって観察しやすい対象を選ぶ。遊園地の母子、保育園の先生と園児、店員と客、砂場の2人の幼児など。

何を観察するか：観察目的との関係で決まる。
どのように観察するか：サンプリングと記録の方法を工夫する。
研究設問の例：4歳児の男子に対する母のかかわり方と4歳児の女子に対する母のかかわり方——母のかかわり方に性差はあるか、それはどこから出てくるのか？

〈宿題3　自己観察〉

自己観察は、行動療法家がよく使うテクニックで、ヘビースモーカーに自己の喫煙回数を観察させたり、肥満に悩む人に自分の食行動を観察させたりする。また、文化人類学者が、他文化の人びとを研究する際にエスノセントリズム（自文化中心主義）に陥ることを回避するために、異文化の事象に対する自分の反応をいちいち日記に記録することがある。いずれも意識せずにやっていることを、はっきり意識にのぼらせることで、自己の行動をコントロールすることをめざしている。

今回自己観察をやる目的は、自己の行動を意識化する練習の他に、観察法という手法のtoolであるあなた自身を鍛錬することにある。
(1) ジャーナルの作成

3日間、目をさました時から就寝までの出来事、活動、あなたの感情をできるだけ正確に記録する。記録は2つの部分からなる。第1の部分は、出来事や活動を時間経過とともに記録すること。第2の部分は、このような出来事や活動に対する主観的反応（ムード、感情、考え）を記録する。

この課題の目的：

1　observer discipline（正確で豊かな記録をとるためには、観察のtoolである自己をたえずチェックする必要がある）

2　recording techniques
　事後に思い出しながら記録をとるか、その場でメモをとるか。記入の基準をどうするか。

3　reactivity
　自分を観察していることへの反応性に着目分析：

1　設問の設定と仮説——中心的テーマは何か
2　カテゴリーの作成
　状況（setting）や事柄（event）に関するカテゴリー行動面、感情生活に関するカテゴリー

(2) 重点的観察記録

　3日間の自己観察ジャーナルより、1つの行動・事象を選び、それを1週間観察する。
　①ターゲットに選んだ行動の有無を数えることができるように操作的に定義する。
　②ターゲットに選んだ行動の頻度やそれが起こる状況を記録する。
　③必要があれば、その行動が生起するための先行条件や結果を記録。

者に対して、他の参加者が紹介するというようなこともあった。

1-2　授業の参加者

　この授業に出席しているのは、Xコースの学部生、研究生の他、大学院生がおり、さらに、Z大学他研究科の大学院生（他研究科であっても単位は認定される）、他大学の大学院生などがいる。しかし、他大学の人びとは授業に出席しても単位を認定されることはない[1]（他大学所属者が参加してくるということは、他大学などでフィールドワークに関する授業がほとんど行われていないことを意味してもいる）。

　Xコースの学生（研究生、院生）といっても現職教員、一般会社退職者、留学生などがいる一方で、他大学からの参加者は主に院生であった。

　つまり、この授業は学部向け授業であるにもかかわらず、学部生はむしろマイノリティ（少数者）であるとさえいえ、このことは、先のコンパのお知らせからは読みとれないこのクラスの重大な特徴の一つである。

　多くの人は初めての参加だが、すでに単位修得をした者がリピーターとして参加している場合もある。

　授業に使われた教室はいわゆる「演習（ゼミ）室」であり、16名ほどが円卓形式で着席できる。参加者の人数は、前期開始時は約20名で前期を通じてあまり減少しなかったため、部屋は満杯という状況であった。後期当初は10数名に減少したため、教室で全員が机を前にして座ることができた。ただし、気候が厳しくなる頃には、授業開始時に5人ほどしか教室にいないという寒々としたシーンも見受けられた（討論はホット＝後述）。

　授業は木曜2時限目。後期になって各人の発表が質量ともに充実してくると、3時限目開始直前（午後1時頃）まで行われていることもあった。

111

1-3　データの収集ならびに執筆

　筆者がこの授業に参加した理由は、いくぶん偶発的なものである。筆者はこの年、文部省内地研究員という身分で、F大学助教授職のままZ大学文学部に所属していた。内地留学の研究テーマは心理学史に関するものであったが（佐藤, 1998）、かねてからフィールドワークおよび仮説生成的研究法を基礎から学びたいと思っており、授業担当者に参加の許可を求めた。これが[2]フィールド・エントリーの経緯である。

　データ収集は、参与観察と面接によって行った。スプラドレー（Spradley, 1980）によるフィールドワーカーの5つの立場に即して言えば、受動的参与（passive participation）的な参加だといえる（役割の取り方については3-3も参考になる）。

　授業に参加したのは1997年の5月、第7回目（前期全15回の折り返し点）以降であり、最初に授業担当者に紹介された後は参加者として教室に着席し、実習などにも参加しつつ記録をとった。面接は、参加者のうちの8名を対象に後期授業が終了した春季休業中に行い、授業の感想その他を尋ねた。

　本章執筆にあたっては、ノーツ、（テープ起こしをした）面接記録を何度も読み返し、本書の目的を考慮しながら書き進め、書き進めながら構成を決定した。また、原稿を一度完成させた後に、授業担当者と分量や構成についてディスカッションを行ってさらに書き直した。[3]

2　授業担当者のティーチング・スタイル

2-1　授業の進め方（形式的概要）

　授業は、理論的説明、技法実習、学生のフィールドワーク報告、文献講読

4章　フィールドワーク・クラスのエスノグラフィ

表4-3　ティーチング・スタイルの特徴

1．スケジュールや進度に関すること
　1-1．（常に）スケジュール・進度に言及する。
　1-2．異なる進度の参加者に対してそれぞれ対応する。
2．技法の習得を支援すること
　2-1．講読文献に記載された技法を後半の報告にあてはめて例示する。
　2-2．さまざまな機会を通じてある特定の技法について説明する。
3．参加や相互交流を促進すること
　3-1．褒める・励ます。
　3-2．参加者同士のインタラクションを推奨する。

の4つから成っているが、毎回同じように時間配分されるわけではない。前期はいくつかの技法実習が行われたが、後期では特定の技法に関する実習はなかった。前期後期を通じて文献講読は行われたが、後期の場合、英語文献の報告が毎回順番であてられており、その後に各人のフィールドワーク報告をするという形式でルーティン化していた。また、後期にはゼミOGが登場して体験談を披瀝したこともあった。

　授業担当者の言によれば、この授業の中心は参加者自身のフィールドワークであり、フィールドワークなしの受講はほとんど意味をなさないと前期の間は常に言明していた。一方、後期になると書くことの重要性が強調されていた。半期ごとの目標が設定されていたものの、通年にわたって履修を継続することが必要だとも強調していた。授業参加者には数回にわたってフィールド報告レポートの提出が求められていた。

　フィールドノーツやインタビューの結果から、この授業で注目すべきティーチング・スタイルとして認められることがいくつかあった（表4-3）。

2-2　スケジュール・進度に関する言及

　スケジュールや進度に関しては、おりに触れて言及されていた。授業担当者はほぼ毎回、その時の授業が全体の中でどのような位置を占めるのかにつ

いて言及していた。もちろん、シラバスなどにも全体の見通しが記載されていた。このことを逆から考えると、全体のスケジュールの中での位置づけを怠ると、フィールドワークそのものが難しくなることを示唆している。

さて、このように、全体のスケジュールの中での位置づけを強調するといっても、その進度は参加者によって異なる。特にフィールド・エントリーのような過程があると、その差は増幅され、それ以降の進度にも大きな影響を及ぼす。こういった違いについて、授業担当者はどのように対処していくのか。研究設問をたてる頃の様子を紹介しよう。

フィールドワーク初期を過ぎた頃の１つの課題が、研究設問をたてることである。

表4-4　授業担当者のスケジュールに関する言及（前期のフィールドノーツより抜粋して編集）

　第8回目、5/29には、「前期の目標はフィールドノーツの取り方、後期の目標はエスノグラフィに仕立て上げること」とした上で、第11回目（6/19）の第１回訪問記録提出までが「ゴサーとデータを集める」時期であり、5、6回10時間以上の観察が必要であるとされ、6/19以降がフォーカスドオブザベーション（焦点観察）の時期であるとされた。最も進んでいると思われる参加者のレポートに対しても「ゴサーと」が強調されていた。

　第11回目（6/19）は第１回の訪問記録提出日であり講義形式で授業が進められた。この日あたりからフォーカスドオブザベーション（焦点観察）の段階に入っていること、入っていくべきことが何度か指摘された。その際、「繰り返し起こることは文化的意味を背負っていることが多い」「浅く広くではなく目玉を２つ３つに絞っていくことが大事」だと指摘があった。また、大学院生に対しては、ライブラリー・リサーチ、つまり文献の読み込みによる理論的肉付けを行う段階であることも述べられた。終了頃、「第２ステージに入った」という表現があった。

　第13回目（7/03）9/25提出のレポート作成にあたっての注意があった。焦点観察とサンプリングユニットを決めることで一次分析はできる。夏期休暇中もフィールドワークを行い、9/25にＡ４で３～５枚のレポートを提出する課題が出された。一次分析の結果までが求められている。焦点観察とサンプリングユニットの設定を行えば一次分析ができる。人によって進度は異なるものの、夏休み中に焦点観察ができるようにしたいという展望も述べられた。

4章　フィールドワーク・クラスのエスノグラフィ

　夏学期の授業も折り返しを過ぎた第8回目（5/29）。個々人のフィールドについて12名が報告を行った（表4-5）。しかし、そのうち3名はフィールド・エントリーに至っていなかった。エントリーしている人とそうでない人に、それぞれどんなアドバイスがなされていたのだろうか？

　この回では、最も進んでいるとされた例およびエントリーが確定していない例で、それぞれ研究設問に関する言及が見られた。

　まず、聖書研究会ですでに5回ほど観察をして報告した参加者の例である。本人の研究設問は「キリスト教がどのように人びとの行動に影響するか」というものであった。勉強会のリーダーが2人とも男であること、参加者が疑問を出すわけでもなく、討論というより一問一答式であること、などを報告した後で討論となった。

　　M：おもしろいですね。リサーチのクエッション変えた方がいい。観察するといろんなのが出てくる。洗礼とかアイデンティティとか、学校としての会、とかいろいろある。
　　B：たくさんリサーチ・クエッション出していいんですか？
　　M：いいです。1つフィールドやって3つ4つ論文書いてもいい。6/19まではゴサーッと書き込む。それからフォーカスド・オブザベーション（焦点観察）をやるから、（今は）広げられるだけ広げる。

表4-5　参加者のフィールド

エントリー済み		
JR駅のトイレ	住宅販売会社	小中高教師の私的サロン＊
在日外国人宅	聖書研究会	ワッフル店（の行列）＊
中学（帰国子女教育学級）	児童館	公立小学校（図工）＊
高校のクラブ活動（文化部）	公立中学校	大学キャンパス＊
オープンスクール形式の中学		アマチュア楽団
エントリー準備中		
公立中学校（国際交流）	美術館か博物館	付属中学校

第8回目5/29報告：＊印は欠席のため翌週報告

　　　　（さらに、全員に向かって）フォーカスする時に問題となるのは繰り
　　　　返される行動。Bさんの話を聞いていると分かるように、2時間を5回
　　　　観察するとこれくらい見えてくるということです。彼女は次のステップ
　　　　の段階に来てますね。

　このような質疑応答を通して、作業の展望をかなり具体的に他の参加者に
も示していると言える。
　一方、エントリーができていない人もいた。ある参加者（I）は公立学校
に対して「逸脱行動の研究をしたい」と申し出て断られたと報告した。授業[4]
担当者はその時は何も言わなかったが、同様に公立学校へエントリーを試み
ている人（F）の発表の時にやりとりがあった。この発表者はいろいろな研
究設問を出していた。

　　　F：リサーチ・クエッションは「学習の実態、意識」ということ。学生たち
　　　　とディスカッションしたいです。中学生にとって外国語を学ぶ意義もや
　　　　りたい。教科書に載せられている知識以外の何を学ぶか。流行りの趣味
　　　　とか。それから書道の実演交流をしたい。
　　　M：（発言をさえぎるように）かつて教員をしていたので比較の機会を与え
　　　　てほしい。自分は習字ができる。この2点に絞って入った方が（いい）。
　　　　できるかできないか分からないことをたくさん言うと、相手も受け入れ
　　　　にくい。中学の場合、相手に負担をかけないように配慮することが大事。
　　　　I君がなぜ断られたか分かる？（相手の）負担を増やしているからです。

　ここでは、エントリー時にさまざまな研究設問を出すことがエントリーに
対してプラスに働くわけではないことが指摘されている。また、似たような
例として、Iの行為に対してもこの例との比較の中で理解されるように指摘
がなされたのである。
　参加者のフィールドワークの進度はさまざまである。そして、進度の遅い

参加者の方が解決すべき問題を抱えていることが多い。授業担当者のコメントを見てみると、進んでいる参加者の例では、その人のみに指示を出しているわけではなく、多くの人にあてはまるような指針を呈示し、遅れている参加者の例では、改善すべき点をより直接的に指摘していることが分かる。

フィールド・エントリー時（特に対象となる相手に自分の意図を伝える際）には、単純な研究設問をもっているだけでよいのだが、実際に観察を始めてからは研究設問を増やすことが推奨されている。

2-3 技法の習得支援

技法の習得は、この授業の大きな目標の一つである。そのために技法実習の時間も設けられていたが、それ以外の授業時間でもさまざまな技法の習得が支援されていた。

文献を読む場面で技法に言及される場合と、さりげない討論場面で技法に言及される場合とについて見てみよう。

まず、文献を読む時に技法への言及がある。後期の授業では、前半が英語文献の紹介、後半が各人のフィールド紹介、という形式になっていたため、文献講読の内容をフィールド報告にあてはめて理解を深めるということが行われていた。文献で学んだ内容がどのように個々のフィールドワークに関連づけられていくのか。2つほど例を見てみたい。

第23回（11/13）はスプラドレー（Spradley, 1979）著「The Ethnographic Interview：Part 4　Asking Descriptive Questions」にかんして発表された。ラポールのプロセス；ラポールを促進させる3つの段階（表4-6）につい

表4-6　ラポールを促進させる3つの段階（レジュメより）

(1)　説明を繰り返すこと
(2)　インフォーマントが言ったことを繰り返すこと
(3)　意味を聞かず使い方を聞くこと

ての質疑から紹介しよう。

M：あなた（発表者のこと）ボランティア文化やってるでしょ。もう１年半だけど。はじめの頃のことを考えると①なんてどう？
G：この会で「ボランティアがなぜ関わるようになるかを知りたい」と言ってました。
M：繰り返した？
G：それはなかったです。
M：②はどう？
G：やってました。自分で意識はしてなかったですけど。
D：（私の場合でも）スラングみたいなのを使うと喜ばれます。面接に来た人の話を聞いて紹介することを「ニーズをアレンジする」と言うんだけど、平板に言っている。それを使うと相手も自分のことが分かってると思ってくれるんですよね。
M：Ａくんは？
A：教師のよく使う言葉はある。カウンセリングに関心ある人多い。「援助」とか「援助的かかわり」とか。
M：援助って何？　なんて聞いてないだろうねえ。
A：それはないです。むしろそういう言葉を引き出すようにしている。
M：「援助」をどう使うか聞けばよかったです。
A：そうですね。一人ずつ微妙に意味が違うし、でも重なりもあるし。
M：重なっているところもあるでしょう。
B：私の場合、言葉づかい、たとえば「イエス様」に敬語を使うかどうかで悩んでるんです。
D：イエスさんじゃあ（どうでしょうか）？
M：それはなんか違うねぇ（笑）。
B：信仰することを期待されても困るのでほどほどにした方がいいと思うんですけど……。

M：それはよう答えられんわ。
　全：（笑）

　授業担当者は、レジュメの内容に言及しながら、参加者がどのようなことをしているのかを引き出し、注意を与えていることが分かる。また、自発的に自分の経験を発言する参加者もいて、それが流れを作り出している。
　第25回（11/27）はスプラドレー（Spradley, 1979）の「Part 5　Analyzing Ethnographic Interview」について発表され、「フォークターム」（folk term）という概念が出てきた。以下は、この日の後半部で交響楽団のフィールドワークを行っている参加者の発表の直後の会話である。文献発表とフィールド報告はそれぞれ別の参加者が行った。

　　M：（フォークタームについて）あなた（発表者のこと）に使うとどういうことですか？
　　J：（楽団では）1＝ホンノリ、2＝トラノリ、3＝ダイブキ、というのがあるんです。トラはエキストラのトラ（笑）。聞いてみると、ホンノリは本番にやること、これは分かる。トラノリは人数の足りないパートで補充のために他のオケから呼んでる人。ダイブキは練習に来られない人の代わりに吹く、ということが分かった。
　　M：そういう言葉があることは、そう分けざるをえない構造がある。
　　J：それが今すごく気になっているんですよ。2と3をなぜ分けるか？　2は飲みに行こうと誘われる準団員的な感じ。3は誘われない。
　　M：すごくおもしろい。言ってるのは楽団の人？
　　J：外の人は分からない・・・と思います。
　　M：ということは、それがフォークターム。フィールドワークというのは文化を明らかにするということで、文化的イメージの研究として今重要なことが出てきている感じがしますね。2・3がシンボリックな言葉。それがどう使われているかを知ることによって意味の世界が見えてくるか

も。トラノリの人を誘うということの意味をみんな分かっているでしょうか。
J：私の友だちが団員なんで聞くと、ダイブキは団員の友だちが多くて1回切り。1回しか来ないから誘わないし、相手も誘われたくないだろうなあと思っている。トラノリは本番になるまでは来てもらうのに金も払っていなくて悪いからおごってやろうみたいな。
M：おもしろい。メンバシップの問題として。論文は自分と関係づけて読むといいです。

　この例では、文献でフォークタームが扱われていたために後半の発表内容がそれにひきつけられることになり、その具体的な適用例が全員に伝えられることになった。
　文献紹介の中で言及される技法とは異なり、機会があるごとに討論中などに言及されていた技法もある。それは、フィールドでの居方のようなものである。フィールドに入った時に、観察者はどのような態度で参加すべきか。データの取り方に直結する重要問題である。
　結論を先取りすれば、授業担当者はスプラドレー（Spradley, 1980）による参加の仕方の分類のうち、受動的参与（passive participation）をかなり重視しているようであった。そして、単に概念的に教えるだけではなく、さまざまな機会を捉えて具体的に言及していた。第15回目（7/17）の参加者のフィールド報告中のやりとりを見てみよう。Aのフィールドは教師のサロンである。

A：自分がいることの影響がありそうなんです。人（その場に集まる参加者）が（毎回）変わるので、常に異質（な人として）意見を求められるんですけど、（求められると）黙っていられない（笑）。
M：ニュートラルな、影響（を）与えないことを言う方がいいです。
A：今は自分の意見を言ってます。

M：基本的には「壁の花」で（いるように）。向こうがあなたを理解することになると本末転倒。言いたいことを言うと他人を抑圧してしまうことがある。
　　B：聞きたいことがある時はどうすればいいですか？　関心あるところに話を持っていきたくなって（しまう）。
　　A：そうなんです。言ってしまう。
　　M：私は待ちます。フィールドにいる期限がある時は別ですけど。自分が出るタイプだからフィールドでは気をつけている。なるたけ空気のような存在の方がいい、自己コントロールが一番の課題です。

　ディスカッションを通じて授業担当者は、フィールド観察をしている時にはフィールドの構成員たちとのインタラクションに対して禁欲的であるべきだとしたが、それを補うためにインタビューを行うことなどを推奨していた。その両者の併用こそが、真にエミックな視点からのデータ収集と解釈を可能にするという基本信念がある。さらに、インタビューといっても常に畏まった場を設定する必要はないし、むしろインフォーマルな形式の方がよい場合もあると言明されていた。日常会話的なデータ収集ともいえるこのテクニックは、観察の補助手段であるだけでなく、公的データなどをとりにくい場合の補助手段となりえることを指摘したこともあった。

　　（第13回目（7/3）　帰国子女教育学級の報告の中で）
　　M：(生徒たちの海外滞在) 期間は？
　　E：(学校の先生からは) パーソナルデータは出せないと言われました。
　　M：雑談すればいいんですよ。

　後に筆者が行ったインタビューの中で、当初はフィールドで積極的に関与して質問や意見表明をしていた人が、「フィールドで自分がアクションを起こすことが、決してエミック的になることではないと気づいた」と語ったこ

とからも分かるとおり、「壁の花」的な現場での居方は、多くの参加者に浸透していった。

2-4 参加や相互交流を促進すること

　この授業に参加を決意した学部生は、ある意味で「参加すると大変だ」という言説に対抗していた。先輩による履修指導が行われた際には、「必修の社会調査実習と一緒にとるのは大変だ」というものが多かったからである。ただし、参加した彼／女らはやはり大変だった。この授業の内容（課題）はハードだったし、さらに彼／女らが参加したゼミは、既述のように院生などの参加者であふれんばかりの空間だったのである。
　彼／女らが参加していられた条件というのはどういうものだったのだろうか？　インタビューの記録から見てみたい。

　　インタビュアー：前期でやめるかどうかの判断てあるじゃない？　そのへんは考えるまでもなかったのか、考えたのか？
　　C：考えるまでもなかった。（一文略）ここまできたのに体験みたいなので終わらせたくなかった。何か書きたいってのも（心の中に）もってたから、続けることにためらいはなかった。
　　J：それは同じかもしんない。（一文略）やっぱここでやめたらダメだろうと、自分でも・・・
　　C：あと、M先生に申し訳ないってのもあったかも。これだけ励ましてくれてるのに。
　　J：そう、さんざん授業中やっぱ（り）褒めてくれたりするわけじゃないですか、こんなもので褒められていいのだろうかみたいなのもあるだろうし、でもそれはM先生の人柄もあるのかなあって
　　C：それもあるけど、一般に、褒める授業ってのは他にないので、
　　J：ないよね。

（略）
C：いろんな意味で授業に出ることが楽しかったっていうのは、M先生の陽気な励ましってのはあると思います。非常に。
J：褒められたってだけじゃなくて、やはり、（院生や大学教員さえもいる中では）へっぽこじゃないですか、自分たちなんて。なのに、みんな一生懸命、私がフィールドでこんなことしてきたんですっていうのを、聞いてくれて、そういうことが分かるならこういうことも分かるんじゃないとか、一生懸命聞いてくれて考えてくれてるっていうのが、やっぱ続けようっていう気になる。
C：それが学部生がいられる条件かもしれない。
J：そこで、そんなんじゃダメだよ、みたいに言われちゃうと、あ、やっぱ私はここにいちゃいけないんだとか思っちゃうけど、みんなその点では、隔たりなく言ってくれたのは、すごい。

　授業に参加し続けた動機について語る中で、彼／女らはその動機を、自分たちの内面的問題＝やる気の問題として語り始める。だが、やがて、授業担当者の励ましが思い起こされ、そして参加者同士の相互交流にも視点が向いていった。このような流れ自体が、学部生や初学者から見たこのクラスの良さを象徴的に表している。
　ノーツを振り返ってみると、確かに彼／女らの発表の後（に限ったことではないが）には授業担当者からの励ましが多く確認できた。たとえば、第21回目（10／30）でも、Cのフィールド報告後、まず「だいぶ進歩しました」と開口一番、間髪を入れずに肯定的な評価が与えられていたことが確認できた！！　本稿で紹介したこれまでの会話例を振り返ってみても、「おもしろい」という合いの手が比較的多く入れられていたことも注目に値する。
　また、参加者同士の交流的質疑応答も、学部生たちにとっては居心地を増すものとして機能していた。フィールド報告に対するお互いの発言は、フィールドワークされる対象の側にたった発言がなされることも少なくない。

第25回目（11/27）の個人加入組合についての報告中から紹介する。

　　A：その組合は何人ぐらいいるんですか？
　　D：メンバーは60人くらい。月2000円払っている。
　　　　（略）
　　M：何かある人？
　　L：私は企業内組合の執行委員長を4年間やってました。組合の目的は「雇用を守る・賃上げ・生活を向上させる（豊かに）」ということにある。2000円は（加入者にとって）保険ですよ。メリットがあるから払って入っている。その個人加入組合がどんなサービスを展開しているかを調べるといいかも。政治もあるし。（組織の方で人びとを）金ヅルとしてひきとめている部分もある。

　企業内組合執行委員長だった人が学生として参加していることも読者には驚きだろうが、他にも、「学校教師のサロン」については教師をしている参加者が、「幼稚園」については教育実習をしている友だちに聞いた参加者が、「帰国子女教育学級」については元帰国子女の参加者が、「夜間中学における外国籍者」については外国籍留学者が、「オーケストラ」については前年にそのテーマでフィールドワークした参加者が、「高校生のロールプレイングクラブ」については高校生に一番近い年齢の参加者が、それぞれの立場から意見を述べるということがあった。また、授業担当者はそれを促すような発言を行っていた。
　このような進行は後期に多く見られた。その理由の一つは、参加者が少なくなって、授業担当者と発表者の一対一の応答以外に時間を割けるようになったということだろう。だが、それ以上に、フィールドワーク発表の内容（仮説や見解）が充実してきたことによって、それに呼応／反発する形で、その対象（の属性）に近い参加者の発言が誘発されていたようである。そして、これらの発言は、発表者に親和的なものであれそうでないものであれ、発表

者自身の見方を深化させたり相対化させるのに役立っていた。お互いがお互いのフィールドワークをアシストしていたといえるし、参加者同士がお互いの素性に関して理解を促進するのに役立った面もある。

3　ゼミとその参加者 ── 社会心理学的考察

3-1　授業参加者のアイデンティティ・カテゴリー

　この授業の参加者はその属性からして多岐にわたっている。しかし、属性の違いですべてを語れるわけでもない。そこで、主にインタビュー調査の結果をもとに、参加者たちに以下の3つの群を仮設してみたい。

　　やりたい群　／　やっておきたい群　／　続ける群

である。これらのカテゴリーを図示すると図4-2のようになる。横軸は時間の軸として理解され、縦軸はある種の動機づけの軸として理解するとよいかもしれない。

　また、こうやって考えると上記3群に加え、この授業への参加や参加継続を何らかの理由で断念した人たちがいることが推察される。やめた人間が授業に出ていることは実際にはありえないので、直接観察することはできないのだが、やめていく人へのインタビューなどは今後の課題である。この授業の参加者については、「隠れた参加者」を含む4群でこの授業を理解するこ

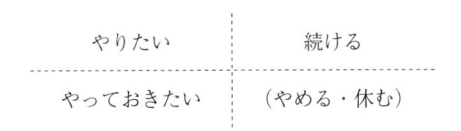

やりたい	続ける
やっておきたい	（やめる・休む）

図4-2　参加者のカテゴリー

とができそうである。

　やりたい群は、フィールドワーク「を」やりたい、フィールドワーク「こそ」やりたいという意識が強い。オリジナルな研究をフィールドワークによって行ってみたいということであり、研究生活を始めている場合にはそれまでの手法ではできなかったことを切り開くためのフィールドワークという面もあるだろう。授業担当者が主張する研究のスタイル、つまり仮説生成型の研究をフィールドワークによって行いたいという意識もこの群では高い。今回の参加によってフィールドワークがうまくいけば、研究とフィールドワークがリンクするが、うまくいかない場合には脱落となっていく危険も大きい。他大学所属者など正規の履修資格のない人たちは、ほとんどここに入る。

　既述のように、Xコースの学生にとって、この授業への参加を思いとどまらせる要因の方が大きかった。そういったこともあって、学部生十数名のうち、フィールドワークゼミに参加するのはせいぜい5名ほどになる。すると、参加者にはある種のプライドが生まれることになる。インタビュー記録から抜き書きしよう。

　　H：(初めて参加した時) 意識の上では私はフィールドワークのゼミに出ているっていう意識だけはすごくあったんです。たぶん卒論をこれで書くだろうってのもあったし、で、誰かが、フィールドワークって何なの？何するもんなのって（批判的に）聞いてくる。（すると）私がそれを弁護する感じで（笑）。

　やっておきたい群は、研究技法としてのフィールドワークの存在を気にかけていたり、あるいは授業シラバスを見る中でせっかくだからやっておこう、いい機会だからやっておこうという感じがあり、フィールドワーク「も」やってみたいという意識である。技術としてのフィールドワーク習得という側面があり、研究対象も一番興味があることにぶつかるというより、フィー

ルドワークの特徴が生かせることをやってみたいという感じとなる。仮説生成型研究よりは理論展開型研究や仮説検証型研究により魅力を感じていることもあり、フィールドワークに全力をそそぐというよりは、良い意味でも悪い意味でも肩の力を抜きながら参加していた。また、技術習得という目的がはっきりしているので、目標が達成されるまでの脱落は少ない。他大学などから移動のコストをかけてまで参加する人の中で、この群に入る人は（今回は）いなかった。

　続ける群は、その前歴が「を」群か「も」群かにかかわらず、リピーターとして参加している人たちである。現在進行中の研究・仕事や論文作成にフィールドワークが有用であることを認識した上で、自己を維持・高めるために参加している。また、後輩の指導という側面からも参加を心がけている参加者もいた（この参加者はレジュメを発表の前の週に準備することを励行したり、発表者に対しては理論的側面からのコメントを加えることを心がけており、良い意味で緊張感を作り出していたし、インタビューなどで確認した限りでも、参加者への影響力は小さくなかった）。続ける群は、X 大学 Y 学部 Z コースの学生、院生、研究生からなっていた。

　やめる・休止群は、前期のみでやめてしまった人たちがあてはまるだろう。フィールド・エントリーがうまくいかなかった、予想以上に手間がかかる、本業が忙しくなったなどの理由で、毎週 1 回の参加を継続しない（できない）人たちで構成されているだろう。また、フィールドに「のめりこんだ」結果として、フィールドと論文作成という視点の二重化に耐えられずに、授業の方をやめてしまう場合もありえる。

　なお、これらの群の違いには時間推移が絡んでいるため、ある群から他の群へ移動することを念頭においておく必要もある。「やりたい → 続ける」もあれば、「やりたい → やめる」もあるだろう。また、現時点でやめている人も条件が整ったりきっかけがあれば再び参加するかもしれない。

　さらに、今回のカテゴリー化には、必修授業であればいるはずの「やらされている群」がないことにも注意を払う必要がある。

3-2 集団としてのフィールドワーク・クラス

　参加している人たちは、フィールドワークという技法を習得しようという目的をもっている点では共通の課題を志向する集団といえるが、異なる背景、異なる目標をもっていた。
　多様な属性の人が集まることになった結果、お互いの属性に応じた居心地の悪さを感じることもあった。正規の参加者であるはずの学部生参加者は、院生が多いのに自分たちがいるのは足手まといではないかという本末転倒的な感想を抱きがちであったし、他の研究科や大学院に所属している人もまた肩身の狭さを感じていた。
　では、この授業がまったくバラバラな人たちの集合体であったのかといえばそれは違う。
　授業中に行われる各人のフィールドの紹介は、それ自体が他の参加者にとっては新しい世界の呈示であることが多かった。参加者同士の質疑応答などが、お互いの理解を促進している面もあった。こういった過程を通じて、後期出席者にはある程度の一体感が醸成されていたと指摘することもできる。
　授業担当者の発言を直接的に検討する限り、このゼミ集団そのものを維持したり集団として活性化させることを目的とすることはほとんどなかったといってよい。優れたOGたちの研究（1人の論文は学会賞を受賞したことも言及されていた）が目標として呈示されるなど、業績達成への鼓舞の方が目立っていたとさえいえる。ここで、リーダーシップPM理論を援用して理解すれば、典型的な業績達成型的な集団をめざしていたと解釈することも可能だが、結果としては冒頭のコンパのお知らせコピーが示すような側面があり、集団維持・活性型的な面ももっていたようである。つまり、両者を併せもつという、ある種の理想的な集団であったとも考えられる。
　授業中にOGの体験談などが織り込まれることは、目標を共有するという

面でクラスの一体感を作り出したかもしれない。参加者からすると憧れの機能である。授業担当者がこの OG について言及する時には「M フィールドワーク・クラスの一期生」という形容をしていることが多かったが、このことはクラスに時間的な同一性を付与する機能があったといえるだろう。もっとも、一部の参加者が授業を半期で「切る（捨てる）」ことができることが、結果的に参加者の一体感をもたらしていることにも留意する必要がある（必修でないことの利点でもあると考えることもできる）。

　ただし、このクラスでは、参加者全員が集団として一体になって何かを達成するということを意味しているわけではないし、授業担当者がカリスマ的存在として君臨する排他的な一体感が見られたわけでもない。授業内部においても、本質主義に陥ることなくさまざまな見方をもつことが推奨されていた。そして、このことは特に、この授業を複数回経験している参加者（リピーター）によってサポートされている面があった。なぜなら彼／女ら（複数回履修者）の存在自体が、授業担当者のこの授業の意味づけ —— 入門コース —— に反する存在であったし、リピーターの中には授業担当者とは異なる視点からのコメントをつけるべく準備していた参加者もいたのである（言うまでもなく、こういった参加形態を認めている授業担当者の存在も小さくない）。

　村本（1996）は、早朝の公園で行われるラジオ体操のフィールドワークから、多様な集合体とその中に顕現化しうる個人のアイデンティティの範囲について仮説的なモデルを提唱している。彼女が対象としたフィールドは「従来の集団研究で扱われてきた集団」でもなく、「駅のホームに居合わせた人びと」でもない、その中間地点であるとしていたが、彼女のモデルに本章の対象たるフィールドワーク・クラスを位置づけてみるとどうなるだろうか。このクラスは、目標をもった組織体であり、成員間には確立した地位と役割の相互関係があり、属性化しやすい面もあり、成員間に一体感が見られるという点からすると「集団」であると考えることに無理はないだろう。

　次に、成員のアイデンティティについて考えてみるならば、共有された社会的アイデンティティが存在するというよりは、異なる個人的アイデンティ

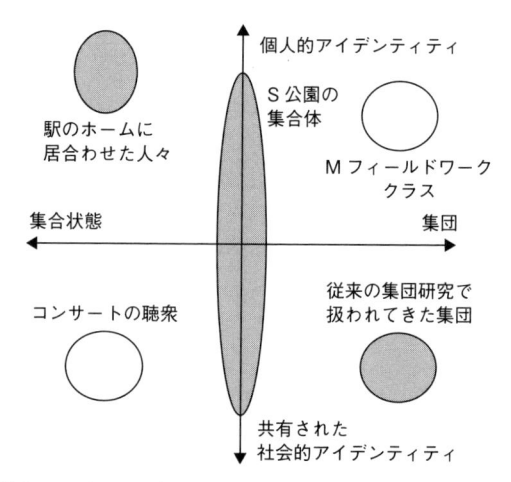

図4-3　村本の2次元のどこにMフィールドワーク・クラスが位置づくか

ティをもっていると考えることができる。このゼミへの所属意識について考えてみても、Mフィールドワーク・クラスというアイデンティティが優勢な人ばかりではなく、むしろフィールドワーク・クラスを技法のリソース（資源）の一つとして位置づけている成員も存在したのである。集団でありながら、むしろ個人的アイデンティティが優勢だということであれば、このクラスは図4-3の右上の象限に位置づけられる[5]。ちなみに、その対角線上に位置づけられるものとしては、コンサートを聴くために集まる人びとが考えられ、2次元でできた各象限にそれぞれ具体例が存在しそうである。このことは、とりもなおさず村本（1996）の仮説的モデルの有用性を示すものである。

　集団でありながら個人的アイデンティティが優勢であるというクラスのあり方は、授業担当者が強調するポストモダン的な社会観の現れと捉えることもできるだろう。集団に属しているからといって、その集団の価値観や方法論に盲従する必要はないし、それぞれアイデンティティを確立した個人同士が結びついて相互に影響を与えあう機会を提供しているといえるのである。

授業担当者が学問的に追究しているあり方がその授業でも現前していくということこそ、このフィールドワーク・クラスの特徴だと考えられるのである。

4　エスノグラフィ作成過程を振り返って

　このクラスをこのクラスたらしめているのは何だろうか？　これが一番大きな研究設問であった。仮説をたてサンプリングユニットを設定して焦点観察した。たとえば、授業中の笑いに注目して観察していた時期もあった。

　しかし、ノーツを読み返すと、授業担当者はスケジュールのことをかなり語っている。これは何なのか？　分からないし、今でも分かっているとはいえない。だが、授業担当者が常々言っているように「繰り返されることには文化的意味がある」のだとしたら、やはり何か意味があるのである。その点に焦点をあてて前半部を書いてみた。

　また、恥ずかしながら、授業参加者に「多様なアイデンティティ」があるとは途中まで全然思わなかった。フィールドワークをやりたいからこの授業に出ているのだ、という認識ぐらいしかなかったのである。受動的参加者と言いながらも、私は「教師の視点」に立っていたのだ。それがある時、参加者と一緒に食事をして話をする頃から、違うのだということが分かってきた。また、インタビューをさせてもらった頃には、参加者が所属する学 範（ディシプリン）の違い、具体的には「社会学」と「心理学」の違いが重要なのではないかと思ったりもした。だが、それも大きな違いではなかった。本章執筆にあたってノーツを読み返してみると、もう少し違う側面が見えてきて、3-1で使用したアイデンティティ・カテゴリーの生成と相成った。

　本章は――結果的にではあるが――ある年の授業に最後まで参加し続けた人たちを中心に描き、その人びとを、個人的アイデンティティに裏打ちされた集団として特徴を見いだせることを指摘したが、このことは、当初の参加者のうちで継続しなかった人々を落伍者だとして非難するものではない。

前期に、ワッフル店で行列することについてフィールドワークを行った参加者がいた。行列を眺めたり、実際加わってみたりしたことを報告した中で、その人は親指と人差し指で○（直径3cmほど）を作り、「これくらいのことを知ろうと思ったのに」次に両手を合わせるように○（直径15cmほど）を作って「これくらいのことが見えてきた」と言った。彼／女には何かが見え始めていた。その参加者は中途でやめてしまったが、筆者にとって最も印象的なシーンの一つである。

　意味を理解することは文化を理解することである。こういったことは、たとえフィールドワーク・クラスの「基礎の基礎」部分のみの参加であっても経験されることなのではないだろうか。そういった意味で、異なるアイデンティティをもっているすべての参加者に対してフィールドワークは開かれている。それはこの授業から離れていく人びとにも開かれているということであり、このこともまた、Mフィールドワーク・クラスの特徴なのではないだろうか。自分と異なる文化を理解し記述することへの志向性や意味の発見の驚きは、すべての参加者に蓄積されていて、たとえ離れていった人でも、何かのきっかけで「続ける」群に移行することも考えられるのである。

謝辞

　1年間授業に出たことも、参加者のみなさんとご一緒できたことも、今回執筆したことも、すべてが自分にとってプラスになった。このことは研究者としての自分、教育者としての自分のあり方に反映させていきたい。大学教官が他者の授業に出て学ぶチャンスはそうそうないが、さらにその様子をエスノグラフィとしてまとめるチャンス、原稿執筆を指導してもらえる機会もそうそうあるものではない。また、大げさに言うと、本稿は大学のゼミの参加者（高等教育における少人数教育）に関する研究として嚆矢の部類ではないだろうか。こういった機会に恵まれたことに感謝して、さらに研究を続けていきたい。本稿では、本書の目的に照らして授業中の具体的な様子を描くこと自体に力を入れた面もあるのだが、今後は理論的な位置づけをより明確にして論文を書いてみたい。M先生をはじめとするすべての参加者に感謝いたします。ありがとうございました。なお、今回のフィールドワークおよび執筆については、授業の参加者にはあらかじめ説明をしていたが、初校刷り上がり時に後期参加者にゲラを送付して改めて了承を得るようにし、さらに事実誤認などの指摘も受けた（2-3参照）。

注

[1] このような参加形態に驚く人もいるかもしれないが、多くの大学の大学院の授業では制度的にも実質的にも大学横断的な様相を呈しているし、必ずしも最近始まったことでもない。
　　なお、事例検討の際などは、正規の受講生が優先されていた。
[2] 筆者は授業担当者の仮説生成的研究法に少なからぬ影響を受け、自身の論文で引用したこともあった（佐藤, 1993）。
[3] 参加者の記述に関して、あえて曖昧にする場合があることを了承してほしい。このゼミの参加者のデモグラフィック要因（属性）の記述はそのまま本人の同定につながってしまうからである。参加者は英字1字で表記し、本稿の中では一貫させている。授業担当者は授業担当者あるいはMと表記する。本稿の記述において、記録をそのまま利用する際には、仮名（英字）＋：（コロン）で表現する。発話主体が明白な場合は、「　」で囲むことによって発話を表現する場合もある。
[4] 念のために付け加えると、公立中学校は公的な組織であることもあって、最も「壁が厚い」、つまり許可を得にくいフィールドの一つであり、参加者がエントリーを果たせない（果たすまで時間がかかる）のは必ずしも本人たちの責任にのみ帰されるべきではない。そのことは、授業担当者はもとより同席の参加者も理解している。
[5] モデル上の位置づけについて、脱稿直前に村本由紀子さん（当時京都大学；2013年現在東京大学）と議論できたのが大変有用だった。村本さんに感謝します。

付記

　この授業は1997年度に行われた。131ページに記述した食事のことは、東大の学食の雰囲気と共に今でもその質感を覚えている。

5章
心理学で何ができるか
――違和感分析への招待

1　心理学を専攻しているアナタの気持ち

　心理学を専攻に選んで、首尾よく大学に入学したけれど、何かちょっと違うと思っている学生は多い。

　東ら（1994）は、心理学が若者の間でブームになっているという現状をふまえ、心理学のイメージを探る研究をしている。ある年の4月に大学生を対象にして調査を行ったので大半は1年生だが、心理学科の学生のみ2年生以上からも回答を得ている。心理学に関する15の質問に対して「はい～いいえ」を5件法で回答してもらい、その回答を因子分析にかけ心理学観をまとめた上で、学科ごとに特徴の比較をしている。

　興味深い結果はいくつもあるが、特に興味深いのは、「心理学に対する素朴な効用観」と名づけられた因子を学生の所属で比較したものである。この因子は「心理学を学べば相手の性格が分かるようになる」「心理学を学べば、自分の悩みが解決できる」といった項目が高い因子負荷量をもつ因子である。学生の所属ごとに因子得点の平均値を計算したところ、たとえば経済学科や経営学科の学生はほとんど0であったのに、心理学科の1年生は多少高い数値だった。つまり、心理学科に進んだ直後の大学生は、このような心理学の素朴な効用を信じているし、おそらく、そのようなイメージがあるから心理学科に進学したのだと思われる。

　だが、同じ心理学科でも2年生の平均値を見てみると、その数値がマイナ

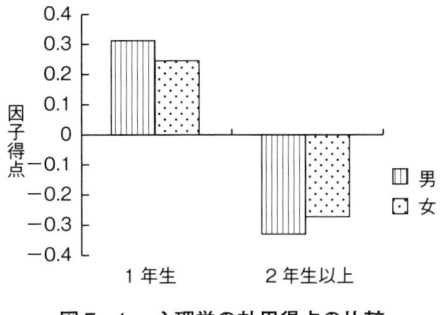

図5-1 心理学の効用得点の比較
（東ほか，1994より作図）

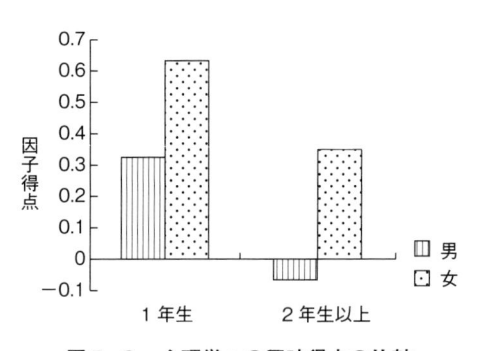

図5-2 心理学への興味得点の比較
（東ほか，1994より作図）

スになっていた。つまり、1年間心理学科に在籍した後では、心理学の素朴な効用は信じられなくなっているのである（図5-1）。

　要するに、進学後の1年間の経験（あるいは受けた教育）で、「心理学で相手の性格が分かるのではないか？」などというそれまでの素朴な心理学観（ポップな心理学観）が消えてしまったのである。そして、それとは反対の心理学観に変わってしまったらしいことを、この調査結果は示している。

　心理学をめざす高校生は、ある意味で勘違いをして心理学を志し、間違いに気づいてからも、まあいいか、ということでそのまま心理学を学んで自分のものにしていくのである。

　もっともこの研究の結果によれば、2年生以上の心理学に対する興味は1年生のそれと比べて低くなっており、1年間の教育の結果として心理学に対する興味を失っているということが示唆されている（図5-2）。

　そして、これと同じことは、どこの大学の心理学専攻でも起こっていることなのである。アカデミックな心理学も確かにおもしろい。おもしろいんだけれど何かが違う、何かおかしいと思っている人は少なくないだろう。これは多くの人が感じていることであり、そういった意味では現実的で確かなことである。このような事情について、私はある女子学生が心理学徒になって

いく過程を架空の日記形式で表現したことがある。興味のある人は読んでみてほしい（佐藤・尾見, 1994）。

2　心理学という学問の特徴

　さて、ポップな心理学観をもって入学してきた学生たちが、最初に脅されるのは、「心理学は科学です。統計も使うから数学が嫌いな人はダメですよ」などということだろう。なぜ心理学が科学なのか。ここで言っている科学は「人文科学」などにも使われる広い意味での「科学」という意味ではなく、経験的・実証的な学問としての「科学」である。実証的とは何か？[1]
　雑誌に載っている（通俗的）心理テストはもちろんのこと、「いじめ」の本を読んでも、「夢」の話を読んでも、あるいは「赤ちゃんの発達」の本を読んでも、そんな感じはしない。文系っぽい学問のはずである。「詐欺だ」と思った人もいるだろう。
　しかし、心理学が実証科学的であるということは、ある意味ではきわめて重要である。心理というものは非常に曖昧だから、その研究方法をきちんと確定しておかないと大変なことになるのである。
　それともう一つ、心理学が成立してきた歴史も重要だろう。そんなことは関係ない、カウンセラーになりたいのに、心理学の歴史なんて関係がない、と思う人もいるだろう。しかし、歴史というのはそれなりに大切である。
　たとえば、新しい異性とつきあうようになって、現在と未来の話だけをするカップルがいるだろうか。やはり、中学の時に美術部にいたとか、あるいはつらい話だけれどもいじめられていたとか、そのような話をするだろう。自分にとって大切なその人のことをもっとよく知るには、過去の歴史、歴史という言い方が大げさであれば経緯・体験を知ることが非常に重要になってくるのである。
　近代の心理学が成立した年は現在のところ、1879年ということになってい

る。この年はドイツのW．ヴントという人が、ライプツィヒ大学に心理学の実験室を開設した年として知られている。この出来事をもって、心理学は哲学から独立し、一つの実験科学として自立を始めたのである（高橋, 1994参照）。実際、彼のもとには世界初の心理学実験室での研究を求めて世界各国の研究者が集まり、そして祖国に帰って自分の国に心理学の実験室を作り始めた。

　要するに、実験室ができた年が近代心理学の始まりの年である。もちろん、始まりの年というのは一種の記念日のようなもので、象徴的意味しかもたないが、とりあえずそういうことになっている。

　人間の精神や心や魂について考える学問は、当然それ以前からあった。しかし、それらの学問と近代心理学は分けて考えられている。そのメルクマール（分水嶺）が、実験室の開設なのである。実験室という時間的にも空間的にも限られたところで、人間の精神について考察を行う。そして、そのようにして得られた結果は、時間的にも空間的にも異なるところで得られたデータや考察と比較されうる。そのようなことが、近代心理学の出発点だったのである[2]。

　筆者は心理学のことを「バカでも貧乏でもできる学問」と言うことがある。これは決して心理学のことを悪く言っているわけではない。心理学はデータをとる学問だから、暗記能力や思考能力が優れているだけでは学問にならない。思弁では何もできないのである。アイディアやデータの取り方がよければ、他の人たちから評価される研究がいくらでもできる。そして、それは年齢とも関係がない。いくら年をとって大家の研究者になったところで、データを出して論じなければタダの人（昔優秀だった人）ということになる。また、相手がどんなに偉い人であっても、自分でデータをとれば、とりあえずそれを持って渡りあえる。私たち心理学者はデータがあれば、その研究を行った人が誰であれ、とりあえずその人の話を聞こうというスタンスをもっている。ところが、たとえば歴史や考古学では、データとなる資料の発掘自体が学生ではかなり難しい。

5章　心理学で何ができるか

　さて、データをとって論じる学問という意味では、理工系の学問はほとんどすべてそうである。どこが違うのだろうか。それは材料や器具の問題である。今や自然科学は「ビッグ・サイエンス」の時代に突入してしまった。ナントカ素粒子を発見するための器具といったら、もはやそれは器具などではなく、巨大装置、いや装置とも呼べない巨大なトンネルの輪を作らなければならない。個人でそのような装置をそろえて研究するなどは、到底できない相談になっている。一連のオウム真理教事件で、なぜ理工系の大学院生がサリン製造に参加したのか？ということが取りざたされたが、理工系の大学院生は研究室のプロジェクト要員のようなものであり、研究の全体像を知らないことさえあり、自分の興味を展開させたり、あるいは自分の技術をとことん磨きあげる、などということにはほど遠いのである。そのような中に身をおくよりは、毒物生成とはいえ、「救済」という目的が明確で、「材料や器具・装置」がふんだんに使えるプロジェクトが魅力的に映ったとしても、それは少しも不思議ではない。少なくとも世の研究者には理解できることだろう。

　話がずれてしまったが、理工系に比べると、心理学の場合、研究の対象が人間であるということはある意味でラッキーなことである。大学の授業で学生を対象にして一方的にデータをとるようなことは、もうそろそろやめなければいけないし、事実、アメリカの研究者は被験者に研究の内容を説明し、被験者に謝礼を支払うことが当たり前になっているが、それでも、山の手線と同じくらいのトンネルを作ることに比べたら、研究のやりやすさは比べものにならない。動物を使って研究している人たちにしても、維持管理に費用がかかるとはいえ、ビッグ・サイエンスとは比べるまでもない。

　こういうわけで、心理学に興味をもった人たちは、他の分野の学生や院生に比べるとかなり制限の少ない研究ができているのである。「バカでも貧乏でもできる」という利点を意識しつつ、うまく活用したいものだ。

　さて、歴史に戻ろう。心理学は実験ということが重視される学問として脚光をあび、哲学からの独立を果たした。ヴントの実験は内観に関するもの

だった。つまり、自分の意識の内容を対象にしたものであった。意識などというものはどこでも、どのようにでも考えることができるのに、それにもかかわらず、実験という人工的な場面を使用したことが重要だったのである。

このように考えると、人工的な場面で意識についてあーだこーだと考えるのが心理学なのか、と暗い気持ちになってしまうのだが、他にも意義はあった。そのキーワードは subject である。

3　subject とは何か

subject という単語を見ると自動的に被験者と訳すようになっているとしたら、心理学に冒されている。subject を辞書でひいてみよう。『Webster English Dictionary』をひいてみると、いろいろな意味が出ている。

最初に出てくるのは、「何かの支配下にあるもの」、というものである。9番目に「考える人」のような意味が出てくる。デカルトの「我、思う故に我あり」と言った時の「思っている我」が subject になる。「subject」を「被験者」に訳すのは心理学だけである。方言なのであった。

しかし、これは大事なことである。先に心理学は実験科学だと言ったが、他の多くの実験科学（たとえば物理学）では、対象のことは object とか material と言う。それと対比して考えれば、subject が対象であることの意義もまた見えてくるだろう。

先にあげた subject の最初の意味は、臣下やしもべとも近い。誰の臣下なのだろうか？　神を主とした時に人間はしもべとなるのである。

だが、いつまでもその地位に留まっていたわけではない。徐々に徐々に主体性を獲得してきたのである。そして、ついには subject に主体という意味が出てきたのである。主体というのはいかにも硬い表現であるが、言ってみれば「主人公」である。さだまさしの古い歌に「主人公」というのがある。そのサビはこう歌われている。

5章　心理学で何ができるか

　私の人生の中では誰もがみな主人公
　さて、その主人公（主体）を被験者という名で呼ぶことは、地位を高めたのだろうか、低めたのだろうか。そこが問題だろう。心理学は被験者のことを「しもべ」、つまり従属する者として見ているのか？　それとも、主人公のことを扱う学問として存在するのか？　私は後者だと思うし、そうであってほしい。

　人生の主人公たる人間のことをよく知る学問、それが心理学の出発点なのではないだろうか。決して神の前に服従するのではなく、自分の判断で自分として行動する人間。その人間について、人間の立場で検討する学問が心理学なのである。

　教育心理学という学問を例にとろう。教育に関する学問はたくさんある。教育行政学、教育社会学、といったものである。それらの学問と教育心理学は何が一緒で何が違うのか。一緒なのは学問が扱う対象である。教育。当然である。教育学の目的が「中世日本の王権」研究のわけがない。では、何が違うのか。方法が違うのである。教育という問題について、心理学的に検討するのが心理学の役割である。

　教育心理学のテーマはたくさんあるが、そのうちのひとつに「人間の発達」がある。今では発達心理学という名称も普通になったが、元は教育心理学から派生して児童心理学に発展し、そして発達心理学になってきたのである。

　近代的な教育体制下では、同時に多数の子どもたちを教えなければならなくなった。従来のように寺子屋で面倒を見ているのではなく、同じ年齢の子どもたちを一度に教えなければならなくなった。あるいは、それまでのように「よみ・かき・そろばん」を単純に教えていればよいわけではなくなった。その時に、子どもたちの発達を知る必要が出てきたのである。

　例をあげよう。図5-3は、「保存の実験」として心理学徒にはおなじみの実験場面である。ビーカーから水を移した前後で水が増えたり減ったりすると思う読者は、きっといないと思う。

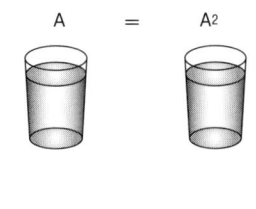

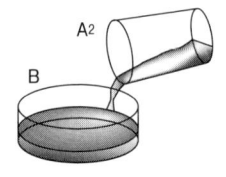

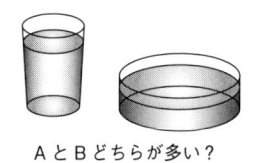

図5-3 子どもの思考 ──量の保存

AとBどちらが多い？

しかし、これを4歳の子どもにやってみると、きっと驚くことになる。間違えるのである。しかも、何度言っても、何度説明しても間違えるのである。この子は、俺をおちょくっているのか？とさえ思える。でも、それが4歳児に普通の発達なのである。7歳になったら、そんな答えはしない。

ということは、時期がくれば自然にクリアできる問題というのがもしあるとするならば、不適切な時期に無理な教育をする必要はないということになる。

多くの教育関連の学問は、教育では何を教えるべきか？どのように教えるべきか？ということに関心をもっている。その中で、教育心理学は、「ちょっと待て。子どもたちの実際の姿はどうなってるかを調べてみよう」とはたらきかける役割をもっている。教育心理学徒の教育知らずという陰口はよく聞くが、教育学者の相手（子ども）知らず、ということもあるかもしれない。

そして、このように考えるならば、医療や福祉や行政や法律や矯正など、ありとあらゆる領域で、「する側」ではなく、「される側」の立場に立って、物事を考えることができるだろう。

4　違和感分析

とは言うものの、ではいったいどうすればよいのだろうか？　最初に述べたように、心理学には妙な作法があり、実験が尊重される。さらに言えば、外国で行われた研究の追試などをやっていた方が無難でよい研究だとされたりすることさえある。身近な問題に対して取り組んではいけないのだろう

か？　そんなことはない。

　かといって、ただ単に「心理学の先行研究に興味はありません」から「自分の興味のある身の回りのことを研究します」というのでは、大いに考えものである。仮にもひとつの学問領域がある以上、先人の業績はそれなりに大切にしなければいけないからである。

　「先行研究も大事ですが、〜の研究は劣らず大事である」と言えればいい。なぜ自分の身の回りの疑問を扱うことが必要なのか、どのような学問的な意義をもちうるのか、ということについて、理論武装しなければいけない。

　まず、自分は主人公（subject）だということがある。心理学の目的のひとつが人間の理解にあることは間違いがない。その意味で自分の疑問をヒントにすることはまったく間違っていない。ただ、これまでは、自分の疑問を扱うだけでは、広がりがない、一般性がない、というように思われてきた。「そんなの個人の経験でしょ。どこまで一般化できるか分からないじゃないか」というわけである。

　実験研究の被験者が大学生5人だったり、調査のために「心理学」の授業を受講している大学生200人からアンケートをとったり、発達研究の参加者が付属小学校の生徒40人だったりする時は、絶対言われないことである。グチをこぼしていても仕方ない。自分が感じる疑問は、確かに個人的経験である。開き直るわけではないが、このことはきちんと認めなければならない。

　さて、自分が感じる疑問、「何か変だ？」という感じは、一種の摩擦熱のようなものである。板を2枚こすりあわせることを考えてみよう。2枚ともなめらかな板であれば、2枚をこすってもひっかかりはなく、すーっとすべっていく。しかし、両方が紙ヤスリのような荒い板だったらどうだろう。ひっかかりが多くて、なかなかすべらないし、熱が発生する。その摩擦熱のようなものが、素朴な疑問である。違和感と言ってもいいだろう。

　違和感、つまり不思議な感じは感情の一種である。感情というのは、平穏な時に起きるものではない。好きな人がこっちを向いてくれれば嬉しいし、他の女の子と話していたら悔しい。何か変化がある時に感情というのはおき

やすい。

　私たちの生活の回りに存在する環境は、自然なものではない。人工的なものでありシステムである。ところが、私たちは普通それを気にすることはない。自分に馴染んでいる環境システムがどのように形成されているのかを、問いつめることはない。

　単純な例であり比喩であるが、私たちが時計やエレベーターの仕組みに関心をもつのはいつだろうか。それは、それらが止まってしまった時である。時計であれば、電池がなくなったのか、とか、ホントに壊れちゃったのか、とか考えて普段は見もしない時計の裏側を見ることになるだろう。エレベーターも、動いている時は当たり前に思っているが、定期点検等でいざ止まると大変である。5階も6階も歩いて上がっていくのはしんどい。えっちらおっちら上がっていくと、途中の階で作業中だったりする。中が見える。太いロープと数々の歯車。こんなふうになっているのか、と妙に感心したりする。スムーズに人を昇り降りさせているシステムのその精巧さに舌をまいてしまう。

　このように、何ごとに限らず、モノゴトがうまくいっている時は、なぜうまくいっているのかの仕組みについて考えることは少ない。うまくいかない時にのみ考えるのである。素朴な疑問や違和感というのもそのようなものである。

　ここからが本題であるが、疑問や違和感を感じるということは、そこにあるシステムの構成要素が、お互いに何らかの形でこすれあって発熱している、ということになる。そして、それを感じとることができるのは、私たち、一人ひとりの人間である。

　人間同士のことならば、双方がいろいろと気づいたり感じたりするが、相手が人間ではなく環境やモノ、社会システムのようなものである場合、人間が作ったものではあっても、それら自体が異議申し立てをすることはない。それを使ったり、その中で生きている私たち一人ひとりが、指摘することができるのである。

大方の人は多くの場合、「何か変だな」と思う事態があっても、それは自分が変なのだ、未熟なのだと思ってしまう。システムや外界が間違っているとは思えないからである。かく言う私も、心理学における統計的検定の使い方には相当の違和感をもっていたが、勉強すればそれは払拭されるだろうと思ってそれなりに一生懸命にしたものである。システムと人間との関係はかなり一方的な関係であり、常識とか習慣とかに疑問を差し挟むことはなかなかできない。

　しかし、システムの中で感じる違和感は、もちろん個人的なことかもしれないにしても、それをヒントに研究をすることには大いに意義があることではないだろうか[3]。このような視点による研究方法を違和感分析と名づけてみたい。

　このような研究法に対しては、データのサンプリングがされていなければ無意味だという極論もあるかもしれない。これに2つだけ反論しておくと、とられたデータはいかに一部分とはいえ、その部分が全体を構成しているのも事実である。拡大解釈を避ければ、全体について何かを語ることは可能である。また、この分析では内容や実態を把握するのではなく、システムと人間のズレ、あるいはシステムの揺らぎのようなものを捉えようとしている。問題点が1つでも明らかになれば、それは全体を改善するための手がかりとなる。データを広く集めて問題点を根こそぎにすることも大事だが、できるところから問題を考察して変えていくことも重要だろう。

　もうひとつの反論は、サンプリングにかかわる問題である。無作為抽出によるデータ収集を行っても、集めることのできなかったデータというものが存在する。「無いデータについては語らないことにしましょう」というルールがあるために、サンプリング調査は成り立っているとさえ言えるのである。

　これらのことを本格的に考えると、抜き差しならない袋小路に突き当たることは確実なので、この問題はこれ以上触れない。結局は五十歩百歩なのではないかということを指摘し、その中でお互いに頑張ればいいのではないか、というようにしておきたい。

5　感受主体という考え方

　次に感受主体という概念を提唱したい。
　感受主体というのは、何かを感じる自分のことである。人間と人間とのズレ、あるいは人間とシステムとのズレにピピッと感じるその主人公のことである。ズレにピピッと反応するということが、違和感ということの意味である。つまり違和感をもつ人なら誰でも感受主体ということになる。本来なら感受主人公とでもしたいのだが、それでは少し長いし妙なので、感受主体とした。
　こう概念化することによって、私たち一人ひとりの人間は単なる被験者であることを越えて存在する意義を与えられる。つまり、単に研究者に頼まれて反応する存在ではなく、日常的に行う活動においてまさに主人公として感じているさまざまなことを提供する存在になるのである。そして、その感受主体が感じた違和感を元に分析することこそが、違和感分析の本質なのである。
　もちろん、感受主体である自分が感じた違和感を元に、さまざまな分析に進んでもいいし、自分とは違う人の違和感を頼りにしてもいい。その方法は多様にふくらむ。参与観察のようなある種のフィールドワークは研究者自身が感受主体となり、違和感分析を行うスタイルだということもできる[4]。違和感は、何かを伝えるバロメーターなのである。
　「これってちょっと変」などと思うことは、日常にいくらでもある。だが、そういうことはそのままやり過ごしてしまうことが多いし、あるいは、世の中そんなもんだ、などとあきらめてしまうことも多い。あるいは自分の体験なんてとるにたらないことだから、などと思いこんでいたりするかもしれない。しかし、今からは違和感こそが学問のヒントとしての地位を与えられるのである。

学問は学と問から成っている。学ぶことも大事だが、問うことはもっと大事である。そしてそのヒントは自分の感じ方にある。自分が考え違いをしている場合もあるだろうし、自分の周りの環境やシステムに欠陥があるのかもしれない。どちらにしても、問うことから始まっていく。

6　違和感分析の実例

6-1　マイコの違和感

　F大学行政社会学部4年生のマイコさんの問題意識を、ノンフィクション的に紹介してみよう。
　この学部では、卒業研究が必修扱いになっていて、たとえ就職活動で忙しいとしても、とにかく卒業研究を仕上げないことには卒業できない。何かいいテーマはないかと思っていた彼女は、自分が今まで思ってきた不満のようなことを取り上げようと思うに至った。こんなことである。
　マイコは、常々「あなたは＊＊でしょ」と言われて悔しい思いをすることが少なくなかったという。たとえば、「あなたは○○県出身だから……」というようなことである。いわば悪口のようなものであるが、「あなたはドジでのろまなカメね」などに比べれば直接的な悪口ではない。でも、なんかクヤシイ。
　彼女は、3年次のゼミで社会心理学を選択し、その中で『社会的アイデンティティ理論』という本を読んだ。その中に「カテゴリー化」という用語が出てきた。この言葉に出会って、今までモヤモヤしていたものに、ひとつ筋がついたような気がしたのである。「カテゴリー化か…、私が嫌だった体験というのは、相手が私のことを、私自身の特徴で言うのではなくて、カテゴリーで決めつけてるということだろうか？」彼女の気持ちを代弁すれば、こんな感じになるだろう。

とりあえずこれをテーマにしようと意気込んで、指導教官のところに相談しにいった。指導教官は、それはおもしろいテーマだと言った。しかし、カテゴリー化すべてがクヤシイのだろうか？と聞かれた。そんなことはない。嬉しい時だってある。
　ということは、カテゴリー化自体がマイコのクヤシサの原因になっているわけではない。カテゴリー化の内容がマイナス・イメージだとクヤシイということが分かってきた。そこで、教官はまとめとして、「カテゴリー化のネガティブ・イメージ」というようなテーマで取り組んだら、などと言っている。
　しかし、どうすればいいのだろうか。だいたい、教官の口から出たテーマは日本語の体裁をなしていない。「言葉のサラダ」状態である。とりあえずゼミの卒論検討会では、カテゴリー化の例を自分の体験を中心に集めてみた。結構あるものである。ポジティブ・イメージのものとネガティブ・イメージのものを分けてみると、確かにこういったイメージがあるということは分かった。
　しかし、ゼミの最中に、「何か他に例はないでしょうか？」と聞いてみても、全然答えが返ってこない。「ネガティブ・イメージを作り出すカテゴリー化の例」がもっとほしかったので、これは困った。
　「これは聞き方を考えないと集まらないね。どうしようか？」と教官は無責任なことを言っている。「どうしようかってこっちが聞きたいのに」とマイコの心中は怒りでいっぱいである。
　「なんでマイコさんが、こういうことやろうと思ったの？」と教官。
　「それは、何か言われてクヤシイことがあって、本読んだらカテゴリー化って話が出てたから……」
　「ということは、自分と同じように考えられるような質問をすればいいんだってことになるでしょう」
　「そうか、要するに、私が感じたクヤシサのようなものをみんなが体験の中から答えられるようにすればいいんだ……ということは」

結局、「一方的に、あるカテゴリー・グループであると決めつけられて、悔しかったり寂しかったりしたことはありますか？　それはどんな言い方をされた時ですか？」という質問をすることによって、ゼミに出ていた仲間もいくつか体験を思い出してくれた。もちろん、この質問もさらに詳しく説明しなければ意味が分からないだろう。もっと分かりやすくしなければいけない。しかし、データ収集のとっかかりはできた。

　とりあえず世の中にはどのような「ネガティブ・イメージのカテゴリー化」がありえるのか、その実例を集めることが必要である。いくつも集めれば、その特徴が見えてくるかもしれない。だが、それだけでは単に集めました、というだけのものになってしまう。それがどうして人に嫌な気持ちを生み出すのか？ということまで考えなければいけない。そしてそこから、人間の心理について何らかの考察を行い、こういうことを無くすための方策が提案できればメデタシメデタシである。

　さて、どうなるか。

　おそらく現象の概念化が必要だろう。自分の見つけた現象に、名前を付けてしまうのである。これはずいぶん大それたことのように見えるが、そうすることによって、大げさに言えば私たちの「世界の見方」が変わるのである。[5]

　以上が、マイコの例である。マイコは自分がまず感受主体となって、その違和感からテーマを設定した。そして、他の人からも似たような違和感を集めることにした。いわば、みんなに感受主体になってもらってデータを集めるということになる。

　このデータが集まれば、他人に対して「カテゴリー」によって決めつけるような評価の仕方の特徴やそのもつ意味が明らかになっていくだろうし、このことは偏見研究に新しい道筋をつけるだろう。もちろん、これまでの偏見研究の業績をきちんと読み込まなければ、自分の研究の意義も位置づけも分からないので、そういったことをきちんとやる必要はある。

6-2　ボランティア活動の分析

　次に、筆者が行った例を紹介しよう。テーマとなる現象は、阪神大震災のボランティアである。1995年はいろいろと嫌なことがあった年だったが、「ボランティア元年」という副産物を残してくれたのも事実である。福島という遠い土地からも多くの人が神戸でボランティア活動をしていた。
　だが、ボランティア活動にもさまざまな問題があったことは早くから指摘されてきたし、実際問題としてトラブルがなかったわけでもない。
　ボランティア元年が永久の輝きをもつためには、ボランティア2年が始まり、そして、5年、10年と続いていかなければいけない。その時に、神戸での活動の良い点悪い点がきちんと整理された上で、より良いボランティアの形を作っていく必要がある。日本人は熱しやすく冷めやすいと言われているが、地震大国日本において、次の地震のための準備をしておくことは重要なことである。
　また、ボランティア活動にまつわるもうひとつの問題として、あれだけ大きな災害のボランティアになると、自分の体験の意味というのが今一つ明確でないということがある。時間や場所によって体験したことは違うはずなのに、それぞれが自分の体験のみを「震災ボランティア」だ、としてしまったら、それは好ましくない。
　しかし、実際にボランティア活動に行った人たちに問題点のみを教えてくれと言ってもそう簡単ではないだろうし、いきなり「アナタの体験は絶対的なものではなく相対的なものです」などと言っても、分かってもらえるはずもない。人間誰しも、自分の行ったことをポジティブに意味づけたいからである。失敗談よりは自慢バナシの方が話したいし、しやすいだろう（これは偉そうに書いている私自身にももちろんあてはまる）。また、ボランティアに行って来たということは、そもそも他人に自慢するような種類のことではないし、何もしてません、という顔をしていたい人もいるかもしれない。

そんなこんなを考えると、ボランティア活動をよりよくしていくためのデータや考察は必要なのに、その素材を集めるのは本当に大変だということが分かるのである。

そこで、体験の相対化・共有化と問題点の把握をするために、ちょっと大がかりなことを行った。「ボランティア・フォーラム in 福島」という会を同僚たちと協力して開いたのである。何らかの形で神戸に行って仕事をした人たちに集まってもらい、それぞれの体験を語りあってもらう会をすることにしたのである。平日の夜という時間帯にもかかわらず、30名ほどの人が参加してくれた。

誰か講師が喋るという形ではなく、小さなグループに分かれて、いわゆるバズ・セッションにした。話を聞く人の数は少なくなってしまうが、きちんと喋るには4、5人の方がいいと思ったからである。幸いなことに、会は好評を博し、新聞にも取り上げられた。やはり同じ神戸での活動といっても、時期や仕事の内容によって全然違う光景があったということをみんな実感できたのであった。

これで体験の相対化はできた。後は今後に活かすためのデータをとらせてもらうことである。簡単なアンケートを用意して、参加者に回答してもらった。会の感想と、自身の活動についてのアンケートである。「神戸に行ったきっかけ」「活動内容」などを聞いた上で、神戸で活動して「良かった点」「残念だった点」を参加者に自由に書いてもらったのである。もちろん、一人ひとりにインタビューする方が質のいいデータがとれたかもしれないが、会そのものによって体験の記憶も活性化されていただろうから、あまり問題はなかったのではないかと思う。

さて、このデータをどうするか。一人ひとりが書いたことは、本当に多岐にわたっている。これを単に並べただけではちょっと芸がない。多くの研究や報告書では自由回答のデータをもてあますことが多い。回答の単なる羅列に終わっているのである。「まあ、いろいろあるね」で終わってしまいかねない。

ここで力を発揮するのがKJ法である。人類学者・川喜田二郎が生み出した質的データ分析法の王様である。技法についての細かい点は川喜田（1967）などを参照されたい。
　この研究では、KJ法に準拠して、自由回答を1つずつカードに書き、似ている内容をまとめあげるという作業を行った。ここで大事なことは、回答を「分類」しているのではないということである。基準や分類枠を設定した上でデータを分類するのではなく、データの内容から結果的に分類枠を作り上げるのである。たたき上げ式、ボトムアップ的なデータ処理の方法だということが理解してもらえれば嬉しい。結果は図5-4のとおりである。
　「良かった点」のトップには「人との交流」があげられていた。さまざまな事情で神戸に出かけた人たちが、活動自体よりも人との交流というある意味では付随的な点に意義を見いだしていることは、今後のボランティア活動のあり方を考える上で興味深い。なお、「良かった点」の中心は「活動が役立ったことの満足」であり、それが「地元でのボランティア活動」や「日常生活への反省」にもつながっていくものであった。
　「残念だった点」のトップに「活動自体の問題」が多くあげられていたことからすると、福島から出かけていった人たちが必ずしも満足のいく活動をしていたわけではないことが分かる。それは「社会体制の不備」や「現地での情報不足」などによるものであり、また、現地の人びとに怒られたり、他の活動をしている人たちとのトラブルなどによって活動が妨げられたとする人たちもいた。これらの点を整理することが今後のために必要であろう。
　今回の技法では、フォーラムを開催して参加者を募り、その参加者たちに感受主体になってもらい、違和感を感じたところを自由に書いてもらった点が第一の特徴である。そして、データ分析にあたっては、当人たちではなく、研究者がKJ法を行った点が特徴である。参加者にしてもらってもよかったのだが、時間的な問題もあって研究者側がやることになった。利点は研究者が行うことで後の考察などにもつながりやすいことであり、欠点は「学者的」発想からデータをまとめてしまったかもしれないことである。

5章　心理学で何ができるか

大阪はにぎやか
↕
現実を知れた　1-3
現地を知った

現地の人の仕事の姿
人と交流できた　1-2
現地の人との交流
多くの人々との交流
ボラ同士の出会い交流

役立って満足　1-1
自分の活動が役立った
自分が満足

一般的な問題を考える
生活を反省する　1-4
日頃の仕事・活動の反省

ボランティアを考える　1-5
ボランティアのあり方を考えた → 地元でのボランティアについて

福島の人は無関心　2-5
↕
活動自体ができない　2-6
適切な時期に活動ができなかった
避難所から追い出された

必要な社会体制の不備　2-3
医・食・住の不備

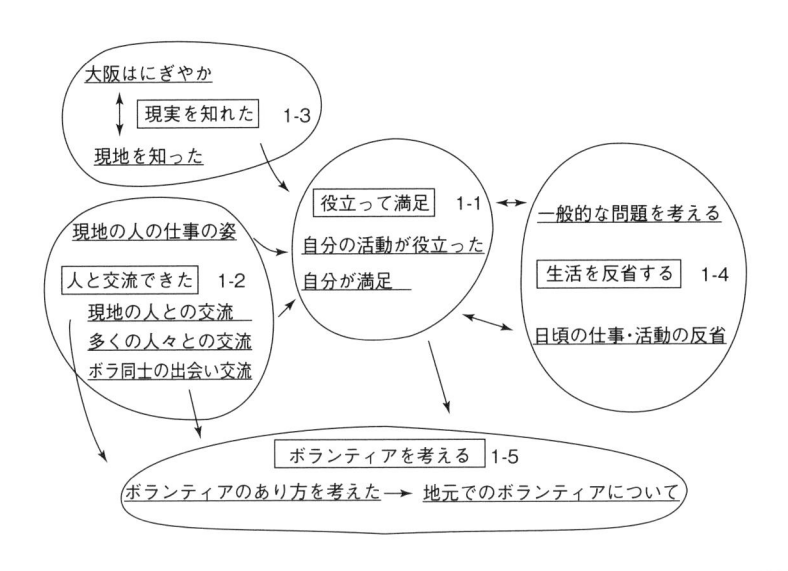

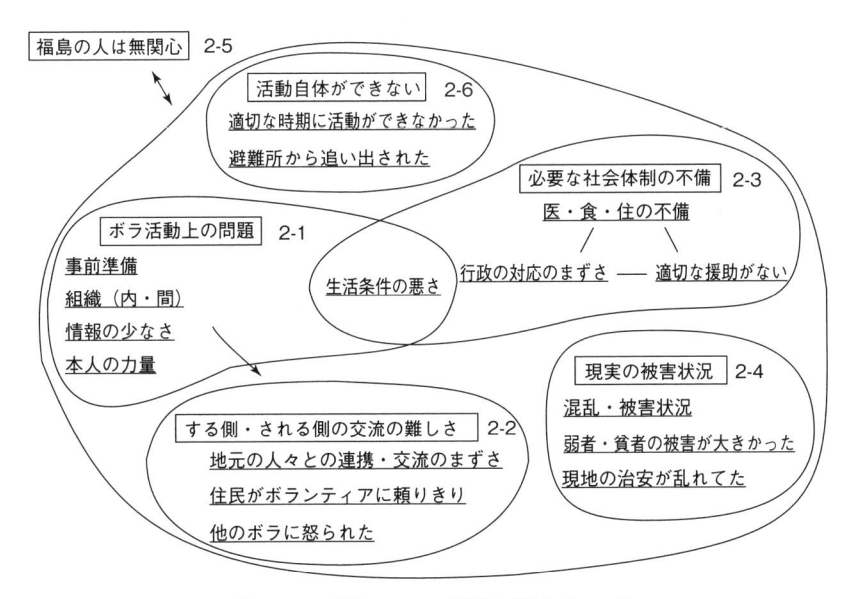

ボラ活動上の問題　2-1
事前準備
組織（内・間）
情報の少なさ
本人の力量

生活条件の悪さ

行政の対応のまずさ ── 適切な援助がない

現実の被害状況　2-4
混乱・被害状況
弱者・貧者の被害が大きかった
現地の治安が乱れてた

する側・される側の交流の難しさ　2-2
地元の人々との連携・交流のまずさ
住民がボランティアに頼りきり
他のボラに怒られた

図5-4　ボランティア活動に関するKJ法
上段は「良かった点」、下段は「残念だった点」

6-3　看護実習生の違和感

　ボランティアの事例は少し大がかりすぎたかもしれない。次は看護学生を対象に計画中のアイディアをごく簡単に紹介したい。「看護学校の学生は、病院実習で何に違和感を感じるか？」である。
　看護学校の学生には実習がある。しかも実習は一度きりではなく、何度も繰り返される。その過程で学生たちは実際的な技術をつけて、医療のプロとして卒業していくのである。ここで注目するのは「初めての実習」である。
　当然、1回目の実習というのは存在し、それはこれから続く医療プロとしての第一歩として位置づけられる。だが、それをちょっとずらして考えると「素人が医療現場と初めて接する体験」と捉えることができる。1回目の実習をする時の学生は、もちろん授業は始まっているが、医療者というよりは患者に近い立場の人間である。そこで、実習の際に感じた違和感を書いてもらうならば、それは看護システムの矛盾を切り取ってくれるものになる。そして、看護に限らず大学というシステム、合同コンパというシステムなど、あらゆる初心者の初参加体験の理解に有効なのではないかと思われる。アイディア次第でいくらでもおもしろい研究ができそうだ。[6]

6-4　違和感分析の実例 —— まとめ

　違和感分析という発想は、今後さらに十分な方法論的論議が必要だと思われるが、自分が生活上で感じた疑問を研究してよいし、それこそが本当に意味のあることなのだということを訴えるために、とりあえず実践例をいくつか紹介してみた。自分が感じている疑問をキーにして研究してもいいではないか、という雰囲気が伝われば幸いである。
　あまりに「主観的」な技法ではないかと思った人もいるかもしれない。しかし、この分析におけるデータの取り方やまとめ方の特徴は、主観的とか客

観的ということを超越したところにある。現実と格闘し、データと格闘する中で考察を進めていくような方法なのであって、感受主体たるデータの提供者も考察をする研究者も、ともに研究の一部になっているのである。

十分な理論武装が行えていないことは明らかであるが、今後の展開に力を貸していただきたい。

7　まとめ

まとめとして、まずは1冊の本を紹介しよう。シーガル他著『比較文化心理学（上）』である。この本は、地球規模の交流が進んでいる人間行動について、それを理解する枠組みを提供しようとするもので、副題の「人間行動のグローバル・パースペクティブ」が示すようにきわめて壮大な構想が語られている。すべてのページに研究のためのさまざまなヒントが隠されている楽しい本である。しかし、ここで紹介したいのは内容よりも訳者のあとがきである。訳者のひとり田中國夫先生によるものだが、すごくおもしろい。そのあとがきには、ご自身の苦い研究体験が書かれている。先生は終戦後、態度尺度（サーストンたちのものなど）を取り寄せ翻訳をして、態度測定研究に取り組んでおられた。しかし、その後実際にアメリカで生活してみると、この技法自体、実は「I」がしっかりしているアメリカ人にとってのみ適切だったことが分かったというのである。そして、海外の話題が台風のようにわが国の心理学界を襲っては消えていったということに筆を進める。ここであげられている台風にはゲシュタルト台風、ニュールック台風、援助行動台風、などがある。そして、これらの台風が、現在の日本のさまざまな状況や現象を解明できるか、と問う。

これは反語だから、もちろん答えはノーである。そして、わが国のことを研究するには独自の理論モデルがあってもいいのではないかと力説しておられる。そして海外の研究動向を下絵にして追試を行うような研究スタイルを

「ぬり絵」的研究であると指摘している。下の絵はすでに外国で書かれていて、日本ではそこからはみ出さないように色を塗ることが大事なのである。「ぬり絵」的研究優先主義をうち崩すことが必要だという先生の主張に対して、本章はひとつのサポートを与えるものだと密かに自負している。自分の発想で研究しようということにすぎないのではあるが。

注

[1] 実証とは何かについて心理学的研究との関連で書かれたものに、三井（1994）がある。この本にはいろいろとおもしろいエピソードがあって考えながら読み進めることができる。とはいえ、一人で読み進めるのはシンドイだろうから、関心のある仲間と輪読するのがお薦めである。

[2] W・ヴントは、決して実験によってのみ心理学が行われると考えていたわけではない。現場的な研究をも志向していたのである。
「略　しかしすべての心理学を実験心理学と名づけるのであれば、それは確かに誤った命名である。なぜなら、実験では事柄の本性に接近しえぬ領域もあるからである。それに該当するのがまず思考の発達であり、ついでそれに関連する一連の発達問題、たとえば芸術的想像・神話・宗教・慣習などの発達問題である。」H・トーメ『心理学と社会』（石田幸平訳，新曜社）による引用。
だが、おそらくここで重要なことは、ヴントがそう考えていたことではなく、むしろ、その後の心理学者がヴントの志向を受け継がなかったことである。

[3] 臨床心理学のケース研究も、個人を勝手に解釈しても仕方ないではないか、等々いろいろ言われていたが（実際そういう部分はあったのだが）、普通の人間では見過ごしてしまいがちなさまざまな部分に敏感に反応していたと考えれば、そこで得られた知見は少なからぬ意味をもつはずである。
ただし、臨床心理学の適用を間違ってしまった例もある。臨床心理学（や精神病理学）的な問題を抱えている人は、システム的にではなく個人的に問題を抱えている場合があるということである。たとえば多くの人は状況に応じて行動を変えていくことができるのに、それがしにくい人たちが存在する。周りの人は「杓子定規だ」と言って迷惑がることになり、それが元で人付き合いがますますなくなるということがある。臨床心理学の研究者たちは目の前にきた少数の人たちの行動パターンから、性格という概念を作り上げてしまった。本当は目の前にいない多くの人たちのことも考えなければいけないのに、である（性格心理学の問題については、9章で取り上げる）。
少ない人間を対象にした研究では、このような過ちは学問レベルでも起きている。したがって、個人について研究する時は注意するにこしたことはない。

[4] 佐藤（1992）は、『ワードマップ　フィールドワーク』という著書の中で、フィールドワーカーはプロの異人（ストレンジャー）であると喝破しているが、そのような姿勢に近いものがある。

[5] アイデンティティなどの概念を創案したエリクソンは、「私にできることは、ものの見方を呈示すること以外にない」ということを述べている（やまだ, 1996参

照)。
　筆者自身が概念化した問題に「ブラッドタイプ・ハラスメント」というものがある。評判のほどはともあれ、この概念化によって血液型ブームの落とし穴についてかなり明確に認識することが可能になったと考えている。詳しくは佐藤（1994）参照。

[6]　偉そうなことをさんざん書いているが、「初めての××」を違和感分析に使おうというアイディアは、基本的に清矢良崇『人間形成のエスノメソドロジー』（東洋館出版社）から得た。この書の中には「初期テスト経験」という研究がある。そこでは子どもが小学校に入学してから一番最初に受けるテストについて教師の説明や子どもたちの様子などが分析されていて、その視点に本当に感心した。

6章
現場に居ながらにして現場に入り込む方法としての違和感分析

　どこか日常生活とは異なる場所に行って調べるということこそ、現場(フィールド)心理学の典型かもしれない。しかし、よくよく考えてみると、私たちは、いつもどこかの場所にいる。そこで何かをしている。何かを感じている。だから、生活の場や実践の場それ自体を「現場」として考えることもできるはずである。

　しかし、自分が生活している場を研究対象にすることはかなり難しい。何かをやりながら、そのことについて、考え、レポート・論文を書くなどというのは至難の技である。

1　資格と現場と実践と研究と

　最近、心理学に関する資格がいくつもでき始めている。そのこと自体の是非は今は問わない。だが「資格の更新」ということが問題になっていることは興味をひく。一度与えられた「お免状」を後生大事にもっている「ペーパードライバー」みたいな姿勢ではダメで、常に資格を用いた実践を行い、さらにそれに関する技量を日々磨き続けることが求められている。

　ここでは、比較的しっかりした資格規定を設けて活動している「臨床心理士」という資格を例にとって考えてみたい（日本臨床心理士資格認定協会『臨床心理士になるために』を参考にした）。

　大ざっぱに言えば、臨床心理士資格では5年ごとに研究・研修のチェック

がある。研究会・研修会への参加は1回x点、論文執筆は1本でy点、学会発表はz点というようになっていて、これらの総点を加算して一定点数にならなければ更新できない。

さて、ここで特に問題にしたいのは、論文を書くという行為のことである。臨床心理士といってもいろいろな人がいる。その中で、論文の位置づけは当然異なる。たとえば、病院で働いている臨床心理士にとって、日々の臨床心理実践を反省的に捉えて論文にするのは、かなり難しいだろう。大学教員などをやっている人はそれを「甘え」と言うかもしれない。しかし、そんなことはない。少し、視点を変えてみよう。

臨床心理学に限らず、大学教員が日々やっていることは何だろうか？　研究だけということはない。教育（公開講座のような社会的サービスも含む）もやり、そして大学行政（運営）のこともやらなければいけない。つまり、大学教員の「実践」は、研究、教育、行政、の3つである。今、仮に大学教員資格というのを作って「実践に関する論文を書く」ことや「大学教員としての実践に関する学会に出席して研鑽する」ことを求められたらどうだろう？かなり大変だという気がする。そんな資格は作れないだろうが、作れたとしても絶対不満が出る。「ただでさえ忙しいのに、なんでそんなことしなければいけないのか？」と。

大学院生も研究だけが実践なのではないという意味では同様だ。大学院生の実践は、授業に出て学ぶこと、研究すること、そして多くの院生にとっては生計をたてること、であるといえるが、たとえば臨床心理学を学んでいる院生が、自分がどのように臨床心理士になる訓練を受けているのかということについての実践論文を書かなければいけないとしたらどうだろう？　これは本当に大変なことだと想像できるのではないだろうか。

ついでに、本を編集する人に、書籍編集士という資格ができて、「本を作る過程」について論文を書かなければいけないとすれば、どうだろうか？本を読む人も同様に、読書士という資格ができて読むことについて論文を書かなければいけないとなったら、それは大変なことだと実感できるだろう。

新曜社 新刊の御案内

Dec.2012〜Feb.2013

■新刊 ─────────────────

ロイック・ヴァカン／田中研之輔・倉島 哲・石岡丈昇 訳
ボディ&ソウル ある社会学者のボクシング・エスノグラフィー

言語化されない肉体的な実践の世界はいかにして記述可能か。寂れた黒人ゲットー地区ボクシングジムから，自らの身体を道具として駆使する新たな社会学に挑む。ボクサーの日常感覚を味わい，胸を躍らせる傑作ボクシングエスノグラフィー。

四六判 424 頁／本体 4300 円＋税

ジェレミー・テイラー／鈴木光太郎 訳
われらはチンパンジーにあらず ヒト遺伝子の探求

ヒトとチンパンジーは遺伝子コードが 1.6％違うだけ。だからチンパンジーはほとんどヒトである？ だが，外見も行動も知性もまったく違う。それはなぜか。ゲノム科学・脳科学・認知科学はこの謎をどう解き明かすのか。

四六判 424 頁／本体 4200 円＋税

P.サガード／無藤 隆 監訳／松井由佳・松井愛奈 訳
脳科学革命 脳と人生の意味

脳科学の進歩は，人々の考え方に革命的な変化を起こしている。それは世界の認識にどのような変化をもたらすのか。生きることの意味や価値とどうかかわるのか。当代きっての認知科学者による，同時代人へのメッセージ。

四六判 424 頁／本体 4200 円＋税

最近の書評・記事から

佐藤卓己・渡辺靖・柴内康文編
『ソフト・パワーのメディア文化政策』
●日本経済新聞 2012年12月9日

「国際政治の観点から論じられることが多いテーマだが,本書ではメディア史や文化人類学などの研究者が欧米諸国や日本のメディア戦略の歴史を概説する。」

浅野光紀『非合理性の哲学』
●毎日新聞 2012年12月9日(村上陽一郎氏)

「……本書は,まさしく,人間の内面と外面との間の関係,とりわけ,その間に生じる食い違いを,主題として取り上げています。」

杉本章吾『岡崎京子論』
●日本経済新聞 2012年12月23日(倉持佳代子氏)

「……そこに生きる少女・女性達を,アイロニカルに,だけど決して批判的ではなく,相対的な眼差しで岡崎は描いていた。著者の読み解きは,作品にあらたな見方を与えてくれた。」ほか,「山梨日日新聞」「北日本新聞」「高知新聞」「下野新聞」(2012年12月2日)など。

根ヶ山光一『アロマザリングの島の子どもたち』
●週刊文春 2013年1月24日号(酒井順子氏)

「発達行動学の研究者である著者は,かつて日本一出生率が高かった,沖縄の多良間島でフィールドワークを行い,多良間の出生率の高さは,母親だけで育児を背負い込まないところにあるのでは,と見る。」ほか,「クーヨン」(2013年3月号)など。

相沢直樹『甦る『ゴンドラの唄』』
●週刊ポスト 2013年2月1日号(川本三郎氏)

「「恋せよ」とあるように恋愛賛歌。同時に,人間の命には限りがあるのだから生きているいまを大事にせよという生の賛歌にもなっている。この指摘が面白い。」ほか,「日本経済新聞」2013年1月6日,「東奥日報」2013年1月27日,「沖縄タイムス」2013年1月26日など。

- ●小社の出版物は全国の有力書店に常備されております。
- ●小社に直接御注文下さる場合は,書名・冊数を御明記のうえ,定価総額を前金でお送り下さい。御送金には郵便振替がもっとも確実で御便利です。振替番号は下記をごらん下さい。
- ●落丁本,乱丁本はお取替えいたします。お買求めの書店にお申出下さるか,直接小社あてお送り下さい。郵送料は御返却申上げます。

新曜社
株式会社 新曜社

〒101-0051 東京都千代田区神田神保町2-10
電話(03)3264-4973・振替00120-5-108464
Fax(03)3239-2958
http://www.shin-yo-sha.co.jp/

6章 現場に居ながらにして現場に入り込む方法としての違和感分析

実際に、一生懸命やっていることについて論文を書くのは難しいのだ。
　自分が生活している場を対象にして研究していくということは難しい。現場(フィールド)とは何かということに関して箕浦（1999）は「人（person）が、何らかの活動（activity）をやっている場所（place）」であって、どこを選んでもよいと述べているが、一般的には「自分の日常生活からかけ離れているフィールド」の方が研究しやすいと述べている。「自他の違いが意識されやすく記録もとりやすい」からだという。
　だが、このような発想とは逆に、日常生活に焦点をあてて研究するような方法論が整備され、技術が開発されてもいいのではないか。
　これを可能にするのが違和感分析である。

2　エスノメソドロジーに学ぶ

　さて、本章のタイトルは「現場に居ながらにして現場に入り込む方法としての違和感分析」である。つまり、現場に「居る」ということと、そこに「入り込む」ことは違うということである。自分が普段生活している場所とは異なる場所に行く場合には、そこに行ってその場に「居ること」自体が「入り込む」ことになる（もし居ることができれば、という前提がつくが）。しかし、自分が生活している場、自分が実践している場を「現場」に見立てて「入り込む」には、多少工夫が必要になる。
　ここで参考になるのが、エスノメソドロジーの方法論である。
　エスノメソドロジーというのは、社会学者パーソンズの弟子にして現象学者シュッツのもとで研究したこともあるというガーフィンケルが創始した学範(ディシプリン)であるが、その目的は「人びと（エスノ）」が日常的に用いている「方法（メソッド）」について明らかにする、というものであった。彼が卓抜だったのはその目的だけにあったわけではない。研究方法でも新しいことを考え出した。その1つが会話分析であり、もう1つが違背実験である。

この2つが統合された研究例を紹介すると、たとえば、「How are you？」という挨拶に対して「What's HOW」と聞き返すというものがある。このように返されると、最初に「How are you？」と言った人は困惑する。怒る人もいる。「How are you？」に対しては「I'm fine」という決まり文句が返ってくるはずなのに、それが返ってこない。期待と異なる反応が返ってくる。その時人はどうするか？　そこから、日常の「人びとの方法（エスノメソッド）」を明らかにしようとしたのが、ガーフィンケルの一つの眼目だったと私は考えている。

　違背実験。人の期待に背く行為をする実験は、確かに有効な方法である。実験というのはそれがきっちりとハマれば気持ちいい。しかし、心理学が対象とするような現象では、実験ができないことがある。むしろできないものが多い。研究のためとはいえども人びとが怒りだしかねないことをしたり、ましてや外部から力を加えることには倫理的問題が入り込むし、実際問題として不可能である場合が多い。

　違背実験ということの方法論的意義を認めた上で、具体的な「技術」としては他のやり方を考える必要があるだろう（方法と技術の違いについてはサトウ・渡邊・尾見, 2000 参照）。

　では、どうすればいいだろうか？　ここで着目したいのが個人の感情、特に違和感という感情である。私たちは人や環境事態からいろいろな情報を受け、それに対して反応している。行動する時もあるし、行動は起こさないけれど感情が動いたりする。行動まではいたらないけれど、嬉しかったり嫌だったりという感情は常に経験していると言えるのではないかと思う。

　感情には2種類ある。「向かう感情」と「される感情」である。英語で言うと Emotion と Affection である。Emotion の E には「向かう」という意味がある。つまり、motion に向かうような感情のことであり、日本語だと情動と訳される。一方、Affect というのは「影響を受ける」というような意味であるから、「される」感情というのにふさわしい。訳だと感情ということになる。行動分析学者スキナーは、行動を、反射的なものと自発的なも

のに分けることを提唱し、オペラント条件づけの理論を発展させた。それと同じように、感情も「向かう」感情と「される」感情に分けよう。だが、スキナーと違って、ここでは「自発的」な部分ではなく、むしろ「受け身的」な部分に着目することになる。

　私たちは、何かをされた時、何かが起きた時、何かを思う。その思いに着目してみよう。Emotion ではなく、Affection に着目したいということである。

　感情というのは、たとえて見れば「摩擦熱」のようなものである。表面がギザギザしていれば摩擦が生じて熱が発する。すべすべだと熱も発しない。熱が発するということは何かと何かがぶつかっているということだから、そこから何かが見つかるかもしれない。

　ここで、違和感を感じている一人ひとりの人のことを感受主体と呼ぶことにする。いらいらしたり不満に思っている受け身的存在なのではなく、何かを感受している能動的な存在だということを強調するためである。多くの感受主体たちが発している「摩擦熱」は、私たちと社会、制度、状況との間に発したものであり、そこに着目することで、あたかも異文化に入り込んで記録を行うフィールドワークのような成果が得られるのではないだろうか。

　以下で、違和感分析の具体的なやり方に進んでいこう。

3　憤慨やとまどいを違和感分析へ

　5章ではマイコの違和感に発した卒論研究について紹介したが、ここでは、次の年の学生、ワカコの例を紹介しよう。

　ワカコは自分の中学生の時に感じた違和感を思い出して、それに焦点をあてた。教師から性的なことを言われたりしたという軽度なものではあるが、セクハラっぽい体験である。軽度とはいえ、その時に拒否したり抗議したりできたかといえばそれは「NO」であるという自分自身の経験から出発して、

その問題意識を広げていった。

　これもまた、生活場面を「現場」として扱わざるをえない例であり、扱いが難しい。決して実験などができることではないし、面接などをすることも学生の力量では難しい。

　そこで、マイコ先輩の卒業論文（高橋, 1997；本書５章６節）も参考にして、ワカコもまた調査を行うことにした。小中高大学、塾や自動車学校などの生徒・学生時代に「先生にされて嫌だったこと、不快な思いをした経験」を尋ねることにしたのである。また、「その時の感情」「その時に自分で行った対処」についても尋ねた。また、最後に「先生との良い思い出」について書いてもらうことも行った。

　大学生141名（男性46、女性95）に回答を求めたところ、136の回答が収集された。複数回答を認めているとはいえ、ほとんどの大学生が過去において

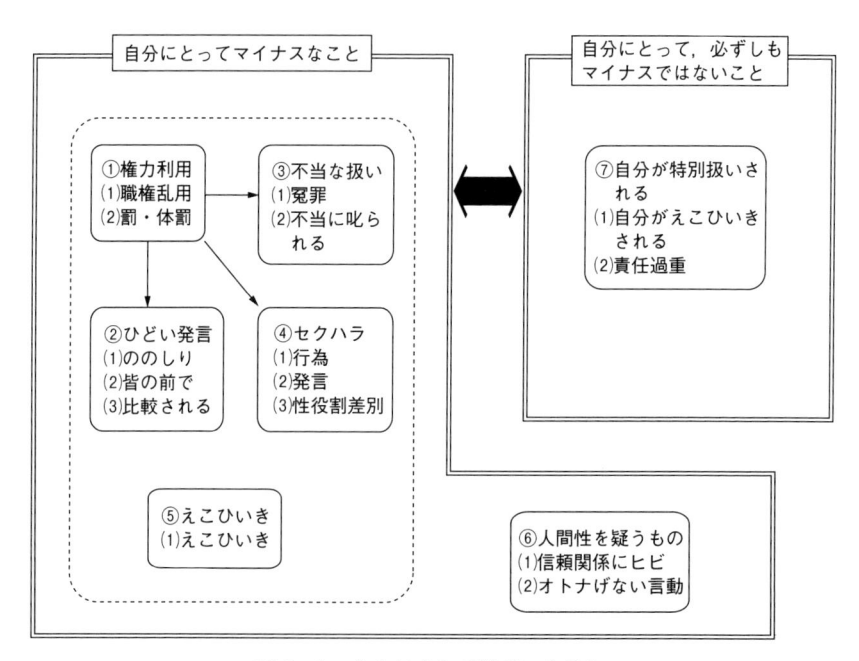

自分にとってマイナスなこと

①権力利用
(1)職権乱用
(2)罰・体罰

③不当な扱い
(1)冤罪
(2)不当に叱られる

②ひどい発言
(1)ののしり
(2)皆の前で
(3)比較される

④セクハラ
(1)行為
(2)発言
(3)性役割差別

⑤えこひいき
(1)えこひいき

自分にとって, 必ずしもマイナスではないこと

⑦自分が特別扱いされる
(1)自分がえこひいきされる
(2)責任過重

⑥人間性を疑うもの
(1)信頼関係にヒビ
(2)オトナゲない言動

図６-１　先生にされて嫌だったこと

不快な経験をしていたことが分かる。このデータもまた、KJ法に準拠してまとめていった（図6-1）。
　さて、次にそのような事態が起きた時の感情である。感情についても、1枚1枚のカードをまとめあげていくというKJ法的な手法によって整理を行った。下ページの図を見ると分かるように、個々の回答は決して時間的経緯について語っていないのであるが、全体をまとめてそこに解釈を施すことで、スクールハラスメント的事態における感情の流れを仮説的に構成することができる。ここが一番大事なところなので繰り返そう。
　一人ひとりの回答はわずかなことしか書かれていなくても、多くの人の回答をまとめることで、その現象についてのプロセス（過程）を知ることができるのがKJ法の強みである。[1]
　スクールハラスメントのような現象は、それを実験的に引き起こして被験者の感情を検討するということは倫理的にできない。今回のようなデータ収集と整理によって、スクールハラスメントにおける感情の流れを、仮説的だとはいえ、私たちは理解することが可能になるのである（図6-2）。
　ワカコはこのようにして、スクールハラスメントについて理解を深めていった（佐藤, 1999も参照）。しかし、彼女の論文で重要なのは、その最後に彼女なりのスクールハラスメント概念が定義されていることである。

> スクールハラスメントとは、教師が、逆らえない立場にある学生・生徒に対し、意図する・しないにかかわりなく、教師という立場を利用して、差別的または不当な言動を行うこと。また、そのことによって、生徒に不快感などのマイナスの感情をもたらし、教育環境や生徒自身に悪影響を与えることである。

　この定義を作ったことに関して彼女は論文のあとがきで、「調査を通して、スクハラについてまとめているうちに、当初は無理だと思っていたスクハラの定義作りが自然とできたことは喜ばしいことである」（矢内, 1998）と述べ

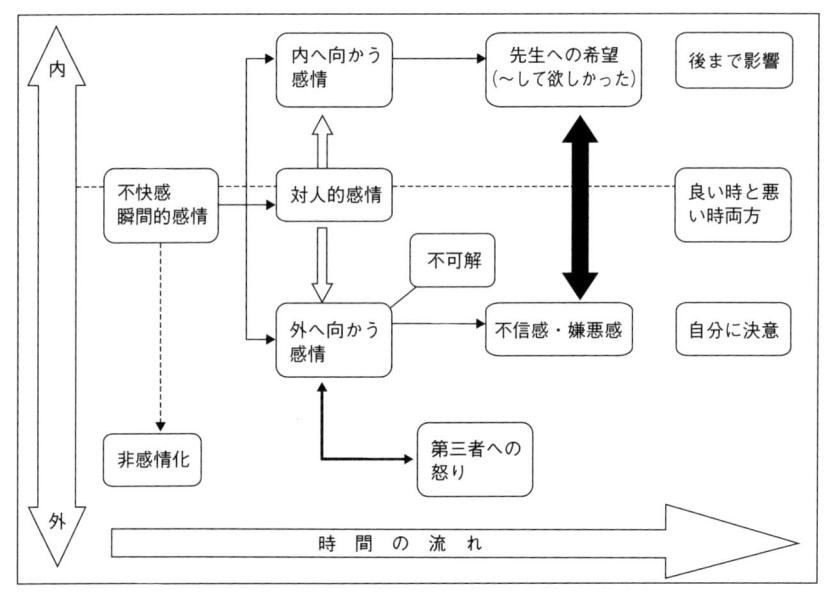

図6-2　嫌なことをされた時の気持ち

ている。この定義が世の中全体に拡がっていくかといえばそうとは言えない部分もある。だが、問題設定から始めて、それについて辞書的な定義を調べ、さらにそれを操作的定義に書き換えて、「測定」可能な定義を用いて研究を行うというスタイルとは明らかに逆のスタイルであり、まさに現場から立ち上がった定義であると言える。最初は分からなかったものが、自分の作業の結果としてだんだん分かってくる。このプロセスが大事であり、こうしたプロセスの結果生成された定義を、私は現場的定義と名づけたい。

4　現場的定義と感受概念

　定義とは「＊＊は××である」というような論述であり、これがなければ学問はおろか、日常生活も成り立たない。「リンゴ」というものの定義が人

によってバラバラであるような事態を考えてみれば、このことは自明である。しかし、ここでは定義が1つであることが大事なのではなく、それを自分で作っていく考えていくことが大事だと強調したい。

　そして、そのための方法として違和感分析はある。つまり、(自分を含めて)日常生活において感受主体たる人びとが感じた違和感を集積して概念化することを通じて、対象となる現象についての新しい概念を定義していく必要があると思われるのだ(図6-3)。

　現場的定義とは、調査や作業の結果として現れる定義であり、その研究を始める前には曖昧にしか分からなかったものである。

　一種の感受概念と言ってもよい。感受概念とは、その概念があることによって現象がすっきりと見渡せるようになるような概念である。私たちは、望遠鏡を使って遠くのものをくっきり見たい時があるし、虫メガネを使って小さいものを見たい時もある。用途に応じて、異なるレンズを使っていろいろなものを見ているのだ。それと同じように、社会現象や生活についても、複数の道具(レンズ)をもっていてもよいのではないだろうか。それが、私たち一人ひとりが作る感受概念ということになる。

　やまだ(1995)によれば、アイデンティティ理論などで名高い心理学者エリクソンは「私に提供できるのはものの見方以外にないのである」と述べているという。

　心理学という学問は幅広い分野であるから、何かを発見したり発明することで学問の進展を図ったり世の中に貢献することもできる。だが、それ以上に、生活における対人行動などについて、新しい概念を作ることで貢献する

```
┌─────────────────────────────┐
│  辞書的定義 ←→ 現場的定義   │
└─────────────────────────────┘
```

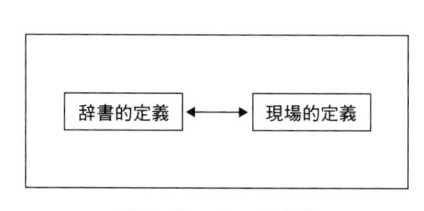

図6-3　2つの定義

道があってもよい。

　栗原（1988）によれば、ガーフィンケルは「革命を起こそうとすれば、物事をどのように見えるかを組み替えればよい。一つには、あるカテゴリーによって自分たち自身の見方を確立し、他者に対してそのカテゴリーを通して自分たちを見るようにし向けることである」と述べているという。革命というのはいかにもモノモノしくて心理学者向けではないとは思うが、研究するということは、結局はそういうことなのかもしれない。政治的な革命ではないにしても、生活の見方を変えていく革命である。

　日常生活での疑問をまとめていくことは、大きく言えば生活の改革につながることであり、違和感分析という心理学的手法はそのための有効な手段なのではないだろうか。また、実践をしている人にとっては、自分の実践の中の疑問や違和感を蓄積することは、とりもなおさず実践を反省的に捉えることにつながるし、それが論文化されるなら、知識の交換を容易にする有効な手段になりえるのではないだろうか。

5　まとめ

　本章は、心理学者としての筆者が感じている心理学関連資格への違和感を通じて、現場的であることについて考察し、それを違和感分析として体系化した上で、学生の指導を通じて得た事例について報告したものである。

　現場で実践活動をしている方々が、それぞれの疑問を学会発表や論文にまとめやすくしていく技法の整備がなければ、資格の更新は講習会の受動的な聴講を促すだけになってしまう。

　違和感分析が現場の知識を蓄積し、より良い実践を作っていくことを可能にする技法になってほしい。

6章　現場に居ながらにして現場に入り込む方法としての違和感分析

注

[1] この原稿を執筆した時点では、KJ法はプロセスを知ることができる、と書いている。しかし、今（2013年）なら、「プロセスを対象にすることにより、プロセスの構造を知ることができる」のがKJ法だ、ということになる。TEMとの比較でKJ法やGTAは「プロセスではなくプロセスの構造を描き出すものだ」という理解が深まったからである。

　プロセスを描くにはTEMの方がふさわしいのだが、このことはTEMがKJ法より優れていることを示すわけではない。

7章
文化心理学からみた現場を伝える いくつかの工夫
── セラピーの現場を考える

　本章では、現場の力を生かす一つの方法として、論文による発信を中心に取り上げ、それを促したり妨げたりする要因を考えていく。また、実践を論文に取り上げる際の有力なツールとして、文化心理学 ── なかでも歴史性・時間性を重視する文化心理学 ── の立場から、いくつかの理論的方法論的提言を行う。

　まずはじめに、筆者のスタンスをいくつか紹介しておきたい。現場とは何か、といったこと自体が曖昧であるから、セラピーの現場と筆者の想定している現場とではズレがあると思われる。筆者は心理学に足場を起きつつ方法論に関心をもつ研究者であり、現場での出来事を論文でどう表現をするかに興味をもっている。したがって現場、現場と言いながらも ── また、現場と題する編著書などもあるわりには（やまだ・サトウ・南, 2001）──、ミクロな意味での現場感覚は乏しいと自覚している。筆者は「学会／界という社会」や「ある時期の日本社会」を一つの現場として考えて研究を行っているのである。たとえば、筆者は血液型性格関連説についての研究を行っているが（詫摩・佐藤, 1994；佐藤・渡邊, 1996）、その現場は現代日本社会なのである。最近ではさまざまな職業における人間関係（たとえば医師と患者）の水平的人間関係構築を妨げるものについて関心をもっている（佐藤, 2004；サトウ, 2006b）。

　筆者は自分自身の研究テーマを聞かれると「ホントっぽいウソの研究」と答えることがある。噂、血液型性格判断、目撃証言。こうしたものがその典型例であり、なぜこうした「ホントっぽいウソ」が広まるのかを検討してい

る。また、最大の「ホントっぽいウソ」は心理学と言うこともありえるので、心理学史の研究をやっているということになる。筆者に言わせれば、知能検査やIQ、性格概念なども「ホントっぽいウソ」とも言えるのである。こうした「ホントっぽいウソ」が地理的、時間的にどのように広がっていくのかを考えると、「普及」という概念になる。IQ批判についてはサトウ（2006a）を、心理学史についてはサトウ・高砂（2003）をそれぞれ参照されたい。

つまり、筆者の研究は社会現象に焦点をあてる方であり、その現象が起きている現場を研究するというスタイルとなる。しかし、筆者には筆者なりの現場意識があり、またそれを論文という形で伝えようという意識も強い。そして、それは辛く面倒なこともあり、理論武装や方法論整備が欠かせない。本章ではそうした試みを伝えることができればよいと考える。

1　実践活動と研究の二項対立を超えて

1-1　実践活動の論文化の重要性

「実践」と「研究」は両方必要なのだろうか。セラピーでは実践が大事であり研究は不要なのだろうか。筆者は、いわゆる実践家でない。心理学の方法論を教えるという実践をしているのだが、いわゆる「実践家」にはあてはまらない。そうした意味で立場の違いはあるのだが、セラピーのために研究が必要なのかと問えば、たぶん必要だろう。セラピー実践をしている人でも、まったく不要だと言う人はいないだろう。一つの理由として、社会に対する責任提示がある。セラピー実践のもとになる知識体系、あるいは訓練過程を支える知的営為について説明が必要になるのである。社会で必要とされればされるほど、いわゆる説明責任は大きくなってくるし、資格付与となればその責任はさらに大きくなる。そしてその際には研究成果の整理やその理論的なまとめという形で知を集積する必要がある、知識の体系化がなければセラ

ピー実践全体への信用性は低下する。また体系化があるからこそ、安心して次世代の人たちに技術を伝えやすくなるわけで、すべてを実践現場だけで伝達するという親方－徒弟的な関係はセラピー実践の習得にはなじまないだろう。看護実習でも教育実習でも、訓練過程が実習だけということはない。特に初期の段階では座学として知識を机上で学ぶことの方が多いとさえ言える。このように考えれば、教えられるべき知識が蓄えられる必要があることは見やすい。そして、これらの知識は単なる経験談であってはならず、研究成果を積み上げ、理論化していくことが求められているのである。

　さて、実践に必要な知識はどのように伝わるのだろうか。正式な訓練カリキュラム以外にも多数あることが分かる。その伝わる道筋をチャネルと呼ぶなら、チャネルは複数存在する。単行本、学会誌、こうしたものが最も権威あるチャネルということになる。学会大会や各種研究会もある。事例研究の場合、ケースカンファレンスもある。ちなみに、学会や研究会やケースカンファレンスが公的チャネルであるのに対し、その後に軽く一杯やりながら話をする、などということになれば、それは私的チャネルである。学会や研究会は「一対多」のコミュニケーションであるのに対し、その後の飲食の会は「多対多」のコミュニケーションとなる。私見ではあるが、「ちょいと一杯やりながら・・・」という場を侮るのはよくない。私的チャネルだからこそ伝わるような情報も少なくない。たとえば、事例性が高い経験談のような知識は私的なチャネルによって伝達されることが多いのではないか。実践や研究のちょっとしたコツなどは、学会誌などのチャネルで情報交換がなされておらず、私的な情報交換が重要となる。

　この場合、質のいい情報を得るには質のいいネットワークに加入している必要がある。学問に限らず情報はある種のネットワークの中で流れている。いいネットワークに参入するにはそれなりの資格が必要であるが、研究会や学会の懇親会などはそうした障壁を低くするから、参加することの意義は大きいはずである。

　さて、私的チャネルによる情報交換は、多くの場合その場限りで消えてい

く。誤解や曲解があるかもしれない。やはり紙で書かれたものが必要となる。現在では電子媒体も存在するとはいえ、活字になれば持ち運びが可能であり、しかも持ち運びによって意味が変わったりしない。どこで誰が読んでも文字が変化したりすることはない（なお、文脈を移動しても意味が変わらないことをデジタルと呼ぶなら、これもデジタルの一種である）。そして、学問の世界の中で最も良い情報の一つが、査読を受けて掲載された論文であろう。なお、査読は受けると大変だが、たとえ落ちたとしても論文に対するコメントをもらえるのだから論文は必ず良くなる（もちろん査読に受かって掲載される方が良いにきまっているのだが）。

　学会誌による情報が重視されているのは今述べたとおりだが、実践研究、特に事例研究は論文として評価されにくいという問題がある。そもそも実践に追われて論文を書く時間もない。個人的な感想だが、大学の教員層は現場の人の論文に冷たい。論文を書け、書けと迫り、書いたとしてもそれはレベルが低いと言わんばかりである。そんなことでいいのだろうか。

　そもそも自分がやっていることを論文にするというのはすごく難しいものである。たとえば、大学に勤務している研究者は教授会（もしくはその他の会議）の論文を書くことを考えてみてほしい。一説によると日本の大学・短大の教員は15万人と言われているし、教授会の開催数は学期中なら1ヵ月に2回くらいはあるから、年に20回はくだらないだろう。出席率2／3（！）として、150,000×20×2／3＝延べ200万人もの人が、それぞれの場所で教授会に出ていると考えられる。そして多くの場合、そこで問題を抱えている（教授会の褒め言葉を聞いたことなど誰もない）。しかし、教授会に関する論文は書かれたためしがない。自分が実践としてやっていることを書くことは難しいし、どこに投稿したらいいかも分からない。書くのが難しいうえに評価もされにくいのだったら、論文なんて書いていられないというのは当然である。だから、ここを変えていかなければならない。実践論文だからといって実践家だけで考えるのではなく、私たちのような質的研究者や方法論者とも連携していく必要があるのではないか。

1-2 実践と研究と —— 活動評価のためのモード論

　科学社会学的な議論を援用しつつ、評価ということを考えてみたい。私たちはどうしても研究と実践ということを考え、基礎と応用ということを考えてしまう。二分法の罠に自ら足を取られているのである。そこでそうした思考を打破するために（科学社会学における）モード論を援用したい（サトウ, 2001；佐藤, 2002）。モード論は科学社会学者のギボンスらによって提唱されたものであり、本来は自然科学や工学と社会の関係を考えるためのものであった（詳細は日本語で読めるギボンスの論考、Gibbons, Limonges, Nowotny, Schwartzman, Scott, & Trow, 1994や、解説論文、小林, 1996；佐藤, 1998, およびサトウ, 2012 を参照のこと）。本家の科学社会学ではすでに下火となっている議論であるとはいえ、人文社会科学と社会の関係を考えるためには今こそむしろ有用である。

　モード論では、研究と実践の二分法ではなく、すべてを知識生産活動と見なす。その上で知識生産活動に異なる２つのモードがあるとするのである。やはり二分法ではないかと思うかもしれないが、モードは性格や役割と異なり、華麗にチェンジしていけるものだと考えるのである（表7-1）。

　モードⅠは学範（ディシプリン）内の関心で活動が駆動されるようなもので「研究」と言われていたものであり、モードⅡは社会関心によって活動が駆動されるもので「実践」と呼ばれていたものである。前者は論文を読んで問題を見つけてその解を見つけようとするのに対し、後者は実際に起きている問題についての解を見つけようとしていくという違いがある。

　ここで２つのモードを直交する軸として考えてみよう。

表7-1　モード論における２つのモード

モードⅠ	学範関心駆動型
モードⅡ	社会関心駆動型

図7-1において、水平軸はモードⅠを表すことにする。軸が1つだけあると考える場合、AとCは良い評価を受けることになる。また、Bは良い評価とはなっていない。

　ところが、図7-2のように垂直の軸を立てることができるなら（モードⅡ）、図7-1で悪い評価を受けていたBは良い評価を受けることが可能となる。雑誌論文の査読を考えた時、心理学には心理学なりに論文の評価軸というのが形成されてきており、そうした評価が重視されることは否めない。しかし、評価軸が1つしかないことを常に前提にしてはならない。モードⅠだけではなくモードⅡというように評価軸を増やしてみることも試みられていいだろう。

　科学社会学の議論に境界画定作業という概念がある。学問の範囲は「確定」されているものではなく、「画定」するものなのである（藤垣, 2003参照）。ある学問の範囲は何らかの形で合意形成されていくし、時々刻々と変化していくものなのだが、その合意形成のアリーナもしくは「画定」の主戦場は学術誌であることが一般的である。モードⅠやモードⅡとは異なり量的研究と質的研究の相克の話だが、筆者は無藤隆・やまだようこ・麻生武・南博文の諸氏と共に『質的心理学研究』という雑誌を創刊した。これは（科学社会学的な観点から見ると）境界の画定を変更するために機能した例である。2002年3月に創刊号が出版され、大きな支持を受け1700部まで増刷された。これ

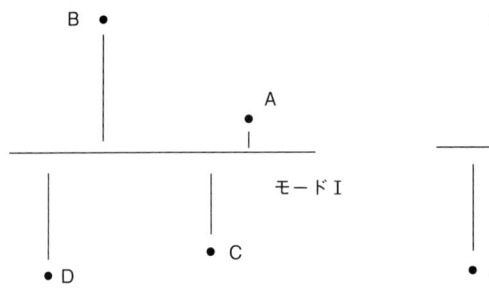

図7-1　1つの軸における評価 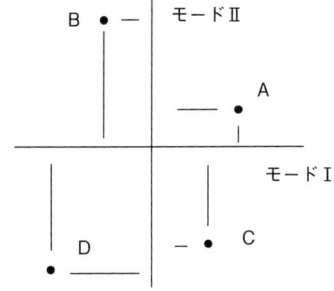　　図7-2　モードⅠとモードⅡという2つの軸

だけの支持を得たのはこうした雑誌を多くの方が待ち望んでいた証拠であり、日本質的心理学会の設立（2004）にまでつながっていった。なお、この雑誌への2005年度の投稿論文数は52件であり、実に会員の1割強が投稿をしていることが分かり、このことからもこの雑誌や学会に強いニーズがあったことが分かるのである。良い、悪い論争ではなくて、評価軸を立てる努力をする。恨み節ではなく、積極的に打って出るということが大事なのであり、その際にモード論の考え方は有効な戦略を教えてくれる。

2　対象選択の問題

2-1　事例の論文化とサンプリングの問題

　心理学において実践を論文化する時に、事例報告というスタイルを抜きに考えることはできない。そこで、実践と質的研究の話題の交錯点として、サンプリング、事例記述、モデルという視点から考えてみたい。これらは相互に絡みあっている話なのだが、まずサンプリングから考える。

　サンプリングとは抽出方法というのが本来の意味であり、抽出方法は多様である。しかし、心理学においてサンプリングとは特殊な意味──母集団からのサンプリング、特にランダムサンプリング──を付与されがちである。母集団からのランダムサンプリングを理想とするサンプリングの基本的考え方は、（研究者の扱う事例は）事例の理解のために重要なのではなく、母集団の情報を推定するためのものだということである（母集団は人間の母集団ではなく、対象とする情報に関する変数の母集団である）。母集団を理解するためには、抽出する事例数を多くして正確に推論しようということになるのは当然である。

　だが、こうした前提がすべての心理学研究にあてはまると考えるのは傲慢であろう。心理臨床分野における事例報告は、（多くの場合）当該事例につい

て考えをめぐらせ対処するためのものであって、必ずしも母集団の何かを推定するわけではないのである。

なお、母集団志向か当該事例志向か、という違いの他に注意すべき点として、事例を閉じたユニットとして考えてはならないということがある。事例を閉じたユニットとして考えると、普遍性志向の罠に取り込まれてしまうからである。

閉じたユニットとして考えるということは、セラピーを経験する個人を、人間の一個体にすぎないと考えることであり、他人と交換可能な存在として考えることにつながる。そして、母集団を想定できる、という考え方につながっていくのである。人間の存在をその文脈から切り離し、交換可能なユニットとして考えるのが量を求め量化を基本にした心理学研究であり、ランダムサンプリングを奉じる考え方なのである。

閉じたユニットの対となる概念は、オープンシステム（開放系）である。事例と呼ばれる個人は不断に外界との交渉を行っているという意味でオープンシステムである。セラピーでの経験もその交渉の中に含まれる。人間の生活には特殊性や個別性があり、ある一人の人間が他の人と交換可能であるとは考えられない。ある人の人生や相談過程は他の人とは異なることは言うまでもない。ところが、セラピー場面に来た、ということに焦点をあてるなら、他の事例と共通性が見えてくるかもしれない。共通性が見えるなら、そこに情報交換可能性や転用可能性が見えてくる。

2-2　対象の偏りという非難は常に正しいか？

人間についてその文脈や特殊性を考えないなら、研究者の扱う対象が大量に出現することになる。研究対象が大量に出現するなら、何らかの抽出も正当化される。そうなると、人間一般なるものを仮定したが故に、対象抽出の際には代表性が問われることになるし、結果の表示も代表値による記述が求められることになる。そこで、ランダムサンプリングとか、平均値の計算な

どということが必要になっていく。

　心理学でランダムサンプリングが必要なのは、実は、対象が一様ではないことを認めているからである。ランダムサンプリングを物理の人がやっているかというと、当たり前だがやっていない。「次の理科の実験は水の研究です。はい、ランダムサンプリングの手続き、あーインドになっちゃいました。〇〇くんはガンジス川の水を手に入れてきてください……」とはならない。物理実験の場合、対象が交換可能なユニットであるが故に、任意に対象を選んでもよいのである。

　ランダムサンプリングをしなければいけないとすれば、心理学とか社会学における環境や文脈の重要性を非常に強く示唆していると考えられるのではないだろうか。実際、ランダムサンプリングが重視されるのは社会調査に近い領域である。さらに言えば、サンプリングのバイアスを気をつける必要があるのは、何かを予測しようとする時であり、そうであるなら事例研究にサンプリングの偏りという非難をしても意味はない。

　ランダムサンプリングが無条件に悪いわけではない。一定の条件のもとではランダムサンプリングが理想である場合もありえる。しかし、人間がオープンシステム（開放系）のようなものであるとするなら、ランダムサンプリングは基本的に間違っている可能性もある。オープンシステムの逆はクローズドシステム（閉鎖系）であり、これは閉じたユニットのことである。たとえば人間を袋の中のサイコロやジャガイモのように考えてサンプリングできるとするなら、それは人間をクローズドシステムと考えていることである。

　オープンシステムは常に外界と交渉している（心理学的に言えば相互作用していると言ってもいい）。たとえば、光合成のようなものをイメージしてみればよい。枝に茂っている葉っぱというのは —— 指輪用に加工されたダイヤモンドのようにずっとその個体があり続けるのではなくて —— さまざまな活動を行っている。光を受けて、二酸化炭素を取り入れて酸素を出す。そういうことを行いつつ同一性を保っているのである。葉を枝から取ってしまえば、それは生きている葉ではなくなる。枝から落ちて枯れ葉になれば、外界との

交渉はせず朽ちていくだけとなる。人間も常に周りの環境の中で同一性を保っている。心理学的な言葉で言えば、相互作用をしているということになる。これは、家族療法などのシステムアプローチなどでは、馴染みのある考え方だろう。

　心理学の論文におけるサンプリング方法は多様であるべきだろう。私たちは、ランダムサンプリングを一つの理想型として考えすぎてはいないだろうか。事例研究における事例の選択も、さまざまなサンプリング（抽出）方法の一つだと考えるべきなのである。

　そして、サンプリングに偏りがあるという言説を無条件に受け入れるのはやめるべきなのである。そもそも偏りとは何なのか。たとえば知人を活用してはダメなのか？　たとえば、筆者はお小遣いの研究を行っているが、韓国で調査をしようとしたらまず仲間の研究者の知っている人に聞いて調査を始める（山本・髙橋・サトウ・片・呉・金・崔, 2003；Oh, Pian, Yamamoto, Takahashi, Sato, Takeo, Choi, & Kim, 2005）。また、セラピーなどの事例報告では、対象抽出が問題とされることがある。良い転帰を迎えた例だけを選ぶのは恣意的ではないか、ということである。しかし、セラピーの目的の一つがクライエントの状態改善にあるとするなら、モデルとして改善例を扱うのはある意味で自然であろう。複数事例の中から１つを選ぶとしても、事後的焦点法に基づく抽出、のような言い方ができると思われる。典型例選択が１人だと偏っていることになるのだろうか？

　そもそも母集団想定が偏りの源泉であることはすでに述べた。一事例の研究や報告において偏りを指摘されやすいがそれは正しいのか。図７-３において、中央の黒丸が事例だとしよう。報告者は多くの場合黒丸（事例）とその周囲との関わりや時間的経緯を報告しているはずである。つまり、事例は背景に時間経緯やさまざまな相互作用の束が隠れているものとして描かれ、理解されているのである。事例と呼ばれる個人は本来そういう存在である。しかし、ある種の人たちは、図７-３のように外周円（母集団）を設定して、「偏っているのではないか」と非難しがちなのであり、それがあつれきを引

き起こしている。これはたとえて言えば、地上に出ている大根の葉っぱだけを見ているようなものである。地下には大根が隠れている。抽出された事例には、時間の経緯があるのであり、そこを描くことが重要なのである。

さて、偏りがあるという批判はある意味で余計なお世話であろう。さらに事例を増やしたいなら、偏りをただしたいなら、偏っていると言う人自身がやればよいのである。偏っているということが分かる人がいるのであれば、「偏っていると指摘するアナタが他のサンプルについて研究をしてください」という話にしてもよいはずである。もちろん、実際には「偏っている」かどうかは分からないので、何らかの変数について母集団の母数（パラメータ）を推定するという立場からは、事例の少なさはそれだけで不安を喚起するのである。したがって、「事例が少数であり偏っているおそれがあるのではないか」というような指摘には、「このサンプリングは母数推定のためではなく、事例の理解のために行っており、この結果が何かを代表しているかどうかを直接問題にはしていません。もし有用な知見であれば、他の人によって転用されるでしょう」と答えればよいのかもしれない（この項の議論については本書3章も参照されたい）。

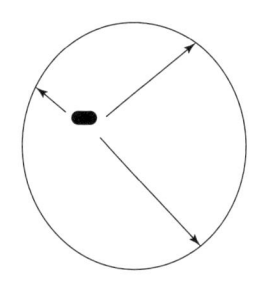

図7-3　事例の周りに設定された母集団

3　歴史的構造化サンプリングと複線径路等至性モデル

3-1　歴史的構造化サンプリングの可能性

では、母集団推定を前提とするようなランダムサンプリングに代わる方法は何かあるのだろうか。代替選択肢はあるのだろうか。筆者はクラーク大学

のヴァルシナー教授と共に、文化心理学における新しいサンプリング方法を考えているので、それを紹介することで本章を閉じたい。

研究には必ず研究の焦点がある。「拒食症患者の回復過程」であれば、拒食症という状態と、それが回復した状態とがあり、そのプロセスに焦点があたっている。こうした関心においては、回復した（元）拒食症患者が対象になることは必然である。「韓国の家庭においてお小遣いが子どもの発達に果たす意義」でも同様のことが言える。つまり、研究者は何らかの焦点化を行っている。そこに至るプロセスを描きたいのであれば、また、対象をクローズドシステムではなくオープンシステムであると考えているなら、その研究上の焦点を抽出すると考えることで新しいサンプリング方法に進んでいくことができる。

歴史的構造化サンプリング（Historically Structured Sampling：以下、HSSと略す場合がある）とは、文化心理学において提唱された新しいサンプリングのあり方である（Valsiner & Sato, 2006；サトウ・安田・木戸・高田・ヴァルシナー, 2006）。

この方法において、研究者は「等至点」を抽出する。より正確には、等至点を経験する人を抽出する。等至点とは等しく至る点であり、研究上の焦点である。上述の例で言えば、それぞれの拒食症患者において回復したという時点が等至点であり、それが研究者によって抽出されるのである。そして、そこがゴールだとして、どのような経緯をたどってきたのかについてその多様性を描くのである。なお、この方法を「歴史的構造化」と呼ぶのはなぜかというと、等至点というものが、それ自体が歴史的な網の目の上に存在することを強調するからである。誰かが拒食症になる、あるいは、それと診断されるということには歴史的な背景がある。等至点は外界から隔離された単体としての人間が到達するものではなく、オープンシステムとしての人間が外界と不断の相互作用をしながら至る点であり、その意味で歴史的に構造化された状態であると考えるべきなのである。

3-2 多様性を描くツールとしての複線径路等至性モデル

さて、等至点に至るプロセスを描く時に重要なのは多様性をどう描くかということである。平均像を描くのではないし、数直線型のプロセス理解はしない。3人の患者がいたとして、平均して術後Xヵ月で回復した、というようなまとめ方をしない。等至点（研究上の焦点；ここでは回復）に至る多様性を描くのである。したがって、このサンプリング方法は、等至点までのプロセスを描く手法としての複線径路等至性モデル（図7－4；Trajectory and Equifinality Model：以下、TEM と略す場合がある）と密接な関係をもっている（Valsiner et al., 2006）。

事例が1事例であったとしても、多様性を描くことは可能である。よく人生の転機などと言うが、その分岐点で違う選択肢を選んだとしても、回り回って同じ結果になることはありえることであり、それこそが等至点という概念の含意でもあるからである。ありえた道筋、ありえる径路を面接や観察から抽出し、多様性を描くこと、これこそが複線径路等至性モデルの方法論である。心理学は実証科学の一部門であるから、無いことを描くことは難しかった。しかし、複線径路等至性モデルによれば、可能世界という意味での「無いこと」を描くことができるのである。したがって、1事例を対象としたものであっても、それが HSS に依拠するものだと理論化されているのであれば、等至点に対する多様性を描くことが理論的に保証されるのである。

人生のあり方を複線径路等至性モデルのようなダイヤグラム（のような形）で表すと、ある径路をとらなかった時のことも展望することが可能になる。たとえある時のある人には見えなかった選択肢であったり、見えていても選べなかった選択肢であったりしても、それを描くことが重要であろう。ある人の経験について、代替選択肢がないような状況で到達した等至点なのか、あっても選べないで到達したのか、選択肢があって主体的選択をすることができて到達したのか、こうした違いについて理解して記述することはその人

の生き方にとって重要であるのみならず、同じような経験をしている人にさまざまな可能性を呈示しているという意味で重要である。

以下に複線径路等至性モデルの典型例を示す。なお、図7-4で等至点が上下に分かれているのは、研究者の視点を補償するために、等至点の補集合状態を考えるからである。これを「両極化した等至点」と呼び、モデルに組み入れるのである。病気の回復のようなものは焦点化しても価値の影響を受けることは少ないが、たとえば「子どもをもつこと」などを等至点とする場合には、そのこと自体が何らかの価値観に組み込まれてしまったり、既存の価値観を理由なく補強してしまう可能性がある。自分の関心とは異なる状態についても補集合として等至点扱いすることで、研究者の関心・焦点を超えた多様性を描くようにする仕組みこそが、両極化した等至点なのである。

この他、図7-4における非可逆的時間とは決して時間が戻らないことを象徴的に矢印で表現したものである。紙幅の都合上、分岐点、必須通過点など他の主要な概念などについて言及することはできないので他論文（サトウら，2006；サトウ，2006c）や TEM に関する成書を参照されたい。

TEM はモデルを作るための枠組みである。フレームゲームということが可能である。フレームゲームとは少し分かりにくい概念だが、たとえば、クロスワードパズルの例で考えてみよう。いろいろな形のものがある。英語学

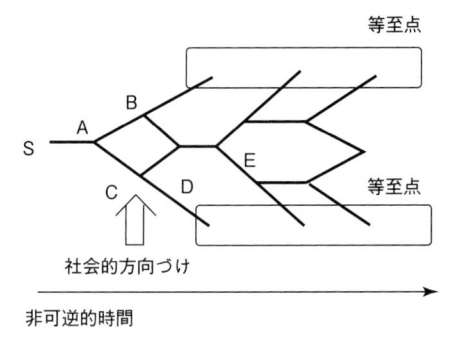

図7-4　複線径路等至性モデルのひな形

習のためにやるものもあれば、暇つぶしにやるものもある。しかし「クロスワードパズル」であるものとそうでないものの違いは多くの人に認識される。これが、クロスワードパズルで、これは違うということが分かる。フレームだけが決まっていて、内容とか形式が変わってもいいようなものを「フレームゲーム」というのである。「複線径路等至点モデル」というのも、ある主題に関して研究をする時に、その複線性を書くための枠組みであると理解すればよいし、描き方はテーマによって異なってよいのである。

4　まとめに代えて ── 事例の時間的変遷を描く方法論

　海外への移住、就職、失明、その他、研究上重要と思える経験をランダムではないサンプリング方法として等至点を抽出する。これが歴史的構造化サンプリング（HSS）である。そしてHSSに依拠して複線径路等至性モデルによって等至点に至る複線性を描く。こうした志向に関心がある人であれば、誰でもHSSとTEMを使用することができる。本論文で提案した方法によって、より現場や実践に近いモデル記述型の研究が進展する可能性もあるだろう。なお、TEMは新しい方法論であり、常に変化し続けている。選択肢があるのに選択できない場合に働く力を「社会的方向づけ」という概念で説明しようという試みが生まれてきている（木戸, 2006）。

　以上、本論文では最後に、現場・実践における事例の時間的変遷を描く方法論の提案を行った。多くの研究者にこのモデルを使ってみてほしいし、より良いものにする仲間に加わってほしいと考えている。

付記

　本稿は2005年日本ブリーフサイコセラピー学会第15回滝沢村大会（大会テーマ：場の持つ力を生かし伝えるために）のシンポジウムにおける発表をもとに執筆したものであ

る。大会長・遠山宜哉（岩手県立大学）先生、織田信男（岩手大学）先生をはじめとする皆様に感謝いたします。紙幅の関係上主に講演の前半部分に焦点があたっているが、後半部分は立命館大学人間科学研究所発行の『人間科学』に掲載された（サトウ，2006c；本書9章として掲載）。また、本論文の基礎となる研究については科学研究費ならびに立命館大学オープンリサーチセンター整備事業「臨床人間科学の構築」の援助を受けた。また、本論文掲載にあたっては筆者の怠慢から編集委員会に多大なご迷惑をおかけしたことをお詫びしたい。

8章
概念や尺度に惑わされない性格研究を

　　死んでいる人と寝ている人の性格は分からない。
　　　　　　　　　　　　　── 佐藤・渡邊の第6法則

1　性格心理学の停滞

　かつて伊藤（1994）が喝破したように、現代日本における最もポピュラーな性格理論は血液型によるそれであると思われる。言うまでもなくこの理論はフォークセオリー（folktheory）の一種で、学問的な裏づけはほとんどない。それにもかかわらず、もはや一種の文化のように、私たちの国で性格理論として受け入れられている（佐藤・渡邊, 1996）。

　さて、心理学者はこのようなフォークセオリーには批判的だが、だからといって自分たちでしっかりした性格の理論をもっているわけではなかったと言える。「日本の性格心理学は停滞していた。」詫摩（1988）は雑誌『こころの科学 ── 特別企画＝性格』の中の鼎談でそのように述べており、この発言は他の人たちから少なからず引用されていたが、もう20年も前のことだ。

　さて、この分野とその研究を分かりにくくさせている要因のひとつに、言葉の混乱がある。たとえば、「人格」と「性格」、そして「パーソナリティ」である。

　人格というと普通は、人格高邁（まい）とか人格が立派、あるいは人格に品がない、などという感じで用いられる。その一方、性格というのは性質という言葉に

近い。また、パーソナリティはこれらの意味とはまったく異なり「ラジオ番組の進行役を務める人」というものである。しかし、以上のような差異、私たちが日常語の感覚としてもっている差異が、学問用語としての「人格」「性格」「パーソナリティ」には反映されていない。

学問で使う言葉と日常で使う言葉にズレがあることはどの分野にもありうることだ。だが、心理学の場合、その対象が日常生活と関連していたりするので大いにやっかいである。

日本の心理学は戦前・戦後を通じて外国の影響が小さくない。心理学自体が近代西洋の落とし子のような部分があるので、それは仕方ないことであろう。人格という語が personality の訳語となった過程については佐古（1995）に詳しいので参照してほしいが、すでにこの組み合わせは明治20年代に成立していたという。そして、この語は倫理学で使われ、やがて法学でも用いられるようになったのだが、肝心の心理学では多少事情が違った。

第二次世界大戦前の日本では、ドイツの心理学が力をもちつつあった。ドイツでは Charakter（キャラクター）の研究がなされており、おそらく、その訳語として「性格」という言葉が使われ、Charakter＝性格という言葉の組み合わせが成立したのだろう。アメリカでは personality（パーソナリティ）の研究がなされていたが、第二次大戦前のわが国ではアメリカ心理学の影響はあまり強くなかった。

しかし、第二次世界大戦後の日本には戦勝国であるアメリカの心理学が取り入れられた。当然、パーソナリティ心理学も例外ではない。「人格」という語には英語の personality 以上の含意（価値とか全体性）があるようだが、心理学においては personality＝人格として研究が進められた。多くの場合、心理学における「人格」は倫理的な価値を含まない。

ちなみに、哲学の分野では、person の訳に「人格」が与えられることが多い。価値判断なども行う総体としての「人」に対して人格という語があてられているのである。心理学で使っていた人格という言葉は、おそらくその意味が研究内容と乖離（かいり）しているという理由で、使われなくなってしまった。

前述のように、アメリカ流の personality が入ってきたのは第二次大戦後にアメリカの指導のもとに大学が改編され、教育学部に教育心理学講座が設置された時である。パーソナリティ・サイコロジーという科目名は「人格心理学」と訳されることになった。現在の心理学徒である私たちは、パーソナリティというカタカナ語を使うことはあっても、人格心理学とは滅多に言わない。にもかかわらず教育学部の中に「人格心理学」の言葉が存在するのには、そのような経緯がある。

　言葉の問題はおいておくとして、アメリカ発のパーソナリティ心理学は、ロールシャッハ・テスト、TAT（主題統覚法）といった投影法や因子分析を用いた特性論が目玉であった。ロールシャッハ・テストとは、インクのシミを見せて、その回答から個人の深層を捉えるもので、フロイドの精神力動論とも関連がある。TAT は、ちょっとした絵を見せた上でそれについての物語を作らせるもので、マレーの欲求理論と関連がある。因子分析は、数多くの質問文への回答パターンを数学的にまとめあげるもので、そのまとまったものが因子と呼ばれ、性格の特性であるとされた。

　いずれも性格という目に見えないモノについて、ある一定の手続きを踏むことで把握を試みたものである。当然、各種の検査から得られた結果は個人の性格を反映しているとされた。手続きが確立しているため、それを用いて何か研究しようと思えばすぐできる。そういった意味では便利である。特性論的な性格特性や欲求に至っては、特性の数がいくつなのか数えることすらできないほど多くの研究がなされた（ある研究によれば、4から810であるという）。

2　ミシェルの素朴実在論批判

　ロールシャッハ・テストにせよ、特性論に基づく検査にせよ、あるいはその以前からある類型論にせよ、そのアプローチにはある暗黙の前提があった。

その前提とは一言で言えば、性格の「素朴実在論」とでも言えるようなものである。

　素朴実在論は、「内的実体論」と「正確反映仮説（accurate reflexion hypothesis）」からなっている。前者は、性格が人間の内部にある実体であり、それが人間の行動（しかも他者とは一貫して異なっている）の原因となるとする考え方で、後者は、本人や他者による性格の記述が、記述される人の性格をある程度正確に反映しているとする考え方である。

　心理学の分野でかなり影響力のある性格の定義として、オールポートのものが取り上げられることが多いが、彼の定義は内的実体論的な定義である。彼は1961年の著書において、パーソナリティを「人の行動を時を越えて一貫させ、比較可能な事態で他の人と異なる行動をとらせる多かれ少なかれ安定した内的要因」と定義した。

　このような定義には、①性格は行動の原因である、②性格は経時的に安定している、③性格は通状況的に安定している、④性格は内的な要因である、という4つの前提が与えられている（渡邊・佐藤, 1993）。また、内的な要因である性格を把握・記述できるのは、（オールポート自身は明言していないにせよ）性格の正確反映仮説を取り入れているからである。

　1968年、ミシェルは『*Personality and Assessment*』を発行し、性格の素朴実在論を大きく揺さぶった（Mischel, 1968）。その主張は以下のようである（佐藤・渡邊, 1992）。

　まず、行動の観察の結果から構成された性格概念を行動の原因と考え、それによって行動を予測しようとするのは明らかなトートロジー（循環論）である。そもそも、人の実際の行動には、性格理論が仮定しているような状況を越えた一貫性（通状況的一貫性）はない。ミシェル自身が多くの研究を検討した結果、異なる状況での人の行動の間にはせいぜい .30 程度の相関しかなく、一貫性は高いとは言えなかった。したがって、「特性」などの内的で安定したものとしての性格という構成概念はそもそも幻想であるし、低い行動予測力しか期待できない。

次に、人が自然に認識している「特性」「性格構造」「無意識の力動」といった概念の形成には、認識する人の対人知覚過程が関与しており、それらは知覚者側（性格を観察する人＝自分で自分の性格を内省する場合は自分）の何らかのプロセスの産物である。人の知覚、認識が外的世界の実体と一対一対応しないことは言うまでもないから（たとえば、アメリカ人が rice という一語で示すことを、日本人はその形態にあわせて、稲・米・ご飯という３種類の語で表現するし、日本人が雪という一語で示すことを、イヌイット（エスキモー）は３種類の語で表現する）、性格知覚の結果と被知覚者（性格を観察される人＝自分で自分を内省する場合は自分）の性格との対応は必ずしも保証されない。性格の知覚や記述の際にさまざまな歪みが生じやすいことは社会心理学の分野の諸研究によって指摘されていることであり、性格記述の結果を基礎とした従来の性格構成概念の妥当性も疑わしい。

　この２つのことからすれば、これまでの性格に関する構成概念、特に「特性」を用いた臨床判断や介入は無用であり、社会的学習理論の立場から新たな対応が必要である。これがミシェル（1968）の主張の根幹である。

　簡単にいうとミシェルは、「人の行動はそもそも安定していないし、安定しているように見えるとしたら見る側の歪みである。また、これまでの行動説明が成功したのは、トートロジー（循環論）的な概念を使っているからである。したがって性格概念は何の役にもたたない」と言ったのだから、他の研究者から冷静な反論だけではなく、感情的な反応を引き起こしたのも無理はなかった。必要以上に防衛的になった人たちをも巻き込んで、「一貫性論争」と呼ばれた大論争が20年以上にわたって続いたのである。「特性か類型か」といった論争は、「性格（の一貫性）はあるか」いう論争にとって代わられた。また、ミシェルは人間の行動の原因として、性格のような人間の内部要因よりも外部要因を重視したので、彼の立場を性格の状況主義と呼ぶことがある。

　日本でも、もちろんこの論争の余波は受けた。といっても、同じような議論が行われたわけではない。では、どのような余波だったのか？

何も研究ができなくなってしまったのである。先の詫摩の発言にもそのことが現れているし、宮川（1990）は1989年度の『教育心理学年報』の「人格部門」報告において（教育心理学会では「人格」という言葉を使っているのは前述のような歴史的背景によるのだろう）、「人格部門はその他部門」であると評している。性格という分野に固有の研究が見られないということである。

　情けないことであるが、日本の性格研究の少なからぬ部分は海外の尺度の翻訳から成り立っていた。ロールシャッハにせよ特性論的尺度にせよ、そういった面があったのは否めない。海外での性格心理学が尺度作成から理論的な論争に移行したのであるから、日本の性格心理学も論争になるかと思ったらそうはならなかったのである。何もしていなかったというのは過言だとしても、少なくとも停滞しているという認識が生まれるような状況になってしまったのである。

　ちなみにアメリカのパーソナリティ心理学は、この論争をほぼ20年かけて消化した上で性格の5因子モデル（Five Factors Model ＝ いわゆるビッグファイブ）の研究に行き着く。日本ではその翻訳研究が少なくとも4グループで行われている。ビッグファイブ研究の意義はもちろん小さくないが、論争の結果だけを輸入するようなことでいいのか、とあえて疑問を呈しておきたい。

　では、そのビッグファイブの意義は何だろうか。変な言い回しで恐縮だが、人は人が見るようにしか人を見ることができないという点に立脚したことである。ある人Aの性格はAを見る人やAから影響を受ける人がいて初めて意味をもつ。また、Aの行動を通して初めて性格の推理が可能になる。冒頭に掲げたように、もしAが安らかに寝息を立てていたら彼の性格は分からないし、死んでいればもちろん性格は分からないが、分かる分からない以前に、Aの性格を知る必要がなくなる。

　ビッグファイブ・モデルは対人知覚の研究に端を発している。このことの意義はとてつもなく大きい。性格心理学が、対人知覚の特徴に沿って人の性質を見てみようという立場に立ったということだからである。これまでのように、人には何らかの固有の性質があるのだからそれが自然と浮き上がって

他人にも見える、というような考え方とは真っ向から対立する視点なのである。その意義を分からずに、手軽に翻訳できる尺度が見つかったといって研究しているのであれば、日本におけるビッグファイブ研究も他の多くの研究と同様に一時の流行で終わるであろう。

なぜ対人知覚の因子が5つなのかということも考える必要がある。因子分析の因子など、出そうと思えばいくらでも出せるからである。五大湖（Big Five Lakes）のように、そもそもアメリカ人は5が好きなのだろうということも考慮しなければいけない。日本人がサンバカトリオとか御三家のように3が好きなのと同じかもしれない。何だかんだ言っても、感覚的なものが強いのではないか。「5だよやっぱり5」という感覚があるということを考えてもいいのではないか。

性格という概念自体は、世界中どこにいる人にもあてはめ可能な概念であるが、だからといって、アメリカの動きばかり（しかも追試しやすいところばかり）気にしていていいのだろうか。海外の尺度を翻訳して、それを日本人に試行することだけで「日本人の特徴」が分かるのだろうか。

3　状況主義がもたらしたこと、従来の性格理論が見落としていたこと

3-1　行動の原理

これまでの性格という概念の前提は、すでに述べたように、さまざまな状況のもとでも人の行動パターンには似たようなところがある（通状況的一貫性）し、時間的にも安定する（経時的安定性）というものである。そして、その根源的な原因は「性格」にあるというものである。つまり、「性格 → 行動」という図式である。

それに対して状況主義は、2つの点から異議を唱えた。一つはこの図式以

外の行動メカニズムを考えることであり、もう一つは対人知覚の問題である。では状況主義は行動についてどのように考えるのかというと、その名のとおり、状況が行動の原因であると考えるのである。ただしこの考えを「状況 → 行動」と表すことはできない。そんな単純な因果関係であるはずがない。しかし多くの人は状況主義の主張をこのように考えるため、非人間的とかロボット的な人間観と勘違いしてしまうのである。これは誤解である。どのように誤解かというと「状況 → 行動」という図式は「反射」の考え方だということである。

　反射も確かに行動だが、行動には2種類あるという指摘を思い起こすべきだろう。その一つはレスポンデントであり、これは反射である。そしてもう一つはオペラントである。オペラントという言葉は日本語として非常に分かりにくい言葉であるが、反射という受動的な行動と比較して考えれば、オペラント＝能動、あるいは自発行動ということが言える。日常生活において反射の個人差を性格と考えても殆ど意味がないから、状況主義はオペラント行動について考えるべきだということが明らかとなる。なお、人間の行動が受け身的な行動（レスポンデント）と自発的な行動（オペラント）から成ると述べたのは、スキナーであり、彼の築いた人間についての哲学（徹底的行動主義＝radical behaviorism）こそ、性格心理学が探るべき新しい道の一つだということになる。

　さて、オペラント行動のメカニズムは、「直前条件 → 行動 → 結果」という形で表される。行動の結果、望ましい結果が状況からもたらされれば類似の条件下で同じ行動が起こり、望ましくない結果が起これば、その行動は起こらなくなるのである。

　ここで読者は、性格に関する論述がいつのまにか行動主義に行き着いたことに不思議な感覚をもつかもしれない。しかし、「性格 → 行動」ではなく「直前条件 → 行動 → 結果」と考えることが、新しい性格の見方であり、このような見方こそが、人間を尊重することにつながるのである。この点については具体的な例と共に後述する。

なお、状況主義のいう状況とは、本人以外のあらゆる事象を含んでいる。たとえば母子関係で言えば、子どもは母親の状況であるし、母親は子どもの状況である。母子相互作用とはお互いが相手の状況となって相互に影響しあう過程のことである。このような場面において、母親の行動は母親の性格が原因となって起きるのではなく、子どもの行動という直前状況に応じて生起する。そしてその結果がフィードバックされてその行動が維持されるかどうかが決まるのである。したがって、このような行動生起の考え方はきわめて関係的なものだと言えることにお気づきだろう。

このような考え方は素朴実在論にも批判的であるから、当然のことながら、性格を自分や他人が把握できるという考えに相当懐疑的であるし、ましてや質問紙調査の尺度で捉えられるということにも懐疑的である。質問紙尺度による性格の把握は、すでに述べたように、何らかの性格が人間の内部にあるからこそ、それを捉えられるという考え方である。それに対して状況主義は、人と状況（周囲の人も含む）が関係するところにしか性格はないと考えるのである。

3-2　対人知覚の問題、見る側の問題

性格を見る側と見られる側の問題は、実は G. W. オールポートの問題意識にも見られる。彼がなぜ特性と偏見を研究テーマにしたのであろうか、ということは、私にとって長い間の謎であった。特性は性格心理学で扱われる概念であり、偏見は社会心理学で扱われる概念であると思いこんでいたことも混乱を助長した。

おそらく彼は、人間の性質についての考察と、それを同じ人間である他者がどう捉えるかという問題が異なりながらも重なる問題であり、そして、人が他者の性質を捉える時に陥りがちな罠に気づいていたのだと思う。

ある人の性質とそれを見る人の問題は、言うまでもなく表裏一体のものである。他者がいない時には、ある人の性質は実は問題にならないのである。

性格心理学には、「無人島にいるロビンソン・クルーソーには性格があるのか」という、いわゆるロビンソン・クルーソー問題というのがある。だが、これは問題自体がナンセンスである。いったい、無人島でひとりぼっちで暮らし、そしてひとり死んでいった人が、まったく他者に知られないとしたら、その性格を知ることにどのような意義があるだろうか。起きる時間が毎朝違っているとして、それが何だというのか。「時間にだらしない性格」と言って何か意味をもつだろうか。釣った魚を調理したら丁寧に片づけるとして、その几帳面さがなんだというのか。食べた魚の骨を埋めようと海に捨てようと問題ではない。

　性格は、他者がいて初めて意味をもつ概念である。ここで他者とは、本人の近くに実在する人のみを言うのではない。クルーソーが無人島から出た時のことを考えたり、あるいは過去の知人を考えたりなど、そこに実在はしていない想定された他者でもいいのである。

　「やさしい」などという概念はそもそも他人への行動を含んでいるので、他人がいなければ意味をもたない。また、性格記述の中には他人と比較することで初めて成り立つものがあることにも注意する必要がある。たとえば、「ルーズ」だとか「騒がしい」などがそれにあたるだろう。

　しかし、以上のようなことにもかかわらず、無人島にいる人は自分のことを「ロマンチック」であるとか「ひとりでも寂しいとは思わない強い性格」と考えることが可能である。これはその人の性格ではないのだろうか。

4　混乱の原因を解くのは人称的性格である

　要するに性格という概念で意味されることが非常に多様だということが分かったと思うが、こうした事情について渡邊・佐藤（1994）は、性格を捉える視点との関係で整理をしている。性格という語は不用意に用いられてきたのだが、それは少なくとも3つの異なる視点から使われているというのであ

る。それらは「一人称的視点」「二人称的視点」「三人称的視点」と呼ばれる（佐藤, 1995も参照）。

　性格検査や性格尺度のようなものは、そもそも回答者にとっては「一人称的視点」でしかないものを、「三人称的視点」から分析しているので、収集するデータの性質とデータ分析の性質の乖離が引き起こされているのである。性格検査、性格尺度の問題点についても論じるべきことは少なくないが、それはここでは行わない。そのようなものを使用する研究にはそもそも意味がないということを指摘しておけば、本章の目的のためには十分だろう。

5　性格という概念

　性格は個人の内部にあるわけでもなく、行動の原因でもない。そして、そもそも同じ言葉に異なる意味が与えられている、というのがこれまでに論じられてきたことである。だとするならば、性格なるものをどのように考えればいいのだろうか。

　これまで性格という概念は、大きく3つの領域で問題になってきた。一つは精神科やカウンセリングの臨床場面、もう一つは教育や矯正、さらに職業指導や進路指導である。

　このうち最も影響をもったのが精神医学の領域である。精神医学や犯罪学においては、うつ病の病前性格、冠状性心疾患に罹患しやすいとされるタイプA、あるいは特定の犯罪を犯しやすい性格などが注目された。だが、精神科の患者やカウンセリングに来談する人の性格が興味の対象であり、それ以外の人の性格は軽視されてきた。それは誤解だったし誤った性格観を作り出した。というのも、専門家に相談するような人は、たいてい行動の不適切性によって来談することが多く、その不適切さとは多くの場合、状況にそぐわない行動が繰り返されるということだったのである。つまり、ごく一部の人たちの不適切な行動パターンの存在が、性格を構成する中心的行動があり、

ひいてはその中心構造があるという考えを生み出したのである。不適応者（あえてこの名前で呼ぶ）の問題は一般人（同様にあえてこの名前で呼ぶ）の問題の一部であって、その逆ではない。

　歴史的に考えれば、これらの問題を扱うために投影法や特性尺度が作られたのであるが、それらの問題点についてはすでに述べた。

6　性格心理学徒こそ対人関係に興味をもとう。そして現場(フィールド)に出よう

　さて、以上のような「性格」に関する考え方は変化しなければならない。現場(フィールド)心理学の発想と関連づけていかねばならない。

　尺度研究や相関研究を重視しないという意味で、問題のテーマ設定自体がリアリティのある現場的なものにシフトするだろうということがまず第一にあげられる。また、状況主義の考え方は、人間の行動を関係的な視点から捉えることを提唱している。

　さて、性格が問題になるのは不適応的な行動の場合が多いということをすでに述べた。これまでの性格心理学は、不適切な行動は性格によって引き起こされると考えていた（「性格 → 行動」）が、今後は異なる方略がとられることになる。前節で取り上げた3つの領域（精神科医療・カウンセリング、教育・矯正、職業・進路指導）が、広い意味での「現場」にあたることは論を俟たない。だが、その現場性が生かされていたとは言えない。現場(フィールド)の現場性を回復することが、性格心理学の新しい方向なのである。

　たとえば以下のような例を考えてみよう。

　　ある病院に入院患者Ｘ子がいる。このＸ子は3ヵ月前からナースステーションにちょくちょく出入りするようになった。仕事中の看護婦がいくら「入ってくるのはやめて」と言っても、時には強引につまみだしても、ナー

スステーションへの訪問は続く。最初のうちは、入院という事態に鑑みてX子に同情的だった看護婦たちも、今ではほとほと困り果て、X子はすっかり厄介者になってしまった。

上の例のような場合、看護婦たちはX子のことをどのように表現するだろうか。「わがまま」、「身勝手」という言葉であろう。あるいは「聞き分けがない」と言われるかもしれない。「欲求不満がたまっている子」だとか、「人が困るのを見て喜ぶ性格が悪い子」などと言われるかもしれない。間違っても「思いやりのある」とか「繊細」という言葉で語られることはない。

X子の行動を変化させるには性格を変えるしかない。しかし、性格は変わらない（と思われている）。性格が変わらなければ行動も変わらない。これでは出口のない迷路に入り込んだも同然である。

そこで登場するのが、先に触れた新しい見方である。性格を行動の原因として考えるのではなく、「条件 → 行動 → 結果」を見ようとするものである。

この見方はスキナーのオペラント条件づけの原理に依拠するので、X子の行動について、「もしナースステーションを訪問するという行動が繰り返されている（維持されている）のであれば、その行動がX子にとって望ましい結果を作り出しているのだ」と考える。ここで重要なのは「X子にとって望ましい」という点である。X子が来ると看護婦たちは、露骨に嫌な顔をしたり時には叱りつけているとする。私たちは、X子にとってもそれは嫌な経験だと思ってしまう。「なんで嫌なことをされているのに繰り返し来るのか分からない」ということである。だが、必ずしもそうとは限らない。たとえ見た目はネガティブでも、X子の行動や存在に注目が集まっていると考えることもできる。X子の行動は、他者（看護婦）から注目をあびるということが強化子になっているのかもしれない。

このことは実証的に確かめることができる。つまり、ナースステーションにX子が来ても、誰も見向きもしなければどうなるかを調べればいいのである。誰も注目しなければ、おそらくX子の訪問行動（看護婦にとっては邪

魔な行動）は急速に減るだろう。

　これですべて解決かというとそうではない。ナースステーションで相手にされなくなったX子は、他の場所（医局やあるいは売店など）で同様の行動をするかもしれないからである。看護婦はいいかもしれないが、他の場所では同じ事態が繰り返される。結局X子は「厄介者」という性格づけをされたままになる。

　「条件 → 行動 → 結果」の図式にもう一度戻ろう。

　X子の行動が維持されているのは、その結果によるということまでは理解できた。次にすべきことは、条件の分析である。X子は、ある条件におかれているために、ある行動をするのかもしれない。たとえば日中の面会者がひとりも来なかった時に、ナースステーションを訪れるのかもしれない。だとすると、そういう日にはあらかじめ看護婦が面会者の代わりにちょっとした声かけをすることが必要なのかもしれない。この場合、X子は寂しがりとかわがままと言っていても何も解決しないことは容易に理解される。そうではなく、直前条件自体の改善をすることが、真の意味でのX子の理解になるのである。

　また、教育という場では、「乱暴者のY夫」が問題になっているかもしれない。しかし、生活のすべての時間「乱暴」であるような人は存在しない。ある条件の下で特定の行動（たとえば足蹴り）を起こすので「乱暴」であると言われるのである。もちろん、Y夫の行動はその行動の頻度が他人より格段に多いからこそ「乱暴者」と言われるのであるから、その行動が起きる条件やその行動によってもたらされる結果について検討することが重要である。Y夫の行動が維持されるプロセスが理解できて（直前条件の理解と、行動を維持している結果の理解）、他者への足蹴りを減らすことができれば、彼は「乱暴者」と言われなくなるのである。

　つまり、ある人の行動を、性格という概念によるものとするのではなく、その人のいる条件（状況）、行動、その結果、という3つの項目について考えることで全体的に把握することこそ、新しい性格の見方なのである。「性

格という概念を否定していて、何が性格だ」ということにもなるかもしれないが、特に、人と接する仕事をする人たち（教師、保健婦、福祉士などの対人関係職）にとっては、性格検査をあてにしたり、あるいは、自分の見方に絶対的な自信をもつよりははるかに有効である。なお、「条件 → 行動 → 結果」という図式は、スキナーの三項随伴性やカルナップの傾性概念とほぼ同じ形式である。興味のある方は渡邊・佐藤（1991）やマロット他（1993）をも参照されたい。

　質問紙に尺度をいくつも掲載して、その相関を検討することだけが性格心理学ではない。

7　性格心理学の新展開

　尺度を作らなければ性格心理学ではないということはない。むしろ尺度の乱開発が混乱を招いてきた。性格心理学は、個人の生活をその条件に照らして検討するように変化すべきである。

　個人の生活は対人関係から成り立っている。看護や教育の他にも福祉などの領域でも今後ますます対人的なサービスが必要となってくる。高齢者福祉などを実践する人が、素朴実在論に基づいた性格判断をしないとも限らない。性格について研究する学問は、今後の「ヒューマンサービスの時代」の一つの基礎を担うのである。

　また、福祉などを持ち出すまでもなく、私たちの日常においても対人関係は非常に重要な問題である。上司はなぜいじわるなのか？　部下はなぜなまけるのか？　などといった日常の困り事にも、性格の新しい見方は適用できるはずである。

　カリザス他『人というカテゴリー』（1995）において、訳者の厚東氏がpersonの訳語選定にあたって興味深いことを述べている。

「人格」とは文字どおり解せば人の「格」のことであるが、「格」の意味として「家格」のように上下の社会的ランキングがまず思いつくが、「主格」「目的格」のように、水平的な関係の中でひとつの項が他の項に対してもつ位置・関係を指すこともある。したがって「人格」という言葉からまず浮かび上がるのは「関係性によって定まる人の意義ないし価値」という意味であろう。「人格」とは、まず「人の格」あるいは「格としての人間」のことを指すと思う —— 以下略 ——。

　このように考えると、他の学問分野においても、人間をその中身だけで考えるような姿勢ではなく、関係性から考えるようになってきているのではないかと思われる。家の格にしても、他の家がなければ無意味である。先祖代々偉かった、などと言っても、他の家がなければ実は無意味なのである。格という言葉自体が関係性を前提にしているのである。
　性格という言葉は性質という言葉に似ているため、あるいは「個人内部の素質」のように誤解されるかもしれない。だが、現代の性格心理学においては、このような見方はすでに過去のものになりつつあるということを、もう一度強調したい。性格とは人と状況（他人や環境）との関係性であり、性格の研究は関係性を直接検討するような方法で行われるべきである。
　生理学や人類学の知見に学ぶことも大事であるが、あくまでも心理学に固有のレベルでこの問題を考えることが大事であるし、すべきことはいくらでもある。
　これまで、自然科学、社会科学という領域は固有の方法論をもって自然や社会について考察を加えてきた。現代はそれらに加えて人間について知る学問、つまり「人間科学」が重要だという認識が深まってきた。だが、人間を「自然科学」の技術や方法で扱ったり、人間を「社会科学」の認識方法で捉えたりするのがこれまでの人間科学ではなかっただろうか。自然の研究に固有の方法、社会の研究に固有の方法、それはもちろん人間の研究にも適用可能である。人間は自然の一部だし、人間が社会を作っているからである。だ

が、それ以上に人間を人間のレベルで捉える学問の発達が今こそ求められている。人の性格の研究などは、まさに人間科学の中心をなすものではないだろうか。その意味で性格の研究は新しい人間科学の中心になる可能性がある。今こそ、自然科学、社会科学にはない認識のあり方、研究技法の開発が求められている。そして、その基礎は徹底的行動主義の認識論の中に求められる。

付記

　筆者は行動主義的認識論の基礎をもつことによって、現場(フィールド)において地に足のついた（しかも性格などという概念に惑わされない）活動ができると考えるが、もちろん、性格の素朴実在論が間違っていて、行動主義が正しいという理解のみで留まってはならないことは言うまでもない。そうではなくて、性格という概念の認識を改めることでより良く自分の性格を生きることができ（渡邊・佐藤, 1996）、あるいは、他者のより良い理解ができることの方が重要なのである。ついでに言えば、性格の理論や性格検査が私たちの人生を邪魔してもらっては困るのである。

Ⅲ部　時間を重視する質的研究をめざして

9章
複線径路等至性モデル
——人生径路の多様性を描く質的心理学の新しい方法論をめざして

　心理学において、その対象抽出の方法はサンプリングと総称されており、さまざまな工夫が蓄積されてきている。データ処理に推測統計学の視点が取り入れられてからは、発達心理学・社会心理学・性格心理学などの領域ではランダムサンプリングと呼ばれる方法の優位性が主張されるに至っている。実際にこれらの分野の論文を渉猟するなら、ランダムサンプリングが行われている研究はほとんどないと言ってよい。だが、ランダムサンプリングは統計的検定を行う前提でもあるため、建前としてはランダムサンプリングが保たれているとされている。

　一方、こうした世界観に真っ向から対立するのが、事例研究における事例抽出の方法であり、特に少数の事例を扱う際に、その代表性の危うさ（偏り）が否定的に言及されることは枚挙にいとまがない。心理学において伝統的な分野である視知覚研究における対象者は多くの場合任意抽出であるが、そうした抽出方法は、結果変数に対する影響力のなさという観点から容認される。

　では、心理学の他分野における研究の事例研究ではなぜ代表性が問題になるのか。あるいは、こうした問題を生産的に回避して新しい認識を作っていくにはどうすればいいのか。本章ではこうしたことについて考えていきたい。

1　事例研究とモデル生成

　事例研究の事例抽出方法について「偏り」という観点から批判された場合、それに反論することはかなり難しい。したがってサンプリングの問題を指摘されると事例報告は多くの場合において不利となる。本書7章で述べたように、「事例が少数であり偏っているおそれがあるのではないか」というような指摘には、「このサンプリングは母数推定のためではなく、事例の理解のために行っており、この結果が何かを代表しているかどうかを直接問題にはしていません。もし有用な知見であれば、他の人によって転用されるでしょう」と答えればよいのかもしれない。だが、こうした反論が受け入れられるとも限らない。

　むしろ、対象抽出に関する新しい切り口を考えていく方が生産的だろう。「事例研究はサンプリングがなっていない」と考えるのではなく、「事例研究はモデル（生成）のため」というように考えていくのは一つの解決策ではないだろうか（やまだ, 1997）。

　一口にモデルといっても、さまざまなモデルがありえる。たとえば、理想型としてのモデル、何かを抜き取ってきた抽象成分としてのモデルもあるし、平均像という意味でモデルということも可能である。理想型というのは、いわゆるファッションショーにおけるスーパーモデルみたいなものである。体型や着こなしについて「こういうふうになりたい」という理想型である。抽象成分としてのモデルとは、化学における分子モデルのようなものをいう。それを数式にするのもモデルとなる。平均像としてのモデルというのは、家計におけるモデル収入のようなものである。37歳会社員、妻1人子2人。この家族が実際に存在するかどうかにはかかわりなく、モデルの役割を果たす。

　事例研究を論文化する時に、その事例のことだけを書いたのでは評価されにくい。事例記述から何らかのモデルを作っていく必要があるのである。

事例研究はなぜ有効なのかについて、臨床心理学の事例研究報告の立場から河合（1976／1986）が以下のようなことを述べている。すなわち（京都大学教育学部の）研究室が発行している事例研究報告集に対して「一つの症状について何例かをまとめ、それについて普遍的な法則を見いだすような論文よりも、一つの事例の赤裸々な報告の方が、はるかに実際に"役立つ"」という感想が寄せられたというのである。

　事例の報告が、なぜ他の人にとって実際に役立つと感じられるのだろうか。それはさまざまな意味において、事例がモデルとして機能したからだと思われる。具体的に実在した事例はあるカウンセラーとあるクライエントによる一期一会（あるいは偶有性）であり、他の人物同士の出会いで置き換えることはできない。ところが、少し抽象度をあげて「カウンセラーなる人」と「クライエントなる人」の出会いとして捉えるなら、それは他のところでも発生し生成し続けていく。一期一会的な関係において何が起こり何を感じ、そしてこの関係がどうなっていったのか、ということの記述は、同じような立場にいる実践者のモデルとして機能するのである。

　これは転用可能性という言葉で表現できるだろう。普遍性があるからではなく、転用可能だからこそ、事例報告には他の人に有用な意味が生じるのである。また、報告という形で活字にするからこそ、時空間を超えて他者が読むことが可能になるということも強調しておく必要があるだろう。いくら苦しくても活字化・論文化をしなければいけない所以(ゆえん)はここにある。

　事例報告・事例研究は事例を記述するから他の人にも有用なのではなく、モデルが提示されるから論文を読む人にも役立つような広がりが出てくるのである。抽象的にするとか一般化するとかいうのではなく、モデルという概念を意識することが必要なのである（やまだ, 1997および、やまだ, 2002を参照）。事例報告において普遍性を求めないとしても、臨床心理学の実践を記述するなど、現場型研究をする時にはモデル構成が必須なのである。

　医療社会学者のアーサー・フランクは、「病いになった人は、情報や海図を失った難波船のようなものである」と述べた（Frank, 1995）。近代医療は

病いに焦点をあて、それを治そうとする。あたかも難破船を修理し海図を失った地点に連れ戻すようなことなのかもしれない。そして、重篤な病いであればあるほど、患者の生活は医療に支配され、患者の語りはすべて医療に役立つものとして回収される。完治した患者は、海図を失った場所に戻り、再びそこから歩き始める。

　急性で回復可能な病いはこれでいいかもしれないが、フランクが注目するような不治で慢性の病いでは事情が若干異なる。文字どおり「情報や海図を失った難波船」のようになる。このような場合、語りが医療の側に回収されても役にたたない。医療は決して難破船を元通りに修理してくれないのである。

　修理もされず海図も失った中でどうするのか。フランクが重視するのは語りである。語り直しにより船を改修し、そして海図を描き直すのであるから。ここで哲学者・クワインが好んだノイラートの舟の逸話を思い出してもよい。クワインは、自己同一性をもちながら少しずつ変化するような知のシステムを「ノイラートの舟」と呼んだ。航行している舟は新しいものに変えねばならなくなっても、解体して作り直すドックはない。航行しながら直せるところを直し、直しながら進んでいくしかない（冨田, 1994参照）。クワインの関心は「知」の「システム」にあったが、私たちはこれを「システム」としての「患者」にあてはめることが可能だと考えてみたい。システムは外界との相互交渉を行いながら常に自分（システムとしての自身）を更新していく。システムとしての患者という考えを元にした時の研究アイディアについては後述するが、病いを得た状況、病いと共にある状況で患者が語るということは、外界とのやりとりを行いながら自身を更新していく重要な行為である。

　病いを得、そのことに気づいた経緯や得てからの経緯を含む自分自身について患者自身が語る。こうした語りの一部は、もちろん医療に重要な情報として医師に使われる必要がある。それが治療の役にたつこともある。これは、病いについての語りを聞くのは医療関係者が多いことの反映でもある。

　だが、脱近代の医療において重要なのは「医療に回収される語りの内容」

なのではない。語ることや語り直すことそのこと自体なのである。そして、語りに本質的な地位を与えるためには、語りが医療モデルへの情報提供に有用だという理解だけでは不充分なのである。事例研究や記述的研究、モデル化によって研究を積み重ねていかなければ、患者の語りは常に医療システムに回収され続けるだろう。かといって、患者の語りが患者本人の自己を更新していくには、ただ聴いていればよいというわけでもない。聴いた人がモデル化を行い、学術論文の形で公刊していくこと、つまり学問という形が必要なのである。医療モデルに対抗するモデルが何であるのか明確に述べることは現時点では難しいが、医療に回収されないためにもまたモデル化が必要である。では、モデル化を行うにはどのような方法があるのか。以下では、筆者たちが提案する新しいモデル化の方法論を紹介する。

2　新しいモデルとしての複線径路等至性モデル

　以下では、筆者がクラーク大学のヴァルシナー教授らと一緒に生成している理論モデルについて紹介していきたい。複線径路等至性モデル（＝ Trajectory and Equifinality Model：以下、TEM）である（Valsiner & Sato, 2006）。TEMとはデータの分析および記述に関する質的心理学・文化心理学の新しい方法論である（サトウ・安田・木戸・高田・ヴァルシナー, 2006 参照）。
　心理学の理論は一般に具体的な場や時間を捨象することによって一般的概念を生成していく。そしてあたかも抽象的な人間なるものが存在し、そこに普遍的な心理学的概念が存在するようなお膳立てをしてしまう。たとえば発達段階という概念はいかにも時間が組み込まれているようではあるが、個々人の時間は完全に捨象されており、普遍性志向を強く誘導する。発達における段階モデル（stage model）について批判的に検討する論者も現れている（Moghaddam, 2005）。具体的には、連続性より段階が強調される、階層が固定的に捉えられる、段階が普遍的に捉えられる、段階が決定的に捉えられる、

統合的な発達が仮定される、健康な発達が一次元のものと捉えられる、健康な発達が普遍的に捉えられる、個人が主体的に行動する側面のみが強調される、という8つの側面から発達の段階説が批判されている。また、発達段階には平均的発達像が描かれているか、せいぜい正常と逸脱という二分類的な記述に回収されてしまうため、結果として個々人が具体的場で具体的時間の中でどのように変容していくのか（いかないのか）について記述することができないことも指摘しておく。蛇足ながら、安定した状態が変化のない状態として消極的に記述されることも問題である。発達は、変化も安定も時間の中で絶え間なく変動している結果として捉えられなければならない。

複線径路等至性モデルというのは、ある主題に関して焦点をあてて研究をする時に、人間の行動、特に何らかの選択とその後の状態の安定や変化を、複線性の文脈の上で描くための枠組みである。複線性は単線性に対する言葉である。複線径路等至性モデルは時間と共にある人間について描くことを目的とするため、発達心理学の方法論でもあるのだが、むしろ人間と外界との関係を強調するという意味で文化心理学の方法論であると理解されたいと願っている。

3　文化心理学とは何か
——比較文化心理学との「比較」を通して

　ここでいう文化心理学は、比較文化心理学とは少し異なる。
　比較文化心理学では、たとえばアメリカと日本があるとして、それらは異なる文化であり、人は異なる文化に属するためにその性質も異なっている、という理屈になっていく。文化が実体化されており、そこに人間が属していると考える。したがって文化の差は独立変数の役割を与えられる。だが文化心理学では文化が人間に属すると考えるのである。属するというのが妙に聞こえるなら、文化は常に人間と共にあることで文化たりうるのだ、というこ

とである。

　では、文化とは何か。人間は誕生の瞬間から生身では生きられない。さまざまな支援が設定されていく。それらすべてが文化だと考えるのがヴァルシナー（Valsiner, 2001）の基本的立場である。文化の中に人間が生まれ落ちていくのではなく、人間に文化がまとわりついていく。その文化にはさまざまな違いがある。一例をあげれば、スォドリング（ぐるぐる巻き）という育児法がある。子どもが誕生するとすぐにぐるぐる巻きにして、ハイハイなどをさせない方法である（正高, 1999）。日本でこうした育児法を目にすることはないし、それどころか、もし目にしたなら残酷だとさえ感じるだろう。しかし実際には、1年後にスォドリングから解放すると、子どもは歩くことが可能になる。このような育児法は、発達心理学者・ゲゼルの成熟説を思い起こさせるかもしれないが、ここで言いたいことはそういうことではなく、さまざまな様式で文化が人びとの生活に宿り、誕生直後から人の成長をそれぞれの方法で支えているということである。

　ヒトは種としては1種類だが、文化は多様である。ミクロな目をもてば、隣の家庭と自分の家庭の間に文化の違いを見いだすことができる。マクロな目をもてば国、民族、そういった集団に文化差を見いだすのは非常にたやすい。種は1つであるが生活する場は非常に多様であるし、気候の違いなども生活に大きな影響を与える要因である。だからこそ、生身の人間を護るための文化にも多様性が生じるのであろう。つまり、人間と環境の絡み合いの中にこそ文化の多様性が生まれる契機があり、そうした多様性が時間を超えて継承されていく。

　では、人の多様性は制限がないのだろうか。人間の発達はある意味では多様性をもっているが、生物体としてもっている制約や広義の文化的制約を多々受けるために、ある一定程度の範囲内に収まりがちとなる。TEMはこうした制約についても記述する。

　一方で、文化が個人に与える影響が単一ではないと確認しておくことも重要である。比較文化心理学的な比較を行うと、2つの文化の違いだけが強調

されてしまう。だが、環境と人間の関係に関して redundant control（冗長な統制）という概念（Valsiner, 2001）で考えることもできるのではないだろうか。ある人物に対して環境側の単一の要因が唯一影響していることは稀で、むしろ、さまざまな要因が同じ時同じ人物に異なる影響を与えている場合の方が多い。そうしたさまざまな要因の影響力行使の中から何かを選び取り（選び取られ）個人はある1つのことを選択するという側面がある。このことは冗長性であるとともに、個人の選択肢を広げ他の進路の保障としても働くのである。これは小嶋が提唱した Ethnopsychological pool of ideas という考えにも近い（Kojima, 1998）。

　文化の問題を考える時には、違いだけを強調するのではなく、また、過去のことだけを考えるのではなく、共通性や未来の可能性を描く必要がある。その際に、個人と環境の関係を複数の道筋の中に記述していこうというのがTEMの考えの基調である。

4　複線径路等至性モデルの典型と主要概念

　複線径路等至性モデルは図9-1（図7-4を再掲）のようなものを典型としてさまざまな出来事や多様な径路を描くもので、主要な概念がいくつかあ

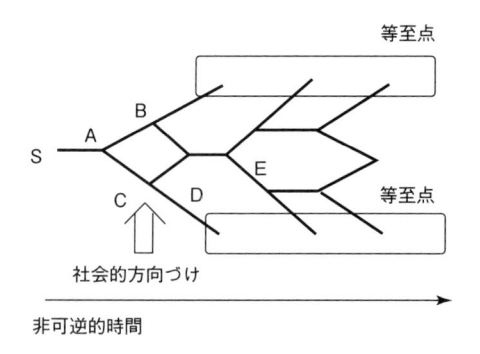

図9-1　複線径路等至性モデルのひな形

る。詳しくはサトウ他（2006）を参照してほしいが、いくつかの概念について解説しておく。

　まず「複線径路」は、発達の多様性や多線性を示すためにヴァルシナー（Valsiner, 2000）が導入したものである。なお、この複線径路は、等至点が想定されることで定まることに注意を要する。到達する点が定まることで多様性が見えてくるのである。目的や上位概念と呼んでもよいが、そうした統括するものがなければ多様性は見えず単なる無秩序となる。たとえば将棋、野球、英会話、ジャズなどという活動は、ある高校に存在する部活動だと言われると、多様性として見えてくる。部活動を上位におくから多様性と言えるわけで、ただ、将棋とか野球とだけ言っていると多様性というよりは無秩序と感じられる可能性さえある。多様性を記述しようと思ったら必ず到達する点というものをおく必要がある。

　「等至点」とは等しく至るとして研究者が焦点をあてた点。たとえば「お小遣いをもらい始める」とか「自分から化粧をするようになる」など。ただし、「子どもを産む」というようなことを等至点にした際には、子どもを産むということが価値づけられてしまうおそれがある。そこで、価値づけを中和する意味でも、ある行為に対する補集合的行為（この場合には「子どもを産まないという選択」）を考えて、それを「両極化した等至点」として設定することを推奨している。これは安田（2005）によって生成された。

　「必須通過点」とは必ず通る点である。これはもともと地政学的な概念で、ある地点からある地点に移動する際に必ず通らなければいけない地点という意味である。船で日本海側の島根から台湾に移動しようとすれば対馬海峡を通らなければいけない。これが必須通過点である。もちろん、実際には北に針路をとり、津軽海峡経由で太平洋を南下して台湾に航行することも可能だが、かなり大回りになる。この状況では対馬海峡が必須通過点であると言える（このように、必須というのは完全な意味での必須を意味するわけではない）。具体的な心理学的研究から例をとれば、女性は積極的に自分で化粧をするようになる前に、ほぼ必ず（大人たちが主導するという意味で）受け身的な化粧

をさせられているということがある（木戸, 2006）。明文化されたルールはないにもかかわらず、女の子の多くは化粧をされてしまう。したがって、受け身的化粧は文化心理学的な意味での必須通過点であると言えるのである。この通過点を通った後で、「やっぱり自分は化粧が好き」と思って親の目を盗んで化粧し始める子もいれば、興味がないからしないという子もいる。

　「非可逆的時間」。「時間は持続しているのであって計測することができない」、というのがベルクソンの考え方である（Bergson, 1889／2001；金森, 2003などを参照）。そして時間は逆行しない。TEMでは人間が時間とともにあることを非可逆的時間という概念を用いて表す。

　「オルタナティブ・オプション（代替選択肢）」という考え方も重要である。オプションがどういうふうにありえるのか、ありえたのか。これは「分岐点」でもある。選択肢がなければ分岐点も存在しないので、選択肢は多様に存在することが望ましいと言える。選択肢が見えないのは問題だからである。

　「社会的方向づけ」。これは選択肢における個人の選択に有形無形に影響を及ぼす諸力を象徴的に表したものである。図9-1のCは分岐点であり、その後の径路は2つに分かれている。しかし、実質的に選択肢として機能せずDに行くしかないのであれば、そこには力（パワー）が働いていると考えることができる。こうしたことを表すのが社会的方向づけという概念であり、これは木戸（2006）によって方法論の中に取り入れられた。

　まとめて説明すると、非可逆的時間の中で、ある人が経験したことを聞き取り、さまざまな出来事や反応を構成しながら他の可能性も考えていくということを複線径路等至性モデルと呼ぶ、ということになる。径路の多様性を重視し、当事者にとっての選択肢やコースも提示することが大きな特徴である。また、このモデルにおける主体は人間およびその生活に他ならないが、個体主義的な人間観をもつのではなく、オープンシステム（開放システム）としての人間を前提としている。なお開放システムとは、それをとりまく外界・環境との交換関係抜きには存立しえないシステムのことであり、あらゆる生命体は開放システムである（Valsiner, 2001）。

5　複線径路等至性モデルによる事例記述のあり方

　心理学や社会学において個人を扱いかつ時間の流れを扱うモデルは多くない。また、個人が選びえなかった人生について扱うことも少ない。心理学は実証的学問であるから、そうした制約があるのも仕方ないかもしれないが、まったく架空のことではない、ありえた可能世界（possible world；Bruner, 1986）を描くことは心理学でも可能ではないだろうか。ある人が自分が直面している選択について、可能なすべての選択肢が見えている場合は少ないかもしれない。複線径路等至性モデルは、ある一人の人には見えないかもしれない選択肢を可視化する力がある。その上で、研究者側も当事者側も、いろいろなことを見通していける可能性がある。

　ある人の人生を事例として表す場合、数直線的に表すことが多い。何歳で結婚、何歳で何とかで、危機があって、という話になりがちである。ライフコース研究のように複数人を扱う場合でも、結婚、第一子誕生などということを平均値にして、数直線的に表現する。確かに何かが分かった感じにはなるが、平坦になってしまう。流産の経験をする人や出産直後に子どもが死んでしまう場合だってあるだろうが、そういうことはまったく見えない。たとえば、戦前の女性と戦後の女性の比較をこのような形で行うと、女性が子どもを持つ平均年齢の比較は容易だが、子どもを持たなかった人（本人が望んだか望まなかったかは別として）が存在することを無視しがちとなる。モデルだから単純なのがいいかもしれないが、基準的人生の押しつけのようなことが起きていないとは限らない。

　人生のあり方を複線径路等至性モデルのようなダイヤグラムで表すと、ある径路をとらなかった時のことも展望することが可能になる。実際にデータがあるかどうかとは関係なく、選択肢を示すことは可能なのである。筆者は個人的に、見えないものが見えるような概念を作ることが質的研究の醍醐味

だと思っている。学生や院生に対しては「見えたことの意味を理解するのも大事だけれども、見えないことが分かる概念作りをする方がもっといい」とよく言っている。

　また、セラピーの事例報告などでは、事例が他の道を選びえたのに選ばなかった故の問題ではないか、あるいは、選択肢が見えなかった故に問題に直面してしまったのではないかと感じる場面もあるだろう。そうした洞察についても、経験的理論的な裏づけがあればモデルに描き込んでいけるから、複線径路等至性モデルは事例報告・事例研究にも転用可能ではないかと考える。このような工夫は、本章冒頭で述べた「サンプリングの小ささ故に指摘される偏りの可能性」を補いえるのではないだろうか。歴史に「IF（もし）」は禁物と言うが、個人史におけるある種の失敗は、その原因を理解することで他者へのモデルとなりうるはずである。

6　複線径路等至性モデルの成り立ち

　複線径路等至性モデルにおいて最も重要な概念は複線径路と等至性であり、それぞれ trajectory と equifinality の訳である。等至性は、もともとドイツの生物学者ドリーシュ（Driesch）が、ウニの胚の研究において提唱したものである。ウニの完全な卵でも、卵を分割した場合でも、あるいは、2つの卵を1つにつけた場合でも、それぞれ同じ結果、すなわちウニの正常な個体が1つできるという現象を見いだしてそれを結果が等しくなるという意味で等至性と呼んだのである（溝口・松永, 2005 参照）。その後、フォン・ベルタランフィは一般システム理論を構築し、人間は環境から独立した個体としてではなく開放系（開放システム）として見なされるべきだと主張した。そして開放系の特徴として等至性をあげたのである。

　複線径路は、発達の多様性や多線性を示すためにヴァルシナー（Valsiner, 2000）が心理学に導入した概念である。なお、この複線径路は、前述のよう

に等至点が想定されることで定まることに注意を要する。到達する点が定まることでこそ多様性が見えてくるのである。たとえば、人間の一生であれば「生」と「死」が等至点であるが、心理学の研究が「死」を等至点として設定しても面白味はないだろう。たとえば、「入院」とか「退院」であれば、そこに至る多様性を描くことに意味があるのではないか。

なお、複線径路等至性モデルはその後大きな変貌をとげ、いくつもの重要な概念を生み出している。たとえば前述した「両極化した等至点」という概念である。これは安田（2005）の研究を遂行中に生成された概念であるが、これによって1つの等至点に至る多様性を描くという初期システム論的な制約を脱し、複数等至性（multi-finality）を描くことが可能になった。このことはさらに可能世界（possible worlds；Bruner, 1986）を描くツールとしての複線径路等至性モデルの可能性をも切り開いたのである。

また、ワディントンによるエピジェネティック・ランドスケープモデル（Waddington, 1956）との異同を問われることがあるが、これは砂山を転がる球の絵で表されていることからも分かるとおり（図9-2左）、等至点が設定されておらず、「末広がり」的発想であると言える。また、球がオープンシステムとして捉えられていないという違いもある。ワディントンが砂山で表すのと異なり、筆者自身はTEMを滝のモチーフで表すとよいのではないかと考えている（図9-2右）。

なお複線径路等至性モデルはある意味で楽観的な人間観に基づいていると感じる人がいるかもしれない。ヴァルシナーや筆者はそういう感じの人間なのである。私たちは分岐点という概念を好み、転機という概念を好まない。転機には不可逆的な変化という意味合いが強いからである。

たとえば、筆者自身、大学で心理学を専攻していなかったらどうなっていただろうか、と考えることがあるが、おそらく近くの大学の経済学部に行っていたはずである。実際、高校2年の時までは、漠然と経済学部進学を考えていたのである。ここで、高卒後に就職ということは考えていなかった。こうした選択には社会的方向づけの力が大きく働いていたと言えるし、大学な

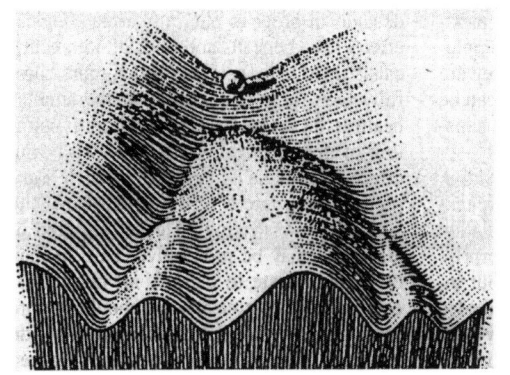

図9-2　発達についての砂山と滝のモチーフ（左＝ Waddington, 1956 より）

ら経済学部という短絡的考え方には選択肢が見えていなかったと言うことが可能である（サトウ, 2006a も参照）。では、経済学部に入学したからといって、卒業後に銀行にでも勤めてそこでうまくやっていけいたかと考えると、必ずしもそうとは思えないのである。おそらく、経済学部で人員選抜や人事考課のことを知り、適性検査で人間を理解することは不可能だ、というようなことを言っていたのではないかと思う。適性検査への疑問は心理検査への疑問へとつながり、本を出すことになったかもしれない。私は知能検査について、『IQ を問う』（サトウ, 2006b）という本を出しているが、たとえ心理学専攻に入学しなかったとしても、これとほぼ同じような本を出していたかもしれないのである。これはもちろん勝手な憶測にすぎないが、こうした柔軟な人生のプロセスを想定してもいいと思うのである。

　TEM というモデルを用いて研究をするための簡単な手続きの紹介が表9-1 に示されている。この方法論はまだまだ生まれたばかりである。限界も多いと思うが、多くの人が共働してこの方法論を鍛え上げていってほしい。

表9-1　TEM実践のための簡単な手順化（サトウ他, 2006 を改変）

1. 関心のある事象や経験を等至点としてサンプリングする（ただし等至点は研究中に変えてもよい）。
2. データを収集する（面接や観察その他の方法）。
3. 面接で得られた語りを最小単位に分け、それを分析単位とする。
4. 分岐点や必須通過点を設定する。その際は語りで得られた情報だけでなく、社会的、制度的、文化的知識を活用する。
5. 両極化された等至点を設定する。自分が関心をもつ事象の補集合的な事象を書き込み、両極化した2つの等至点に至る道筋を描けるような準備をする。
6. TEM として複線径路を考慮しながらダイヤグラム化する。その際、実際のデータによらない場合には点線で描くなどの工夫が必要である。
7. 分岐点や必須通過点において選択を強要するような背景要因があれば、それを「社会的方向づけ」として描く。
8. 類型化や KJ 法を行う場合は、その結果も参照して考察を行う。

注　類型化や KJ 法（の図解化）との併用も可能である。むしろ併用による複眼的理解がより望ましいように思える。

7　まとめに代えて ── 水平的人間関係の構築へ向けて

　筆者は2003年以来、日本学術振興会人文社会科学振興プロジェクトにおいて「ボトムアップ人間関係論の構築」というテーマの研究プロジェクトを行っている。専門職とそれ以外の人たちの関係、つまり、先生と生徒、医師と患者、法曹と一般市民との関係などを考えるプロジェクトである（佐藤, 2004：サトウ, 2006c）。

　その含意は「水平的人間関係の構築」である。プロ（専門家）にたいするリスペクト（尊敬）は必要だが、それが上下関係になる必要はない。また、水平的人間関係構築のためには選択肢が必要である。ある状況において頼れる専門家が1人しかいないということでは、そこにどうしても従属的な関係が絡みがちである。複線径路等至性モデルは、単に個人の発達モデルとしてのみ有効なのではなく、さまざまなレベルにおける選択肢や複線径路が重要

であるという理論的根拠となる。

　複線径路等至性モデルはシステムを対象にするさまざまなレベルの研究に適用可能である。表9-2に示したように、日常生活における意思決定、個々人の発達過程だけではなく、歴史にも適用できる。今あげた個人と専門家の関係についても、現在の関係のあり方を等至点として設定するなら、選択肢がどのように存在したのか（しなかったのか）、ということを描くことが可能となるのである。たとえば、専門家と非専門家の関係においては、基本的に技術が受け渡しされればいいというようになっているとも言えるが、先生と生徒の間で知識が受け渡されるときには、そもそも基本的に人間関係が存在する。そこで人間関係こそ検討すべきであるという考えも成立しうる。関係成立に至るさまざまな径路やさまざまな力を描いていく必要もある。

　2005年秋、心理に関する資格が国家資格になるかどうかがニュースとなった（その後、見送られた）。その際、心理「し」の「し」をどう表現するのかについても問題になった。すでに看護の資格では看護「ふ」が看護「し」に変更されたが、その際に「し」は師となった。「士」は侍を意味し、侍は男を意味するのでふさわしくないのだという。ジェンダー論という立場からは分からないことでもない。だが、だからといって「師」にすればいいのだろうか。師は言うまでもなく師匠の師。センセイである。「なぜ皆がセンセイ様になろうとするのか」という疑問をもたざるをえない。

　もちろん、「士ではなく師にしたい」ということにも歴史的経緯があるから、単純な批判は差し控える。だが、こうしたことも複線径路等至性モデルで表現していけるように思える。筆者としては、師を使う等至点の他に、他の等至点を設定したい。そんなに「し」を名乗りたいのであれば「使」はど

表9-2　TEMで記述できる3つのレベル（サトウ他, 2006）

ミクロ・ジェネティック	日常生活における意思決定
メゾ・ジェネティック	個々人のライフコースの発達過程（個体発生）
マクロ・ジェネティック	社会や社会集団、組織の歴史

うだろうか。お使いである。使がつかわれている単語としては、大使や天使がある。天使というのは天のお使いである。遣唐「し」も使だった。心理使にすると最初はちょっと違和感があるだろうが、そのうち慣れる。給仕の「仕」でもよいかもしれない。看護婦だって看護師になって違和感があったものの、今ではほとんど問題にされない。これが看護使、看護仕になってもよいのではないだろうか。もちろん、教師は教使・教仕、弁護士は弁護使・弁護仕になってほしい。名称から水平的人間関係を構築していくのも大きな社会提言になりうるだろう。資格や技術はいったい誰のためのものなのか、それを考えれば、「使」や「仕」の方がふさわしくないだろうか。

心理に関する国家資格ができるなら、名称から考えていくことも重要になるのではないだろうか。そして「師」ではなく「使」や「仕」の選択肢を設定するなら、今とは異なる径路を開いていくことができるように思える。それは専門サービス提供者と受給者の水平的関係を構築することにつながるはずだからである。

付記

本稿は2005年第15回ブリーフセラピー学会（大会テーマ　場の持つ力を生かし伝えるために）のシンポジウムにおける発表のうち主として後半部分の記録を元にしている。大会委員長・遠山宜哉（岩手県立大学）先生、織田信男（岩手大学）先生をはじめとする皆様に感謝いたします。前半部分についてはブリーフセラピー学会の学会誌『ブリーフサイコセラピー研究』に掲載された（本書7章に再掲）。

本稿の執筆にあたっては日本学術振興会・人文社会科学振興プロジェクト「ボトムアップ人間関係論の構築」および2006〜2008年度科学研究費補助金（萌芽研究）「発達の多様性を描くための複線径路・等至性モデルの展開」（課題番号18653069；代表者・佐藤達哉）の援助を受けた。

2013年付記

心理職の国家資格化は2013年に大きく動く気配があるものの、4月末日時点では明確な見通しになっているとは言い難い。

10章
「社会と場所の経験」に向き合うためのサンプリング論再考
――あるいはメゾジェネシスレベルの発生を描くということ

1 ランダムサンプリングは必要か？

　研究は何らかの現象を解き明かそうとする営為であるが、そのやり方には学範(ディシプリン)におけるさまざまな作法が存在する。対象が方法を切り開くこともあれば、対象が方法によって限定されることもある。ランダムサンプリングのようなサンプリング法が必要だと言うなら、そのこと自体に人間を対象とする研究の特殊性が現れている。たとえば、難病や障害をもった方々を対象にした研究を行うと（日高ほか，2007）、「そういう研究にどのような普遍性があるのか？」という、悪意があるともないとも分からない質問が浴びせられたりすることがあるが、そこにはランダムサンプリング志向が顔をもたげているのである。

　近代遺伝学の扉を開いたメンデルや、DNAの螺旋(らせん)モデルを発見・提唱したワトソンとクリックは、決してランダムサンプリングのようなサンプリング法で研究を行っていたわけではない。もちろん、生物学その他の学問と心理学との大きな違いの一つに、個体という単位そのものを同一視することが可能かどうか、ということがある。個体としての人間は他の誰とも交換可能ではないし、その生活している文脈や固有の人間関係・ネットワークとまったく交渉することなしには存在しえないからである。人間の乳児は魚の稚魚

などとはまったく異なり、生まれた時から他者との関係の中で生きている。

　目を物理学に移せば、電子のようなミクロな物質が波動性と粒子性という相反する性質を併せもっていることが知られるようになってきた。電子は１つ２つと数えることができるし、実際１つだけを取り出すことができるのだが、１つの電子は粒子であると同時に波のような性質をもっており、海岸における波の干渉のようなことが起きるのである[1]。

　人間の個々人は皮膚で外界と区切られた単体の生き物である。一人ひとりの人間が、物理的な存在として混じりあうことはない。しかし、このことと、関係的存在としての人間ということは並立しないことではない。そうした考え方が有効でありうることを、波動性と粒子性という性質から考えることができるのではないだろうか。もちろん、物理学は対象である原子や分子などを同種であれば交換可能なものだと見なすし、原子や分子自身は成長することはないし（崩壊はするが）、彼ら（それら）が自らに対するアイデンティティ感覚をもつこともないから、心理学の対象たる人間とは事情が異なることは言うまでもない。

　心理学や社会学や看護学における質的アプローチにおいては、対象たる人間を個として尊重すること、普遍的に見える現象があるとしても、それは個を離れた抽象的なものではないこと、を重視する必要がある。そして（環境や他者を含む）世界との相互作用なくして個は成り立たないことを考えれば、ランダムサンプリングのように個体を閉鎖システムとして見なし単体として取り出すようなサンプリング法をモデルとすることが常に正しいわけではないと分かるだろう。その意味で私たちは、ランダムサンプリングを範とするのとは異なる方法論が必要なのである。

　そこで本章では、社会と場所の経験に向き合うために、まずは現状で重要だとされるランダムサンプリングを支える思考を検討し、その後に個体を単位にサンプリングするのではない代替的な認識の枠組みを示していく。

　そして、質的アプローチに基づく研究における対象選択はそうした代替選択肢たりうるものであり、この新しい認識枠組みをそのものとして鍛えてい

くことが、質的研究において第一に求められているということを述べていきたい。

以下ではまず、現状の統計量アプローチの問題点を考えていきたい。こうした批判に興味のない方は、まずは5節以降をお読みいただき、その後に戻って読んでいただいてもかまわない。

なお本章では、心理学・社会学・看護学などにおける質的研究志向を質的アプローチと呼び、統計量アプローチと対置させる。質的アプローチは量的アプローチと対置させてもよいのだが、何かを測ったり量を数えるというようなことは決して質的アプローチに反することではないからである。研究としての質的アプローチの対極は、何かを量として測った上で統計量を推定して判断することなのである。

2 変数を観測するということはどういうことか

2-1 母集団および母数とは何か

ランダムサンプリングはなぜ必要なのだろうか。その理由は母集団（population）における変数の分布を知るためであり、そのためにいくつかの母数（parameter）を推定するためである。母数の推定とは、入手することのできる・観察されたデータに基づいて母集団の分布を統計学的に推定することであり、ピアソンは平均・標準偏差・歪度・尖度という4つの母数が必要であるとした。ただし、母集団が正規分布であるなら、平均値と標準偏差が入手できれば、それを母数として母集団の分布を推定することが可能になる。一般的には、標本から求められる測定値（を算術的に加工したもの）が、もとになる母集団の母数の推定量として用いられる。たとえば、火星人（がいるとして）の身長を推定する時に、もし火星人に会ったことがなければ、その推定はあてずっぽうになる。ところが、火星人が1人でも地球にきて、その人

（?）が56cmであれば、その測定値が母集団の推定値として一番適切である。このような場合、1人よりも人数が多い方がいいし、もし行けるなら火星に行って標本を偏りなく得ることが重要となるのは明らかである。

さて、火星人の例において、推定しているのは「身長」という変数である。ここでの興味の対象は「変数」化された量であって個人ではない。ダンツィガーとツィナス（1997）は雑誌論文を検討して、「変数」は心理学の歴史の中で生成された概念にすぎないことを明らかにしている（Danziger & Dzinas, 1997）。先の火星人の例では、火星人を知るということが、身長という変数を知るということに巧みにすり替えられていたのである。目の前に現れた火星人を「サンプル」として捉え、こちらが関心をもっている「変数」について「測定」し、目の前にいる火星人ではなく火星人の身長について「母集団」を想定し、そこにおける変数の分布を推定して理解するというのが、サンプリングに基づく理解なのである。

たとえば母親の「育児の悩み経験」について知ろうとする研究者は、その経験を何かの変数にして測定するようにし向けられる。たとえば「育児ストレスの量的強さ」を測定するようにし向けられる。そしてその育児ストレスと抑うつの重さとの関連について相関係数を計算したりするのである（佐藤他, 1994）。そして、社会階層や1人目の子どもか2人目かという変数が育児ストレスという変数に関係するかもしれないから、ランダムサンプリングが（統計学的推定のために）望まれるのである。

2-2　経験そのものへのアプローチ

しかし、この育児ストレスの研究はもともと、育児の悩み経験を研究したかったのではなかったか？と問うことも可能である。そして、その悩みは、1人目の子で何も分からなくて困る、とか、上の子どもが下の子にヤキモチを焼いて困るというように、それぞれの状況において悩みとして浮き上がってくるものなのではなかったか？

個人の中に「ストレス度」のようなものを仮定してそれを測定できると考えるのは一種の測定可能主義のなせる業（ごう・わざ）であり、測れる何かがあるとする意味で「本質主義」が背後に隠れている。

もともと物理学的な概念であったストレスという語を心理学や精神医学などに導入したのはハンス・セリエであった。この概念はさまざまなタイプの研究を生み出したが、その初期の尺度に、人生におけるさまざまな出来事の影響度を測る尺度（ライフイベンツ尺度）というものがある。この尺度では、多くの人が経験するだろう出来事がたくさんの項目として提示され、それらの出来事を経験したかどうかを尋ねられる。近しい人の死のような項目もあれば、クリスマス、のようなものもある。実は、それらにはあらかじめストレス点数が割り当てられていて、経験した項目の数を答えることがその人が現在受けているストレスの大きさを推定するのに役立つことになっている。

経験を変数に変換するというのはこういうやり方のことを言うのである。個々人の経験がそれぞれ異なるということは完全に捨象されてしまっている。良く言えば重大度やストレス度が抽象されているのだが、こうした数値の加算はいったい何をしているのか分からなくなっているのも事実である。ストレスの数値化の方法が健康心理学などの分野における予測や介入などにある程度役立ったことは認めるが、それにしてもこうしたやり方の背後に潜むロジックについて深く考えてみるべきであろう。数値化されたから研究ができてよかった、というような単純なものではない。そして、他の違う（オルタナティブな）道を考えてもよいはずである。すなわち、経験を変数に置き換え、変数の母数（母集団における変数の値）を推定するのではなく、個人の経験に直接アプローチして、その経験からさまざまなことを推定してもよいはずである。

そのためには、研究者が関心をもった人間の経験そのものにアプローチするようなサンプリング手法を考えていくことが必要となる。経験ベーストサンプリングとでも呼んでおこう[2]。だが、このことに進む前に、もう一つ統計を利用する研究の問題点を指摘しておこう。

3　変数と変数の関係を見る
——あるいは因果モデルの適用のためのサンプリング法

　心理学や生物学などにおけるサンプリング概念の生成については、その一部を検討したことがあるが (Sato et al., 2007)、発達・社会に関する研究において、科学的姿勢を堅持するためには、サンプリングの恣意性を排除するための方法論整備が必至だったと言える。その結果として、ランダムサンプリングや大数(たいすう)の法則に依存する形での大数サンプリングが重視されるようになったのである。何人以上が、「大数」の資格をもつのかは明確ではないが、被験者（協力者）の数は多い方がいいというのは、一般的信念になっていると言っても過言ではない。

　こうした動向の背景には、心理学の被験者（協力者）が誰であり、何を調べることを目的にしていたのか、ということとも関係していた。対象が感覚・知覚であればともかく、社会心理学的もしくは発達心理学的なテーマにおいては、グループ（カテゴリー）を変数として組み込み、その比較を行うことによって比較研究がなされるようになった。

　たとえば、1914年から1951年の間の『アメリカ心理学雑誌（American Journal of Psychology）』をいくつかの時期に分けて分析すると、集団比較データは25％から80％に増加しており、個人データは70％から17％へ減少していた（Danziger, 1990； p.82）。この傾向は『実験心理学雑誌（*Journal of Experimental Psychology*）』などでも同様であった。データの集積（aggregation）および集団間比較によって知識を構築していくことが、20世紀初頭以降の心理学的研究という実践活動に求められていた様相が分かる。

　ところが、特に初期の社会心理学では（それまでの感覚・知覚心理学が行ったような）任意の少数者に対するサンプルを用いたグループ比較による差異の検出判断が横行したため、そうした傾向に歯止めをかけるべきだという声

が出ていた。こうした警告を発していた学者にはユール（Yule, 1929）やネイマン（Neyman, 1934）といった統計学者がいる。ネイマンは、検定のネイマン・ピアソン基準に名を残し、検定という考え方をうちたてた人物である[3]（D'Onofrio & Gendron, 2001）。

　ただしこうした統計学者の警告は、当時の心理学者たちにはあまり届かず、マクネマーは1940年の段階で、心理学的研究の90％ほどが群間比較を行っているにもかかわらず、不適切なサンプリングに基づいているものばかりであるといって嘆いていた（McNemar, 1940）。彼によれば、「人間にはバリエーションがある（human variation exists）という単純な理由により」ランダムサンプリングを含む適切なサンプリングによって代表性のあるデータに基づいた研究が必要であると訴えていた。変数と変数の関係についてのデータから因果モデルを考える際には、ランダムサンプリングのようなサンプリング法が重要だという認識があったことが分かる。2変数の関係に関する判断を「目分量」ではなく「統計量」によるものとしたのも、この時期の話であり、それがすなわちt検定やχ^2検定などにつながっている。ちなみに、この後の社会心理学は実験社会心理学の隆盛を迎える。非常にインパクトのある変数を用い、人間の行動が劇的に変わりうることを示したのである[4]。

　なお、この時期の統計学者たちの警告は、今日の質的アプローチにも十分適用可能である。すなわち、集団比較によって人間心理に影響する要因を探る場合には、恣意的なサンプリングを行うと、変数が交絡しやすいということこそ教訓としてくみ取るべきことであろう。質的アプローチにおいて安易なカテゴリー化による理解を避けなければいけない所以である。

4　大数の法則の呪縛は質的アプローチにも有効か

　さて、母集団という考えが必要となり、それが仮定されると、母集団から「偏りのない」サンプリングが必要ということになることは当然であるが、

現実にはそれは大変難しい。その際の抜け道として、「大数の法則」依存がある。アルコール「依存」がある側面ではアルコール「濫用」と同義であるのと同様、「大数の法則」濫用と言ってもよい。

　調査研究に携わった者であれば、均質な集団から標本を選ぶとすると、300程度の標本で非常に安定した統計量が得られることを経験として知っている。しかし、ここで問題なのは、前提としての「均質な集団」である。たとえば、統計量による研究（統計量心理学）において青年の問題を研究する際、ある大学のある学部で特定の調査をすれば、200人くらいから対象者を増やしてもあまり結果が変わらないということが実感されてしまう。しかし、ここで問題なのは、ある大学のある学部の中で200、300、400と対象者を増やすことは、そもそも均質な集団からサンプルを選んでいるということにすぎないということである。学部が違えばそれぞれ違いもあるし、大学もそうだし、大学がおかれている地域の問題があるかもしれない。さらに青年ということであれば、高卒後就職者も対象にしなければいけないかもしれない。前節で紹介した1940年代の統計学者の警告・嘆きにあったように、ある1つの集団だけではなく多くの集団から選ぶ必要があるのである。そして、ここが重要なポイントだが、ランダムサンプリングのようなサンプリング法は、「ある大学のある学部」から対象者を選ぶというようなことを避けるための工夫だったはずだということである。

　ある種の母集団を想定して、そこへの一般化を志向するのであれば、ランダムサンプリングに基づく一定数以上のサンプルによる調査が必要である。そしてそれは、「ランダムサンプリング調査」と「多数の対象者への調査」の積集合でなければならないはずなのである。

　次のようなベン図を考えてみよう（図10-1）。この図において、ある集合A（□）ともう一つの集合B（○）が重なったグレーの部分が積集合（A∩B）であり、□と○の外周で囲まれるすべての領域が和集合（A∪B）である。調査から一般化を行うためには、ランダムサンプリング「かつ」多数対象者、という真ん中の重なり（積集合）の部分を行う必要があるのである。

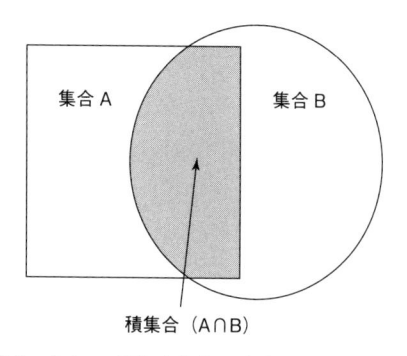

10章 「社会と場所の経験」に向き合うためのサンプリング論再考

黒い部分＝集合 A（□）と集合 B（○）の積集合（A ∩ B）
□と○の外周で囲まれるすべての領域＝集合 A（□）と集合 B（○）の和集合（A ∪ B）

図10-1　2つの集合の重なりを表すベン図

　ところが、実際にはランダムサンプリング「または」多数対象者ならば一般化に耐えうるという「見なし規定」が広く使われている。本来なら積集合であるべきことが和集合（A ∪ B）の一部で代用されているのである。

　このように考えれば、大学生を数百名対象にして行った調査を統計的検定にかけて一般的知見を述べる、ということを心理学者が実践している理由が分かる。より正しく言えば、このように考えなければ、ある大学の教室の数百名を対象にして行った調査を統計的検定にかけて一般的知見を述べる、ということが行える理由は分からないのではないだろうか。そして、こうした歪んだ「サンプリング」観、「対象者数」観こそ、質的研究の対象者数（の少なさ）に対する非難にも顔を出すことになっているのである（この点については後に述べる）。

　統計量アプローチによる研究は、発達・社会領域における現象の説明を過度の単純化に陥れている。単純な変数による、眼前の現象の説明、である。

　質的研究におけるサンプリングは、こうした欠点を乗り越えるものでなければならないだろう。繰り返しになるが、大数に対して少数、ランダムサンプリングに対する意図的サンプリング、ということが目指されるべきなのである。

233

サンプルによって母集団を推定することは、人間を全体として考えるのではなく変数の束（渡邊, 2007；Sato, Watanabe & Omi, 2007）として考えることを意味する。前述のように、統計量における母集団は人間の母集団ではなく変数（の取り得る数値）の母集団だからである。したがって、質的アプローチにおいては、人間の中に変数を措定してをそれを掘り出していくようなあり方ではなく、現実の人間のライフを環境と調和したものとして（シノモルフィック = synomorphic に）理解し、それをモデルの形で表して転用可能な理解をもたらすことが重要であろう。

　そもそも母集団は変数に対して措定されるものにすぎず、そこには代表値のような中心が措定されている。その結果として、個々の変動を尊重するのではなく、数値の差異は本質（平均）からの逸脱を示すノイズとして扱うことを志向している（Sato et al., 2007）。こうした母集団の平均を本質的なものとして考える考え方は、本質主義、非歴史主義、静的（static）な哲学的基盤をもっており、その前提から問い直す必要がある（Hermans, 2001, 2002；Valsiner, 1986）。

　そもそもランダムサンプリングを志向する研究は変数の明確な定義、境界設定から始まる。そのことによって母集団も規定されていく。ランダムサンプリングで必須とされる母集団の確定は、「カテゴリーの内包と外延を明瞭に規定する営為である。続く標本抽出の手続きによって、規定された内包と概念に合致した要素がランダムに選ばれる」（森, 2009）のである。そして、「研究の結果得られる結論は、カテゴリー内部の姿を明らかにするが、カテゴリー境界の変更は目されない。境界の妥当性はデータ採取以前に決定され、採取後も変動しない」のである。

　ランダムサンプリングは、個人とその文脈、あるいは歴史を抹消することで、サンプルから得た情報の一般性を高めようとしたが、有りもしない母集団を設定するのであるから、すべてが幻想だと言うべきものである。幻想が言い過ぎだとしても、ランダムサンプリングから始まる研究は、研究対象の「これまで」と「これから」を一切考慮せず、「永遠の現在」にあって、変化

しないものと対象を捉えている（森, 2009, 第3章）ということは強調せざるをえない。事例についての質的研究はそれとは逆に、個人にこだわり、その個人の全体や個人の文脈、個人史にこだわり、それをできるだけぶ厚く深く記述していくことによって、そこで得た情報の一般性を高めようとしている（渡邊, 2007）。こうした過程は、サンプル抽出の時点で母集団が意識されていないという点で、社会調査などでいう本来的な意味でのサンプリング、標本調査法の論理とは確かに異なる。しかし、統計量アプローチに基づくサンプリングの方を規準として、それとは異なるからよろしくないという論法はそろそろやめるべきであろう。

そこで、質的研究におけるサンプリングはどのようなものであるべきかをまず考えていく。その上でそうした考えにどのような批判があり、どのような誤解があり、どのようなものであるべきなのか、を考えていきたいと思う。

5　経験ベーストサンプリングに向けて

変数とその数値の大小に焦点をあてるのではないとすれば、何に焦点をあてるべきなのか。ここでは、それを（生活）経験と（とりあえず）呼んでおく。好きな小説を読む、友人と旅行に行く、クリスマス、恋愛あるいは親の死のような経験のことである。統計量アプローチであれば、たとえば恋愛を異性愛欲求尺度の得点と関係づけるかもしれない。しかし、異性愛欲求という変数が恋愛をするのではない。

質的アプローチでは、こうした経験をどのように考えていけばいいのだろうか。人の経験はさまざまな文脈におかれている。普通はこれを場所的文脈と読むことが多いが、時空は交換可能だと考えることもできるから、文脈を時間的文脈と言い換えれば、それは即ち歴史的となる。また、単に時間的な文脈というのはありえないから、歴史的ということはすなわち空間的な広がりも含意していることになる。たとえば中絶経験を対象に研究を行っている

安田ら（2008）によれば（よるまでもなく）、妊娠や中絶の前提となるのは性行動であるが、その性行動の許容のされ方が時代や文化で異なることはよく知られている。また、中絶が宗教的に禁止されている国や地域があることや、日本において中絶可能な胎児月齢が時代によって変わってきたことを考えるだけでも、中絶という事象が単なる個人的な経験ではなく、社会的・歴史的に構造化されていることが分かる。

　従来の研究では、こうした個人の経験を文脈と関係づけて検討するというよりは、学歴と婚外妊娠の有無など、変数と変数の関係に変換して検討を行っていた。つまり、個々人が個々人として考えられているのではなく、学歴の高低というカテゴリーに属する人としてしか考慮されていないのである。学歴がなにがしかの個人的歴史性を含意することはありえても、それがすべてではない。人をカテゴリーの一員として考えるのは管理の視線であり、あるいは差別を誘発しやすい考え方である。

　サンプリングが研究の必須の手続きであるなら（ここにも論争の余地はあるが）、私たちは、変数測定と母数推定をしているのではないと宣言し、その上で他のサンプリング方法をとるべきである。経験を総体として捉える志向をもった研究方法や考え方が開発されるべきなのである。それは、母集団を想定しないという意味で非確率的サンプリングであるべきである。パットン（Patton, 1990）は非確率標本抽出法として15種類を紹介しているが（サトウ, 2007 参照）、以下ではヴァルシナーとサトウ（Valsier & Sato, 2006）による「歴史的に構造化されたサンプリング（Historically Structured Sampling；HSS）」に焦点を絞る。

6　歴史的に構造化されたサンプリング（HSS）

　たとえば、一つの例として、筆者のゼミの学生でいわゆる「異文化体験をした人」の研究をしたいと考えた学生が面接をお願いできた人のリストが表

表10-1　異文化体験をした人のリスト

名前	渡航時年齢	渡航国	滞在期間
Aさん	20歳	カナダ	1ヵ月
Bさん	22歳	イギリス	3年
Hさん	25歳	ニュージーランド	3ヵ月
Iさん	16歳	アメリカ	1年6ヵ月

10-1である。

　これを見た人は、違和感をもつだろう。30日程度海外に出かけた人と、3年という長期にわたる留学をしている人が混ざっている。「ちょっと混乱しすぎじゃないか！　ダメ！　やり直し！」と言う人もいるかもしれない。筆者も最初はそう思った。ところが、海外生活をするという経験に焦点化することは決しておかしなことではないという感じもするのである。バラバラな感じに見えるか、同じ経験として考えるかは、背後に何か一貫したものを仮定するかどうかにかかっている。そして、海外で生活することの多様性を理解するには、こうしたサンプリングの仕方もありえないわけではないのである。

　一方で、研究テーマによっては少人数しか対象にできない場合がある。松田・加藤（2007）はひきこもり生活をしている人を対象に、環境心理学的関心からその居住空間（部屋）の様子を検討している。ここでは、ひきこもり者で、かつ、部屋を見せてくれる人を探さねばならない。ひきこもりに至る経緯やその後の年数などにバラツキがあることを非難される場合もあるが、これもまた許容される場合があるだろうし、こうした研究を「たまたま調査できる人を選んだ少人数の調査だから価値がない」と言って切り捨ててはならないだろう。

　さらに、ある種の興味をもって対象となる人を探す場合の他、職業者として、あるいは生活者として従事している活動についてアクションリサーチ的に研究する場合も出てくる。たとえば、少年刑務所における音楽療法実践のような例である（松本, 2009）。ある意味で一期一会的な出会いが研究を紡い

でいく場合もありえるのである。

　実践事例を研究として蓄積していく意味は、どこにあるのだろうか。実践事例における失敗は過去の過ちに学ぶという意味では非常に重要であり、それを共有する必要がある。そして、成功はめざすべき未来が示されているという意味で重要であり、これもまた共有する必要があるだろう。[6]

　人の生活経験に関心をもち、その経験は何を意味するのか、あるいは、ある現場において何が起きているのかを知るためには、そこに焦点をあてたサンプリングが必要となる。私たちは今こそ発想の転換が必要である。人間を変数の束としてしか見ないような見方は捨てなければならない。

　また、サンプリングと称することの負の面を引き受ける覚悟をしなければならない。人間の経験を抽出して対象とする（サンプリングする）と考えるべきなのである。ある特定の人がある場所・ある時にある経験をする。それはきわめて個人的であるが、かといって、まったく個別特殊的なものではない。大学受験、就職面接、麻薬中毒、その他もろもろを想定してみても、個人的ではあるが、他の個人がまったくできない経験というのはむしろ少ない。すべての経験は何らかの形で構造化されている。そして私たちは歴史的な構造化を重視する。その意味でこうしたサンプリングを「歴史的に構造化されたサンプリング（Historically Structured Sampling；HSS）」と呼ぼうとしているのである。

　このような思考は一般化志向であると判断されることがあるだろう。あるいは、質的研究のあり方──特に日本における質的研究──について真摯に検討を行っている大倉（2008）のように、モデル化のような作業そのものが質的研究のあり方にとって問題ではないかという批判に耳を傾ける必要があることは承知している。

　そうではあるが、人びとの個別経験に着目して、そのすくい取ろうとする経験の歴史性に着目することには意味があるように思える。なぜなら、個々人の経験は歴史的文化的な状況に埋め込まれており、その意味で偶有的（contingent）なものだからである。[7]歴史的に構造化された経験というのは、

その偶有性を含みつつ、経験のあり方やあったであろう道を描いていくのである。

　私たちが提案するサンプリングにおいて、焦点があたる経験は等至点（equifinality point）と見なされる。等至点という語はシステム論で用いられる語であり、外界と相互交渉を行うオープンなシステム（開放システム）の特徴である（Von Bertalanffy, 1968）。つまり、オープンシステムは、多様な径路をとりつつも同一（または類似）の結果にたどり着くことがあるということを示している。等至点とは何か、などということについては本書9章を参照されたいが（他に、サトウ他, 2006；サトウ・安田・森, 2009 も参照）、最も初期の図（図10-2）を示すことで簡単にイメージをつかんでもらいたい（Valsiner, 1999）。

　ある経験に至る道筋は実際には多様な径路がありえたのであり、また、何よりも人間をサイコロのような孤立したユニット（閉鎖システム）として捉えるのではなく、開放システムであると仮定するならば、人間の経験は等至点として概念化することができる。さまざまな径路の可能性が交差する仮設的ポイントが等至点であり、経験を焦点にあててサンプリングするということは、各人の等至点をサンプリングするということになるのである。

　実際、観察や面接データを詳細に検討すると、人生（や行動）にはさまざまな可能性がありえることが分かる。さらにその人のおかれた文脈や歴史を探るなら、さらに多様な可能性にも気づくし、そうした可能性を見せないシステムの存在に気づくこともできる[8]。

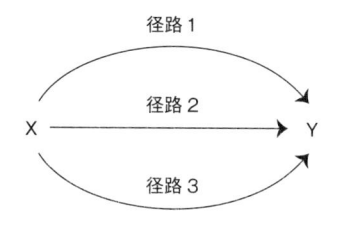

図10-2　発達の多重線形性と等至性の現象（Valsiner, 1999）

また、対人援助職についている人たち（臨床心理学者、教師、看護師、保育士その他）が、その実践の場で主として職務上の理由で出会った人について研究対象とすることの理論的意味も明らかになる。さらに、研究者が自身の研究ではない場において（たとえばボランティアなどで活動している時に）出会う人たちを研究として扱うことにも理論的意味を付与することができる。
　このような対象選択は多くの場合、恣意的なものとされがちであるが——簡単に言えば、たまたま来た人やたまたま会った人のことを研究するのでいいのか？という非難である——、はたしてそう蔑まれるようなことなのだろうか。ここで、たまたま、を偶有性と呼びかえればよいのである。そもそも、ある人がある専門職のところへたどり着く道も決して1つしかないわけではないが、等至点としてのある専門職者ということはありえるのである。松本（2009）は自らの少年受刑者に対する実践を研究として報告するにあたって、受刑者たちがさまざまな径路を通って刑務所にたどり着いたことをHSSを用いて説明しており、こうした説明は他の専門職者にとっても参考になる。
　経験によって人は変わる。つまり、ある経験を等至点として選び、それを経験した人を募ってそこに至る径路を聞くことは、人が変わることを記述することである（変わらない人もいるという反論もありえるが、変わらないのではなく、維持のための不断のプロセスがあると考えるべきである）。統計量アプローチでは変化というものを同一尺度上の得点の変化で捉えて比較するしかないから、同一尺度にとらわれて（固執して）しまう。たとえば、テスト不安の変化を捉えるには、テスト前、テスト後で同じ尺度を用いる必要がある。しかし、私たちが対象にしたいのは、同一尺度上の変化ではなく変容である。
　図10-3（Valsiner, 2001を改変）において、Aは時間の経過と共に、水平線上においても垂直線上にも変容を起こして、全体としてAとは異なるものになっているということを表している。人間の発達や認識の変化などは本来このようなものであろう。こうした変容が、数値化できにくいという理由で無視されるとしたならば、まさに本末転倒ではないだろうか。
　介入前後の測定によって対象の変化を捉える方法は、ある種の行動療法に

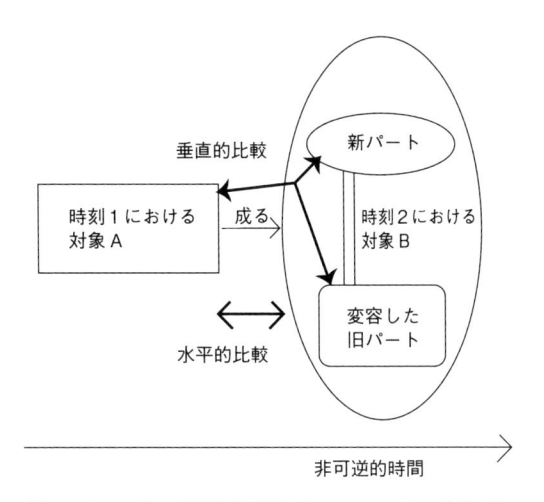

10章 「社会と場所の経験」に向き合うためのサンプリング論再考

図10-3 時間の経過と変容（Valsiner, 2001を改変）

はふさわしい。しかし、対人援助職の場合には、対象が変容する中で長期的見通しや短期的目標を設定して自分も変わっていく必要がある。こうした変容の輻輳（ふくそう）を捉えるために、ADL（Activities of Daily Living；日常生活動作）尺度を要介護者に行い、介護意識尺度を対人援助職に行ってその相関を見るというようなやり方がふさわしいだろうか。人間を環境との相互作用として捉える人間観や、方法としての質的研究が必要なのは明らかであろう。

　HSS（歴史的構造化サンプリング）とは個人をその歴史とともに考えるようなサンプリングのことである。なぜなら、ある経験というのは決して個人の内部のみに還元されないからである。どのような経験であれ、個人が生まれ落ちた場所・文化・歴史の影響を受けざるをえない。個人の経験は歴史的に構造化されているのであるから、ある経験をした人を選ぶということは、変数に焦点をあててサンプリングするのとは異なっている。

　このようなサンプリングを趣旨として掲げる研究を行うと、「このような（特殊な）人たちのことを調べて人間一般のことが何か言えるのか」というような批判的言辞に接することがある。高野・岡（2004）が指摘したように、人間一般を母集団とする調査というのはそもそも不可能なのであるし、そも

そも人間一般というものを措定する必要があるかどうか、一般的な人間なるものが存在するのかどうかも怪しいのだが、とはいえこうした批判は少なくない。ここでは紙幅の問題もあり、そうした批判があるということだけを書き留めておく。

7　TEM――多様性の記述のための方法

　では、研究者はどのような点に焦点をあてて現実を記述していけばよいのだろうか。

　私たちは、HSSというサンプリングによって得られた経験を描くツールとして複線径路等至性モデル（Trajectory and Equifinality Model；TEM）を提唱している。TEMはいくつかの基礎的概念を用いながら、人がある経験に至る径路を描こうとするものであり、また、ある経験以降の見通しや展望を描こうとするものである。質的アプローチにおいては、KJ法やグラウンデッドセオリー・アプローチ（GTA）という方法が整備されているが、TEMも同様の方法論だと思っていただいてよい。

　ただ、これらの方法と比較した時の大きな特徴は、まず、時間を捨象せず図に描くこと、次に個々人の経験に至る径路の多様性を図示すること、などにある。この2つのことは表裏一体である。人間は時間を通してある特定の固有のあり方を生きていくからである。何度でも言うが、個人に固有の時間を捨象しないで描く方法というのは今までほとんど試みられてこなかったのであり、私たちの方法論によって、そこに何らかの形で風穴を開けたいという気持ちをもっている。TEMはプロセスの記述ができる。GTAもプロセスを扱うことが可能だが、プロセスを対象にしてその構造を把えることしかできない。また、TEMは等至点、分岐点など、共通の概念ツールを用いるため、さまざまな研究を同一の枠組で見ることが可能になる。もとより、いずれの方法にも功罪があるのだから、筆者としてはKJ法やGTAとTEM

を併用することによって、質的アプローチのマルチメソッドが実現できると考えている。

次の図10-4が現在におけるTEM図の理念型である。TEMは時間を捨象しない。そのことを示すために、矢印で「非可逆的時間」を書き込んでいる。真ん中のくびれの部分が「等至点」であり、研究者が研究対象にした経験である。点線の四角形は「両極化した等至点」と呼ばれるもので、その経験をしない、ということをモデルに組み込む姿勢を示している。なぜこのようなことが必要かと言うと、たとえば「大学進学」「結婚」などを選んだ場合、それが望ましい選択であるということを暗黙のうちに指し示すことになってしまうため、それだけが目標になるものではないということを示すためである。等至点以外の丸は、分岐点と呼ばれ、複数の選択が可能だったような経験である。結婚を等至点とした場合、異性とのつきあい、や、お見合い、などがこうした経験にあたる。黒く塗られている丸は、分岐点ではあるが、ほとんどの人が経験をせざるをえない、という意味で、必須通過点と呼ばれる。たとえば、(義務教育ではない) 高等教育進学のためには、何らかの

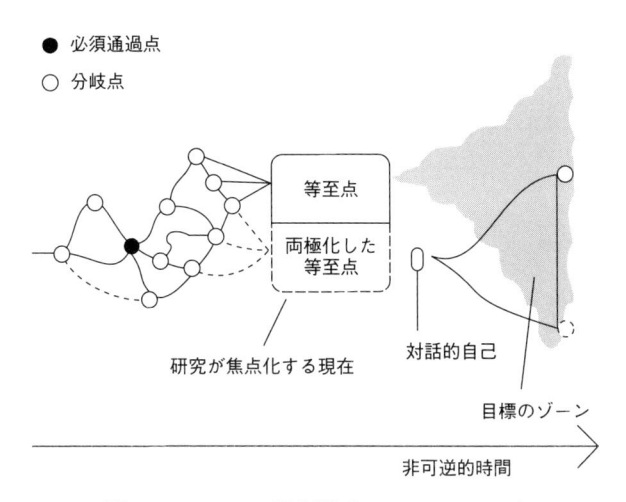

図10-4　TEMの理念型（サトウほか，2009）

入試が必要であるが、そういった経験が必須通過点である。あるいは、大麻吸引という経験であれば、誰かに大麻を吸うように勧められる、とか、大麻を入手する、ということが必須通過点である。

　等至点の右側がぼやけた広がりであるのは、研究対象としては、等至点までを明確にすることを考えているので、その後は不定だからである。

　一方、点線の四角で示されている両極化した等至点の横にある丸は、対話的自己を表している。人は失敗や挫折において、何かを明確にせざるをえないのである。

　さて、鯨岡（2008）は『質的心理学講座』第2巻収録論文において、発達研究という限定付きではあるが、「ある（発達）研究が『質的』だと言えるのは、上に述べた『私』に自覚的であること」によるべきだとしている（鯨岡, 2008）。このような立場からすると、等至点の焦点化を重視する HSS やその記述法である TEM は、鯨岡の批判するような対象化に外ならないと見られるおそれがある。しかし、私たちは研究者も開放システムであることを前提にしている。またインタビューや観察が行う人によって異なることや、インタビューの過程そのものが対象者とインタビューする者双方に変容をもたらすことを決して無視しているわけではないのである。ある経験をその径路と共に理解するため、開放系である人間の経験がさまざまな系（システム）との作用の上に成り立っていることを示すために、等至点の焦点化が必要だと考えているのである。作られた TEM 図は対象化されたマップなのではなく、ある人がその生活条件や歴史文化的条件と格闘した結果、あるいは、研究者がその人と切り結ぶことで得られた結果なのである。

8　発生のメカニズムを記述する

　人はなぜ、あることに駆動されて何かをなすのか。あるいは、なぜ、まったく意識せずに習慣的にしていることがあるのか。そして、なぜ、自分が嫌

だと思っているにもかかわらず、あることをせざるをえないということがあるのか。

人間をこうした角度から理解しようとすることは、心理学や社会学という学範(ディシプリン)の見地からのみならず、臨床心理学、社会福祉学、看護学などの実践にとっても重要な知識を与えてくれるだろう。心理学であれば動機づけ、もしくは要求水準など個人内の要因で説明することが多いし、社会学であれば他の説明をするだろう。

こうした疑問について HSS および TEM においては、ヴァルシナー(2007)による発生の三層モデル(Three Layers Model of Genesis；TLMG)を用いて理解・説明しようとする。キーワードの一つはもちろん、発生であるが、それと同じく、変容もまたキーワードとなる。変容とは、同一尺度上の数値の変化などでは捉えられない、変わり方を記述するための言葉である。たとえば、子どもが大人になるのは、体重や身長の変化だけでは捉えられない。

発達段階論との対比で説明しよう。大きな変容の起きた時点で時間を区切るのが段階論だとしたら、TEM や TLMG はそうした段階をたてない。あくまでも、純粋に持続する時間と共にある変容を記述しようとする。こうすることによって、生物学的要因に制約されない時期における人間の発達を記述することが容易になる。実際、結婚という事象は何歳からでもできるはずなのに、ある種の段階論によれば、これは成人の達成すべき課題でありまた、心理的には世代継承を課題としてもつべきだとされる。[9]

発達段階論による記述は、人の大きな変容に焦点があたってはいるものの、やはり、個々人の連続したライフを見ているというよりは、段階を実体化してしまっている。

では TLMG とは何か。ヴァルシナー(2007)は文化心理学においては、記号の機能化(あるいは、記号が機能していくこと)が一般的なメカニズムとして見いだされるべきだと指摘した。質的アプローチや文化心理学は、場合によると、一般法則から背を向け個別の記述をめざしているのではないか、

と誤解されることもあるが、そうではなく、記号が機能するそのプロセスを一般的なメカニズムと想定することによって普遍的知識を蓄積していこうとするのがヴァルシナーや筆者らの立場である（サトウ, 2009；第4章）。記号の機能するプロセスとは、semiotic mediation（記号論的な媒介）のことを言う。したがって個人の変容の契機やプロセスを記号の機能と共に描くことができれば、文化心理学の目的は達せられる。

では、記号による媒介とは何か。

パース（Pierce, 1894, 1998に再録）は、「記号とは何か」を論じる中で、類似性（likenesses）、指示性（indications）、象徴性（symbols）という3つの種類があるとしている。

類似性記号は、対象との類似性に基づいて対象について伝える記号である。

指示性記号は、道標の矢印の向きがある対象の方向を示すように、対象の一部について伝える記号。対象のインパクトの結果を表象することで対象を表示するサインである。

象徴性記号は、使用を通じて、ある対象との結びつきができる記号である。

また、ロシアの心理学者ヴィゴツキーは「記号は、常に最初は社会的結合の手段であり、他人へのはたらきかけの手段であって、その後でのみ自分自身へのはたらきかけの手段となる」（ヴィゴツキー, 1930-31/70, p.206）としている。記号とは社会的結合の手段であるとしている。

図10-5の2つの図は、仮説的な3つの層を上から見たか横から見たか、という違いがある。上の図において時間の流れは左から右であるが、もう一つの図においては左上から中央へ、そして右上へと流れている（時間の流れを直線で描く必要はない）。

上の図の点線の部分は「Aktualgenese」、あえて日本語訳を作れば「実＝現」がそのままである。私たちはさまざまな行為・思考・感情をもつが、多くの場合は、かなり自動的なものになっている。感情を揺さぶられたり、新しい価値観に目覚めたりすることは滅多にない。マイクロジェネティックなレベル＝第一層で起きていることはそういうことである。このように書けば、

10章 「社会と場所の経験」に向き合うためのサンプリング論再考

………………………個体発生レベル

………………メゾジェネティックレベル

…………マイクロジェネティックレベル

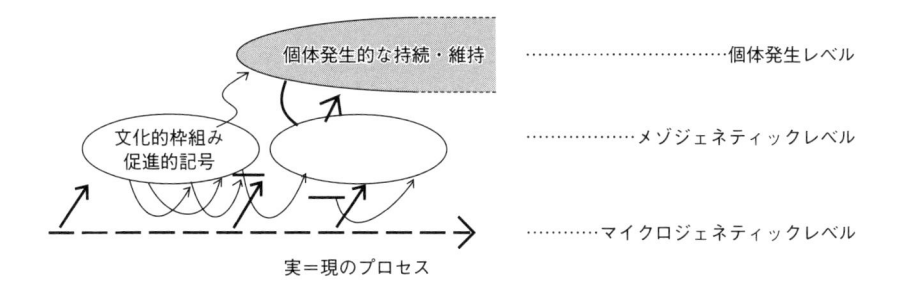

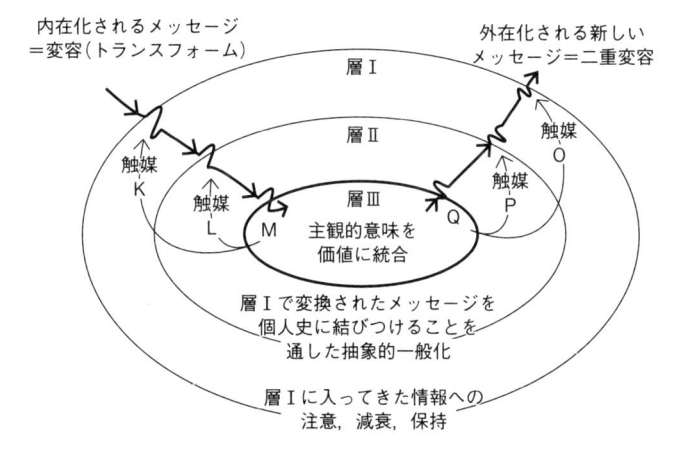

実＝現のプロセス

図10-5　発生の三層モデル（TLMG）

　マイクロジェネティックなレベルにおける「実＝現（Aktualgenese）」は、とるにたらないささいなことのように見えるかもしれないが、必ずしもそうではない。もし、変容が起きるとすれば、このマイクロジェネティックなレベルでしか起きえないからである。ヴァルシナーとは若干異なる立場であるが、バンバーグもまた徹底的にマイクロジェネティックなレベルの記述による自己形成の問題を志向している（Bamberg, 2007）。彼によれば、具体的な会話の場こそが、自己形成が発生する場なのである。

　それでは、上の図におけるメゾジェネティックレベル、下の図における層

Ⅱでは何が起きていると考えるのか。

　前述のように、記号の発生、なのである。ここでの記号を特にプロモーター・サイン（Promoter Sign）と呼ぶ。訳せば促進的記号である。青信号は進めのサイン、というのは単純すぎるにしても、記号が何かをすることを促進すると考えれば、青信号をプロモーター・サインとして捉えるのも、まったく的はずれなわけではない。

　恋愛という現象を例にとってみれば（単純化のため異性愛とする）、女子の場合、人によっては小学校高学年くらいから異性が気になり、好きな男子との相性を占ったり、バレンタインにチョコレートを贈ったりするようになる。ところが、もらった同じクラスの男子は、とまどい、秘密にし、ついには処置に困って捨ててしまうというようなことが起きたりする。マイクロジェネティックなレベルで、もらったけれどいらないから捨てる、というような程度の対応となるのである。女子がバレンタインに好きな男子にチョコレートを贈るのだ、ということ自体は分かっていたとしても、モノの受け渡しのようなレベルでの対応しかできないのであり、その意味で、贈り主の意図に真摯に対応することができない。ところが、ある時期になると、その男子も、自分が気になる異性からチョコレートをもらえるのか、あるいは、チョコレートをもらった女子に対して自分がどう対応すべきか、ということが分かるようになる。プロモーター・サインが発生するのはこのような状況である。そして、それが個体発生レベルである層Ⅲに反映され、異性とのつきあいが価値をもつようになるのである。こうなると逆に、ある人に振られてしまっても、また他の人とつきあおうというように個体発生レベル（層Ⅲ）主導の行動が常に発生するのである。

　谷村・土田・サトウ（2008）は、1980年代に結婚した9人の女性を対象に、どのような径路で結婚をしたのかについてTEMを用いて検討している。これまた単純のために結婚を異性間同士のものとする。

　結婚という事象は誰でも知っている。「大きくなったらお嫁さんになる！」くらいのことを一度も言わなかった（言わされなかった）女子などいないだ

ろう。それ自体が歴史的文化的な構造をもっているのである。ところが、いざ自分が結婚するとなると、やはりそこにはそれ相応のプロセスとメカニズムがある。今回の対象者たちからは、彼女たちは結婚をしようとしていたのではないということが語られた。「結婚」ではなく、「普通の結婚」をめざしていたということが、多くの女性から繰り返し語られたのである。ここにおいて、「普通の結婚」という記号は、「結婚」という記号とは異なることが示される。「繰り返し現れる現象には文化的意味がある」というのは箕浦（1999）によるエスノグラフィ論の中心的な考え方であり、その指摘は今も重要性を失っていない。

　結婚は人それぞれである。自分がいて相手がいることだから、まったく同じ結婚の型というものはない。20世紀以降、同性婚が認められている国もある。今がそうではあっても「異性との普通の結婚」という記号が立ち上がる時代があったのである。その内容を単純化すれば、当時においては、20代前半での初婚同士の結婚、専業主婦、というものが目指すべき結婚だったのである。そして、1980年代未婚女子を結婚へと向けて駆動したのであった。

　メゾジェネティックレベルで発生する記号をプロモーター・サイン（促進的記号）と呼ぶことは前述した。

　図10-6のように、プロモーター・サインは非可逆的時間と共に現れ、人が取り得る進路をガイドする。ガイドは一方で安全な道を示すことでもあり、一方で逸脱に対する警告を示すことでもある。

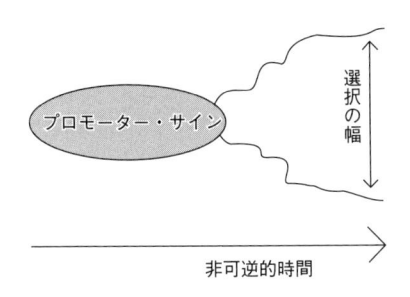

図10-6　プロモーター・サイン（促進的記号）と非可逆的時間

法的に結婚できない14歳の女子であっても、「結婚どうする？」「したい〜」「好きな人と一緒に住みたい〜」「赤ちゃんほしい」というような会話くらいはするであろう。しかし、それは（メゾジェネティックなレベルではなく）マイクロジェネティックなレベルでの行為にすぎない。もちろん、こうした行為によってメゾジェネティックなレベルの記号へと構築されていくものがあることは否定しない。しかし、メゾジェネティックレベルで発生する記号としての「普通の結婚」は、そうした会話をすべて実現可能な結婚という物語に回収していくのである。つまり、個体発生レベルでの結婚観の成立である。「＊＊ちゃんは幸せな花嫁になるのよ」などと言い聞かせられて「うん」と答えていたような結婚とは異なり、1980年代未婚女子が身を投じる結婚は記号としての「普通の結婚」の発生に媒介されて ── お見合いであれ恋愛であれ ── 特定の形で実現するのである。つまり、どのような結婚の型を選択するのか、ということが、記号として発生していると言えるのである。

　メゾジェネティックレベルにおけるこうした記号の発生には、たとえば、両親（世代）の結婚観が影響を与えていることは想像に難くないが、こうした影響が個体発生レベルでの価値観を生成していくのである。

9　まとめ

　本章は、サンプリングの問題 ── 特にランダムサンプリングの問題 ── から説き起こし、質的アプローチにとって新しいサンプリング方法である「歴史的構造化サンプリング（HSS）」を紹介し、その記述法である「複線径路等至性モデル（TEM）」と、発生の記述方法である「発生の三層モデル（TGLM）」について解説を行った。

　筆者がヴァルシナーと共に開発している方法論は、サンプリング、データ記述、発生メカニズム理論、が組み合わさったものであり、単なる統計量ア

プローチ批判に留まらない可能性をもっているだろう。他にも良い方法があることは否定しないが、試してみる価値ありと信じている。

　新しい方法のカギとなるのは時間をどう扱うのか、という問題であり、時間を捨象しないということである。人間という母集団の中からランダムサンプリングで対象を抽出できるという考え方は、「生成」「発生」という考えや「時間とともにある人間」という考えを排除することで成り立っている。さまざまな場所に配置されている人間ではなく、そこで暮らす人間を考えるなら時間の問題は無視できず、それを取り込む方法論が必要なのである。場所の問題 —— 特に場所で生活する人間を扱う研究において —— は必然的に時間の問題に敏感でなければならないはずであり、ランダムサンプリングに範をとるような方法論とは距離をとる必要がある。

　ヴァルシナー（2007）は、「本質的に発達的な核をもち、どんな年齢の人でも発達していく文脈における発達するシステムとして人間を研究する」ことこそが文化心理学であるとした。「文化」心理学と本章の内容は関係ないと考える人が多いかもしれないが、人間を時間と共に考えるこうした考え方は、生涯教育、看護、福祉など、人生の中盤以降の人びとを対象とする実践のために有用であるだろう。

　文化心理学の方法論としての HSS、TEM そして TLMG もまた、同様の体系をめざしている。なお、私たちは2013年現在、この３つを統合した名称として Trajectory Equifinality Approach（TEA）を提唱している（サトウ, 2012）。人間の経験がさまざまな文脈の上に成り立つことを尊重し、時間と共にあるライフ（生命・生活・人生）を理解しようとし、人間の変容のあり方のメカニズムを提案するのである。

注

［1］　このことについては、微細な二重スリットに電子を放射する実験などおもしろい事実が分かっているので、類書をあたられたい。

［2］　経験に基づいた、でも、経験に重きをおく、でもいいが、とりあえずこのように呼んでみる。数値化しないで経験を理解しようとする姿勢である。
［3］　ネイマン・ピアソン基準のピアソンは、先に出てきたピアソンの息子である。父はカール・ピアソン、息子はエゴン・ピアソンである。
［4］　ただし、実験には、デセプション手続きが必須となった。実験者が統制する変数について実験参加者に教えることができなかったからである。デセプション手続きによるサンプリング凌駕志向は、研究倫理への関心を引き起こすことになったが、その初期においては華々しい成功を収めたと言える。
［5］　synomorphyとは、環境心理学や建築において用いられる概念で、人間の行動と、行動が起きる場である環境との一致関係を表すものである。ここでは、人間を総体的に捉えるあり方を表現するために転用している。
［6］　ただ、失敗例より成功例の分析の方が難しい。失敗をもたらす要因は見えやすいのに対して、成功例の場合には、隠れた要因が見えにくいからである。教育研究で新しい教授法が成功するのは、教授法の効果ではなく教員が新しい技法を熱心に学習しそれを熱心に学生に教えたからかもしれない。この場合の熱心さのような要因が一番重要な要因であるかもしれないのである。
［7］　contingencyは心理学の文脈で長く「随伴性」と訳されたり、あるいはコンティンジェンシー・テーブルのように、カタカナ書きされてきたが、近年の社会科学では偶然性、もしくは偶有性と訳される機会が増えている。ここでは、contingencyという語が、行動分析、統計、社会学において、ある時／条件で半ば偶然半ば必然な出来事という、時間を含んだ概念であることを確認しておきたい。
［8］　先に、HSSは非確率的サンプリングの中に位置づくと述べたが、実際には時間を捨象しないHSSの中に、時間を捨象したサンプリングである非確率サンプリングが位置づくと考えてもよい。後から出てきた概念がより包括的というのは分かりにくいかもしれないが、自然数と分数の関係を考えるなら理解できる。すなわち、分数はおそらく自然数より後で概念化されたのであるが、分母を1にすることで自然数も分数で表現できるから、後から概念化されたものがより包括的だったということになるのである。
［9］　時間を区切る、というのは時を刻むことであり、TEMが前提とする時間の持続とは根本的に異なる。時刻と時間の違いやそれらをどう考えるのかということについては本章で扱うには大きすぎる問題なので、サトウ他（2009）を参照してほしい。

付章
質的心理学の歴史

　質的研究は心理学だけの専売特許ではないが、主として心理学における質的研究の進展について、世界心理学史の中の位置づけ（量的研究との関係）、関連分野における質的研究のあり方、日本における質的研究のあり方、などに焦点を絞って簡単に眺めてみたい。

1　質的心理学小史

　心理学における質的研究を「質的心理学」とするなら、その出現は心理学と同じくらい古いと言うことができる。心理学を近代化した立役者の一人であるウィルヘルム・ヴントは、相補う二側面の分析を重視していた。
　そして個人心理学のために実験が必要であり、民族心理学のためには観察と記述が必要だというのが彼の考えだった（表付-1）。ただし、その後の心理学では、実験という手法を用いた量的な分析が主流を占めた。[1]
　それはなぜか。心や精神は捉えにくいので、それをある程度まで明示できる量的な研究が多くの人を捉えたからであろう。19世紀の半ば以降、自然科

表付-1　ヴントによる近代心理学の構想

名称	研究対象	方法
個人心理学	（個人の）意識	実験（内観）
民族心理学	（民族の）精神	観察

学の勃興・工業の発達といった要因が、人間の精神のとらえ方自体を変えていったのである。

　たとえば、フランスの心理学者アルフレッド・ビネによって創案された知能検査のことを考えてみよう。ビネは、初等学校における精神遅滞児への教育的処遇に取り組む中で、知能を客観的に捉える必要に迫られ、今日の知能テストの元型を作った。この知能テストは必ずしも量的把握を目指したものではなかったが、その後知能テストはアメリカに渡って改変され普及するにつれて変質した。ソーンダイクは「存在するものは量として存在する」として、知能など心理的なものの測定は可能だという立場を明瞭にした。

　このような実証主義的な精神をかかげて、心理学は意識の学から行動の学へと変貌をとげ、特に動物を被験体とした実験研究がいくつかの新しい知見をもたらしたこともあって、実験心理学的な方法が主流となっていった。日本でもその傾向は同様であったが、特に、第二次世界大戦後にアメリカ心理学の影響を受けた時期が、行動主義[2]が盛んだった時期と重なったため、戦後の日本ではかなり行動主義を重視した心理学が展開されていたと言える。

2　日本における質的心理学

　戦前や戦後直後における研究も少なくないが、その後の質的な心理学研究としては、東北大学心理学研究室の下北半島フィールドワークなどがあげられる。また、今日の質的研究隆盛の基礎となった一つの画期点として、箕浦康子『子供の異文化体験』、佐藤郁哉『暴走族のエスノグラフィ』が出版された1984年をあげることができるだろう。1986年には山田洋子「モデル構成をめざす現場心理学の方法論」（愛知淑徳短期大学研究紀要25）が、87年にはやまだようこ『ことばの前のことば』が刊行された。1992年には佐藤郁哉『フィールドワーク』が、1999年には箕浦康子『フィールドワークの技法と実際』がそれぞれ出版され、初学者の便宜が図られた。

学会では、第58回日本心理学会（1994年）以降、原理・方法部門で「定性的研究の実際」の一連発表が継続しており、フィールドワーク、現場心理学、質的心理学に関する研究の議論がしやすい土壌が作られた。

2002年には『質的心理学研究』が創刊されオリジナル論文を発表する場が作られ、2004年には日本質的心理学会が発足するに至っている。（本稿を補うものとして、伊波和恵, 2002；Suzuki, 2000 を参照。）

3　質的研究の勢い

質的研究の歴史は古く、日本でも近年は勢いがある。なぜ、近年になってこうした傾向が強まったのだろうか。トゥールミン（1990/2001）が、近代科学が機能不全に陥っていることを明らかにしつつ哲学や科学が向かう道を論じている。それは「口述するものへの回帰」「特殊なものへの回帰」「地域的なものへの回帰」「時間的なものへの回帰」である。つまり、科学を狭い意味での実証的な自然科学として考えるのをやめるということであり、その主要な方法は質的方法になるのである。

フリック（1995/2002）はこの議論を受けて、質的研究を「具体的な事例を重視して、それを時間的、地域的な特殊性の中で捉えようとし、また、人びと自身の表現や行為を立脚点として、それを人びとが生きている地域的な文脈と結びつけて理解しようとする分野」であるとし、社会調査の今後を示すものだとしているが、心理学においても同様と言える。人生や社会のあり方に一定の切り口を導入して、再現可能な研究のみを行うのではなく、人生や社会の一回性、特殊性や歴史性を重視する志向へのシフトは、心理学にも大きな影響をもたらすであろう。

時代や社会がある学問を作り、そしてその学問は社会に対して何らかの影響をもつ。心理学も学問である以上、特にその創設期には大きな社会の影響や期待を受けていたはずである。そして、その時期は、物理学など近代科学

が一応の完成をみた時期であった。近代科学の最後端としての心理学、というのは決して皮肉で言っているのではない。行動や記憶や夢や知能など、近代科学パラダイムによって多くのことを心理学は明らかにしてきた。だが、限界もあった、ということであり、その限界は、社会全体の「近代化」そのものと関係がある。だから、社会の変化と共に、心理学において質的研究への期待が現れるのは不思議なことではないし、それ自体が社会変動の一環をなしていると考えることができる。

注

[1] Völkerpsychologie　なお民族心理学は、近年では文化心理学もしくは、民族ベースの文化心理学という名称で呼ばれることがある。

[2] 行動主義（behaviorism）アメリカのワトソンに始まる現代心理学の一潮流。心理学の対象を、外から観察できる刺激と反応（行動）との間の法則的関係に限定し、意識など他者によっては直接観察できないとして一切を排除する立場。

おわりに

　いつもながら、あまりに多くの方に助けられてきたことに呆然としてしまう。東京都立大学時代の恩師・詫摩武俊（たくま）先生は、私がこのような学者であることの基本の部分を作っていただいた。

　その後のネットワークの多くも、詫摩先生の弟子だったから可能になったことも少なくない。最近はドイツの層理論を参考にすることが多くなったが、ドイツ性格学の持つ雰囲気を詫摩先生から伺っていたことが大きなプラスになっている。

　そして、本書出版の最終段階では、立命館大学文学部のサトゼミ学生である川村朱音（あかね）・宮地均三代（あさよ）・中本友梨（ゆり）のみなさんに校正などをお手伝いいただいた。また、編集全般にわたって院生の神崎真実（まみ）さんにお世話になった。

　いつもより謝辞が淡泊なのは、致し方ない。現時点における到達点を作ってくれた全ての方に感謝したい。

　なお、本書出版にあたり立命館大学の学術図書出版推進プログラムから出版費用の助成を受けた。記して感謝したい。

　　　　　2013年4月16日

　　　　　　　　　　　　　　　　　　　　　　　　　　　サトウタツヤ

文　献

1章　フィールド研究のプロセス

石川文洋（1998）「ルポルタージュとエスノグラフィ」日本心理学会第62回大会ラウンドテーブル．

苅田知則（2000）「フィールドにおける様々な節目」日本心理学会第64回大会ワークショップ．

箕浦康子編（1999）『フィールドワークの技法と実際』ミネルヴァ書房．

齋藤久美子・佐藤達哉（2000）「異年齢集団におけるオモチャの取り合いの解決　定性的研究の実際（59）」『日本心理学会第64回大会発表論文集』18.

佐藤郁哉（2006）『フィールドワーク——書を持って街へ出よう　増訂版』新曜社．

佐藤達哉（1987）「育児の悩みの研究」東京都立大学修士論文．

佐藤達哉（1999）「フィールドワーク・クラスのエスノグラフィー」箕浦康子編『フィールドワークの技法と実際』ミネルヴァ書房，第12章．

佐藤達哉（2000）「教育心理学における研究成果の一般化の問題」日本教育心理学会第42回大会自主シンポジウム．

佐藤達哉編（1999）『流言、うわさ、そして情報——うわさの研究集大成』（現代のエスプリ別冊）至文堂．

佐藤達哉・渡邊芳之（1996）『オール・ザット・血液型』コスモの本．

柴山真琴（1999）「私のフィールドワーク・スタイル」箕浦康子編『フィールドワークの技法と実際』ミネルヴァ書房，第6章．

詫摩武俊・佐藤達哉編（1994）『血液型と性格——その史的展開と現在の問題点』（現代のエスプリ324号）至文堂．

やまだようこ編（1997）『現場(フィールド)心理学の発想』新曜社．

やまだようこ・南博文・佐藤達哉（2000）「フィールドから表現へ——形の冒険」日本心理学会第64回大会ワークショップ．

2章　研究デザインと倫理的配慮

Berg, B. L.（2004）*Qualitative research for the social sciences*（5th edition）. Boston: Allyn & Bacon.

Bertaux, D.（1997）*Les recits de vie : Perspective ethnosociologique.* Paris：NATHAN/HER.（小林多寿子訳（2003）『ライフストーリー——エスノ社会学的パースペクティブ』ミネルヴァ書房．）

Denzin, N. K. and Lincoln, Y. S.（Eds.）, *Handbook of Qualitative Research.* Second Edition.

Sage Publications. (デンジン＆リンカン編／平山満義監訳 (2006)『質的研究ハンドブック』北大路書房.)

Flick, U. (1995) *Qualitative Forschung*. Rowohlt TB-V., Rnb. (小田博志・春日常ほか訳 (2002)『質的研究入門――＜人間の科学＞のための方法論』春秋社.)

Geertz, C. (1973) *The interpretation of culture*. New York: Basic Books. (吉田禎吾・柳川啓一ほか訳 (1987)『文化の解釈学』岩波書店.)

Grbich, C. (1999) *Qualitative research in health: An introduction*. Allen & Unwin Pty Ltd. (上田礼子・上田敏・今西康子訳 (2003)『保健医療職のための質的研究入門』医学書院.)

Gunsalus, C. K., Bruner, E. M., Burbules, N. C., Matthew Finkin, L. D., Goldberg, J. P., Greenough, W. T., Miller, G. A., and Pratt, M. G. (2006) Mission Creep in the IRB World. *Science, 312* (5779), 1441.

印東太郎 (1973)「心理学におけるモデルの構成」印東太郎編『心理学研究法17　モデル構成』東京大学出版会, pp.1-28.

磯村陸子 (2004)「ピアカンファレンスを活用する」無藤隆・やまだようこ・南博文・麻生武・サトウタツヤ（編）『ワードマップ　質的心理学――創造的に活用するコツ』新曜社, pp.199-204.

Janesick, V. J. (2000) "The Choreography of Qualitative Research Design: Minuets, Improvisations and Crystallizations." In Norman K. Denzin and Yvonna S. Lincoln, (Eds.), *Handbook of Qualitative Research*. Second Edition. Sage Publications. (ジェンシック (2006)「質的な調査設計の振付け――メヌエット・即興・結晶化」平山満義監訳 (2006)『質的研究ハンドブック2巻　質的研究の設計と戦略』北大路書房, 第1章.)

Kvale, S. (1996) *InterViews: An introduction to qualitative research interviewing*. Thousand Oaks, CA: Sage.

宮内洋 (2003)「〈出来事〉の生成」『質的心理学研究』3, 28-48.

無藤隆・やまだようこ・南博文・麻生武・サトウタツヤ編 (2004)『質的心理学――創造的に活用するコツ』新曜社.

Müller, U. and Giesbrecht, G. F. (2006) Psychological Models of Time: Arrows, Cycles and Spirals. *Culture & Psychology, 12*, 221-229.

中島理暁 (2005)「『倫理委員会』の脱神話化」『思想』977, 88-108.

日本発達心理学会監修 (2000)『心理学・倫理ガイドブック――リサーチと臨床』有斐閣.

日本パーソナリティ心理学会企画 (2005)『事例に学ぶ心理学者のための研究倫理』ナカニシヤ出版.

野坂祐子 (2004)「メンターによる指導を活用する」無藤隆・やまだようこ・南博文・麻生武・サトウタツヤ（編）『質的心理学――創造的に活用するコツ』新曜社, pp.205-211.

Patton, M. Q. (1990) *Qualitative evaluation and research methods* (2nd ed.). Newbury Park, CA: Sage. (2001年第3版)

西條剛央 (2003)「『構造構成的質的心理学』の構築 ── モデル構成的現場心理学の発展的継承」『質的心理学研究』2, 164-186.

戈木クレイグヒル滋子 (2005)『質的研究方法ゼミナール ── グラウンデッドセオリーアプローチを学ぶ』医学書院.

佐藤郁哉 (1999)『現代演劇のフィールドワーク』東京大学出版会.

佐藤郁哉 (2002)『フィールドワークの技法 ── 問いを育てる、仮説をきたえる』新曜社.

佐藤達哉 (2002)「モードⅡ・現場心理学・質的研究 ── 心理学にとっての起爆力」下山晴彦・子安増生編『心理学の新しいかたち』誠信書房, pp.173-212.

Seale, C. (1999) *The Quality of Qualitative Research*. London: Sage.

柴山真琴 (2006)『子どもエスノグラフィー入門 ── 技法の基礎から活用まで』新曜社.

Stake, R. E. (2000) Case studies. In Norman K. Denzin and Yvonna S. Lincoln, (Eds.), *Handbook of Qualitative Research*. Second Edition. Sage Publications. (ステイク (2006)「事例研究」平山満義監訳『質的研究ハンドブック2巻 質的研究の設計と戦略』北大路書房, 第4章.)

谷口明子 (2004)「病院内学級における教育実践に関するエスノグラフィック・リサーチ」『発達心理学研究』15, 172-182.

徳田治子 (2004)「ライフストーリー・インタビュー」無藤隆・やまだようこ・南博文・麻生武・サトウタツヤ編『質的心理学 ── 創造的に活用するコツ』新曜社, 第5章.

Valsiner, J. and Sato, T. (2006) Historically Structured Sampling (HSS): How can psychology's methodology become tuned in to the reality of the historical nature of cultural psychology? In Straub, Kölbl, Weidemann and Zielke (Eds.) *Pursuit of Meaning: Advances in Cultural and Cross-Cultural Psychology*, Transcript Verlag, 215-252.

渡邊芳之 (2004)「質的研究における信頼性・妥当性のあり方」無藤隆・やまだようこ・南博文・麻生武・サトウタツヤ編『質的心理学 ── 創造的に活用するコツ』新曜社, 第2章.

山田洋子 (1986)「モデル構成をめざす現場(フィールド)心理学の方法論」『愛知淑徳短期大学研究紀要』25, 29-48. (やまだようこ編 (1997)『現場(フィールド)心理学の発想』新曜社, Pp.161-186.に再録)

やまだようこ (2002)「現場(フィールド)心理学における質的データからのモデル構成プロセス」『質的心理学研究』1, 107-128.

やまだようこ (2005)「三つのこころ」桜井厚・小林多寿子編『ライフストーリー・インタビュー ── 質的研究入門』せりか書房, Pp.56-61.

やまだようこ (2007)「質的研究における対話的モデル構成法」『質的心理学研究』6, 174-194.

やまだようこ編（1997）『現場(フィールド)心理学の発想』新曜社．
Yamada, Y. and Kato, Y.（2006）Images of Circular Time and Spiral Repetition: The Generative Life Cycle Model. *Culture & Psychology, 12,* 143-160.
安田裕子（2005）「不妊という経験を通じた自己の問い直し過程——治療では子どもが授からなかった当事者の選択岐路から」『質的心理学研究』*4,* 201-226.

3章　心理学からみた質的研究

ガーフィンケル，H．／山田富秋・好井裕明・山崎敬一編訳（1987）『エスノメソドロジー——社会学的思考の解体』せりか書房．
Gibbons, M., Limoges, C., Nowotny, H., Schwartzman, S., Scott, P., & Trow, M.（1994）*The new production of knowledge: The dynamics of science and research in contemporary society.* London: Sage Publication.（小林信一監訳（1997）『現代社会と知の創造』丸善．）
Miles, M. B. & Huberman, A. M.（1984）*Qualitative Data Analysis: A sourcebook of new methods.* California: SAGE.
箕浦康子編（1999）『フィールドワークの技法と実際』ミネルヴァ書房．
能智正博（2001）「質的研究」下山晴彦・丹野義彦『講座 臨床心理学2　臨床心理学研究』東京大学出版会，第2部第1章．
西條剛央（2003）「『構造構成的質的心理学』の構築——モデル構成的現場心理学の発展的継承」『質的心理学研究』*2,* 164-186.
佐藤達哉（1999）「フィールドワーク・クラスのエスノグラフィー」箕浦康子編『フィールドワークの技法と実際』ミネルヴァ書房，第12章，pp.196-219．
佐藤達哉（2001）「流言——その定義と実際」山口裕幸編『心理学リーディングス』ナカニシヤ出版，第10章，pp.171-187．
佐藤達哉（2002）「モードⅡ・現場心理学・質的研究——心理学にとっての起爆力」下山晴彦・子安増生編『心理学の新しいかたち』誠信書房，pp.173-212．
佐藤達哉（2004）『ボトムアップ人間科学の可能性』（現代のエスプリ441号）至文堂．
サトウタツヤ・高砂美樹（2003）『流れを読む心理学史』有斐閣．
サトウタツヤ・渡邊芳之・尾見康博（2000）『心理学論の誕生』北大路書房．
澤田英三・南博文（2001）「質的調査」南風原朝和・下山晴彦・市川伸一編『心理学研究法入門——調査・実験から実践まで』東京大学出版会，第2章．
高野陽太郎（2000）「因果関係を推定する」佐伯胖・松原望編『実践としての統計学』東京大学出版会，第3章．
Valsiner, J.（2001）*Comparative study of human cultural development.* Madrid: Fundación Infancia y Aprendizaje.
やまだようこ（2002）「なぜ生死の境界で明るい天空や天気が語られるのか？——質的研究における仮説構成とデータ分析の生成継承的サイクル」『質的心理学研究』*1,*

70-87.

山本登志哉・高橋登・サトウタツヤ・片成男・呉宣児・金順子・崔順子（2003）「お金をめぐる子どもの生活世界に関する比較文化的研究——済州島調査報告」『共愛学園前橋国際大学論集』3, 13-28. http://www.kyoai.ac.jp/college/ronshuu/no-03/yamamoto.pdf

4章　フィールドワーク・クラスのエスノグラフィ

箕浦康子（1998）「仮説生成の方法としてのフィールドワーク」志水宏吉編『教育のエスノグラフィー』嵯峨野書院, pp.32-47.

村本由紀子（1996）「集団と集合体の曖昧な境界」『社会心理学研究』12, 113-124.

佐藤達哉（1993）「血液型性格関連説についての検討」『社会心理学研究』8, 197-208.

佐藤達哉（1998）「東京大学心理学研究室と日本心理学史のいくつかのシーン」『東京大学史史料室ニュース』20, 2-4.

Spradley, J. P. (1979) *The ethnographic interview*. New York: Harcourt Brace Jovanovich College Publishers.

Spradley, J. P. (1980) *Participant observation*. New York: Harcourt Brace Jovanovich College Publishers.（田中美恵子・麻原きよみ監訳（2010）『参加観察法入門』医学書院.）

5章　心理学で何ができるか——違和感分析への招待

東正訓・橋本尚子・加藤徹・藤本忠明（1994）「大学生の心理学観の構造」『追手門学院大学心理学論集』2, 1-7.

ホッグ, M. A. I., アブラムス, D.／吉森護・野村泰代訳（1995）『社会的アイデンティティ理論』北大路書房.

川喜田二郎（1967）『発想法』中央公論社.

三井宏隆（2002）『実験・調査の考え方　改訂版』小林出版.

佐藤郁哉（1992）『フィールドワーク——書を持って街へ出よう』新曜社.

佐藤達哉（1994）「ブラッドタイプ・ハラスメント」詫摩武俊・佐藤達哉編『血液型と性格』至文堂.

佐藤達哉・尾見康博（1994）「ポップとアカデミック」AERA-Mook3『心理学がわかる』朝日新聞社.

佐藤達哉・尾見康博・渡邊芳之（1994）「現代日本における２つの心理学」『行政社会論集（福島大学）』7(1), 1-45.

清矢良崇（1994）『人間形成のエスノメソドロジー』東洋館出版社.

シーガル, M. H.／田中国夫・谷川賀苗訳（1995）『比較文化心理学　上』北大路書房.

高橋澪子（1994）「実験心理学の独立　ヴント」梅本尭夫・大山正『心理学史への招待』サイエンス社, 第7章.

トーメ，H.／石田幸平訳（1980）『心理学と社会』新曜社．
やまだようこ（1995）「理論研究をまとめるために」『発達心理学研究』6, 72-74.

6章　現場に居ながらにして現場に入り込む方法としての違和感分析
栗原彬（1988）「エスノメソドロジー」見田宗介・栗原彬・田中義久編『社会学事典』弘文堂．
箕浦康子編（1999）『フィールドワークの技法と実際』ミネルヴァ書房．
佐藤達哉（1997a）「心理学で何ができるか――違和感分析への招待」やまだようこ編『現場（フィールド）心理学の発想』新曜社，第2部第3章．
佐藤達哉（1997b）「ネガティブ・カテゴリー化としての不快な決めつけ」『日本心理学会第61回大会論文集』27．
佐藤達哉（1999）「スクール・ハラスメントの感受概念化」『日本心理学会第63回大会発表論文集』27．
サトウタツヤ・渡邊芳之・尾見康博（2000）『心理学論の誕生』北大路書房．
高橋真伊子（1997）「ネガティブカテゴリー化について」福島大学行政社会学部卒業論文．
やまだようこ（1995）「理論研究をまとめるために」『発達心理学研究』6, 72-74.
矢内若子（1998）「スクールハラスメントの感受概念化について」福島大学行政社会学部卒業論文．

7章　文化心理学からみた現場を伝えるいくつかの工夫――セラピーの現場を考える
藤垣裕子（2003）『専門知と公共性』東京大学出版会．
Gibbons, M., Limoges, C., Nowotny, H., Schwartzman, S., Scott, P., & Trow, M.（1994）*The new production of knowledge: The dynamics of science and research in contemporary societies.* London: Sage Publication.（小林信一監訳（1997）『現代社会と知の創造』丸善．）
木戸彩恵（2006）「異なる文化的状況に属する青年期日本人女子学生の化粧行動」立命館大学文学研究科修士論文（未公刊）．（木戸彩恵（2011）「日米での日本人女子大学生の化粧行為の形成と変容――文化の影響の視点から」『質的心理学研究』10, 79-96.）
小林信一（1996）「モード論と科学の脱‐制度化」『現代思想』24（6），254-264．
Oh Seon-Ah, Pian Chengnan, Yamamoto Toshiya, Takahashi Noboru, Sato Tatsuya, Takeo Kazuko, Choi Soon-Ja, Kim Soon-ja. Money and the Life Worlds of Children in Korea: Examining the Phenomenon of Ogori (Treating) from Cultural Psychological Perspectives.（『共愛学園前橋国際大学論集』5, 73-88.）
佐藤達哉（1998）「進展する『心理学と社会の関係』――モード論からみた心理学」心理学論（へ）の挑戦(3)，『人文学報（東京都立大学）』288, 153-177.
サトウタツヤ（2001）『モード論――その意義と対人援助科学領域への拡張』『立命館人間科学研究』2, 3-9. http://www.ritsumeihuman.com/uploads/publication/ningen_

02/02_003-009.pdf　2013年2月25日現在.
佐藤達哉（2002）「モードⅡ・現場心理学・質的研究 ── 心理学にとっての起爆力」下山晴彦・子安増生編『心理学の新しいかたち』誠信書房, Pp.173-212.
佐藤達哉（2004）「ボトムアップ人間関係論の構築」『21世紀フォーラム』94, 24-32.
サトウタツヤ（2006a）『IQを問う』ブレーン出版.
サトウタツヤ（2006b）「ボトムアップ型人間関係をつくる」ミツカン「水の文化センター」／水の文化「人」ネットワーク. http://www.mizu.gr.jp/fudoki/people/020_satoh.html　2013年2月25日現在.
サトウタツヤ（2006c）「発達の多様性を記述する新しい心理学方法論としての複線径路等至性モデル」『立命館人間科学研究』12, 65-75.
サトウタツヤ（2012）『学融とモード論の心理学 ── 人文社会科学における学問融合をめざして』新曜社.
サトウタツヤ・高砂美樹（2003）『流れを読む心理学史』有斐閣.
佐藤達哉・渡邊芳之（1996）『オール・ザット・血液型』コスモの本.
サトウタツヤ・安田裕子・木戸彩恵・高田沙織・ヴァルシナー, J.（2006）「複線径路・等至性モデル──人生径路の多様性を描く質的心理学の新しい方法論を目指して」『質的心理学研究』5, 255-275.
詫摩武俊・佐藤達哉編（1994）『血液型と性格 ── その史的展開と現在の問題点』（現代のエスプリ324号）至文堂.
Valsiner, J. and Sato, T.（2006）Historically Structured Sampling（HSS）: How can psychology's methodology become tuned in to the reality of the historical nature of cultural psychology? In Straub, Kölbl, Weidemann and Zielke（Eds.）*Pursuit of Meaning: Advances in Cultural and Cross-Cultural Psychology*, Transcript Verlag, 215-252.
やまだようこ・サトウタツヤ・南博文編（2001）『カタログ・現場心理学（フィールド）』金子書房.
山本登志哉・高橋登・サトウタツヤ・片成男・呉宣児・金順子・崔順子（2003）「お金をめぐる子どもの生活世界に関する比較文化的研究 ── 済州島調査報告」『共愛学園前橋国際大学論集』3, 13-28. http://www.kyoai.ac.jp/college/ronshuu/no-03/yamamoto.pdf

8章　概念や尺度に惑わされない性格研究を

伊藤哲司（1994）「血液型性格判断と信じる心」詫摩武俊・佐藤達哉編『血液型と性格』至文堂.
カリザス, M., コリンズ, S., ルークス, S.／厚東洋輔・中島道男・中村牧子訳（1995）『人というカテゴリー』紀伊國屋書店.
マロット, R. W., マロット, A. E.／杉山尚子・島宗理・佐藤方哉（1994）『行動分析学入門』産図テクスト.

ミッシェル, W./詫摩武俊監訳 (1992)『パーソナリティの理論』誠信書房.
宮川充司 (1990)「パーソナリティ研究この 1 年」『教育心理学年報』29, 64-71.
佐古純一郎 (1995)『近代日本思想史における人格観念の成立』朝文社.
佐藤達哉 (1995)「性格を見るときの視点について」『多重人格&性格の心理学』朝日新聞社, p.85
佐藤達哉・渡邊芳之 (1992)「人か状況か論争とその後のパーソナリティ心理学」『人文学報 (東京都立大学)』231, 91-114.
佐藤達哉・渡邊芳之 (1996)『オール・ザット・血液型』コスモの本.
渡邊芳之・佐藤達哉 (1991)「パーソナリティ概念を用いた行動説明に見られる方法論的問題点」『人文科学論集 (信州大学)』25, 19-32.
渡邊芳之・佐藤達哉 (1994)「パーソナリティの一貫性をめぐる『視点』と『時間』の問題」『心理学評論』36, 226-243.
渡邊芳之・佐藤達哉 (1996)『性格は変わる、変えられる』自由国民社.

9章　複線径路等至性モデル —— 人生径路の多様性を描く質的心理学の新しい方法論をめざして

Bergson, H. (1889) *Essai sur les données immédiates de la conscience*. Paris: F. Alcan. (中村文郎訳 (2001)『時間と自由』岩波書店.)
Bruner, J. S. (1986) *Actual Minds, Possible Worlds*. Cambridge, MA: Harvard University Press. (田中一彦訳 (1998)『可能世界の心理』みすず書房.)
Frank, A. W. (1995) *The Wounded Storyteller: Body, Illness and Ethics*. Chicago: University of Chicago Press. (鈴木智之訳 (2002)『傷ついた物語の語り手 —— 身体・病い・倫理』ゆみる出版.)
金森修 (2003)『ベルクソン —— 人は過去の奴隷なのだろうか』NHK出版.
河合隼雄 (1976)「事例研究の意義と問題点」『臨床心理事例研究』3, 9-12. (河合隼雄 (1986)『心理療法論考』新曜社. に再録)
木戸彩恵 (2006)「異なる文化的状況に属する青年期日本人女子学生の化粧行動」立命館大学文学研究科修士論文 (未公刊). (木戸彩恵 (2011)「日米での日本人女子大学生の化粧行為の形成と変容 —— 文化の影響の視点から」『質的心理学研究』10, 79-96.)
Kojima, H. (1998) The construction of child rearing theories in early modern Japan. In Lyra M. & Valsiner J. (Eds.), *Child development within culturally structured environments*. Vol.4. Construction of psychological processes in interpersonal communication. 13-14. Stamford, Ct.: Ablex Publishing Corporation.
正高信男 (1999)『育児と日本人』岩波書店.
溝口元・松永俊男 (2005)『生物学の歴史　改訂新版』放送大学教育振興会.
Moghaddam, F. M. (2005) *Great ideas in psychology: A cultural and historical introduction*. Oxford: Oneworld Publications.

佐藤達哉（2004）「ボトムアップ人間関係論の構築」『21世紀フォーラム』*94*, 24-32.
サトウタツヤ（2006a）『IQを問う』ブレーン出版.
サトウタツヤ（2006b）「ボトムアップ型人間関係をつくる」ミツカン「水の文化センター」／水の文化「人」ネットワーク．http://www.mizu.gr.jp/fudoki/people/020_satoh.html　2013年2月25日現在.
サトウタツヤ（2006c）「心理学」あたらしい教科書編集部『あたらしい教科書0　学び』プチグラパブリッシング，Pp.46-51.
サトウタツヤ（2006d）「文化心理学からみた現場を伝えるいくつかの工夫」『ブリーフサイコセラピー研究』*15*, 61-70.
サトウタツヤ・安田裕子・木戸彩恵・高田沙織・ヴァルシナー，Y.（2006）「複線径路・等至性モデル —— 人生径路の多様性を描く質的心理学の新しい方法論を目指して」『質的心理学研究』*5*, 255-275.
冨田恭彦（1994）『クワインと現代アメリカ哲学』世界思想社.
Valsiner, J.（2000）*Culture and human development.* London: Sage
Valsiner, J.（2001）*Comparative study of human cultural development.* Madrid: Fundación Infancia y Aprendizaje.
Valsiner, J. and Sato, T.（2006）Historically Structured Sampling（HSS）: How can psychology's methodology become tuned in to the reality of the historical nature of cultural psychology? In Straub, Kölbl, Weidemann and Zielke（Eds.）*Pursuit of Meaning: Advances in Cultural and Cross-Cultural Psychology,* Transcript Verlag, 215-252.
Waddington, C. H.（1956）*Principles of Embryology.* London: George Allen & Unwin.
やまだようこ編（1997）『現場(フィールド)心理学の発想』新曜社.
やまだようこ（2002）「現場(フィールド)心理学における質的データからのモデル構成プロセス」『質的心理学研究』*1*, 107-128.
安田裕子（2005）「不妊という経験を通じた自己の問い直し過程——治療では子どもが授からなかった当事者の選択岐路から」『質的心理学研究』*4*, 201-226.

10章　「社会と場所の経験」に向き合うためのサンプリング論再考
——あるいはメゾジェネシスレベルの発生を描くということ

Bamberg, M.（2007）Narrative Analysis and Identity Research: A Case for 'Small Stories' In Sugiman, T., Gergen, K. J., Wagner, W., & Yamada, Y.（Eds.）*Meaning in action: Constructions, narratives, and representations.* Tokyo: Scringer-Verlag.
Danziger, K.（1990）*Constructing the subject: historical origins of psychological research.* Cambridge University Press.
Danziger, K., & Dzinas, K.（1997）How psychology got its variables, *Canadian Psychology, 38,* 43-48.

D'Onofrio, M. J., & Gendron, M. S.（2001）Technology Assisted Research Methodologies: A historical perspective of technology-based data collection methods. Paper presented at the Internet Global Summit: A Net Odyssey-Mobility and the Internet-The 11th Annual Internet Society Conference, Stockholm Sweden.

Hermans, H. J. M.（2001）The dialogical self: Toward a theory of personal and cultural positioning. *Culture and Psychology, 7*, 243–281.

Hermans, H. J. M.（Ed.）.（2002）Special issue on dialogical self. *Theory and Psychology, 12*, 147–280.

日高友郎・水月昭道・サトウタツヤ・松原洋子（2007）「ITによるALS患者のコミュニケーション・サポートの場の分析」『立命館人間科学研究』15, 25-38.

鯨岡峻（2008）「主体として『育てられ-育つ』——質的発達研究に寄せて」無藤隆・麻生武編『質的心理学講座1　育ちと学びの生成』東京大学出版会，第Ⅰ部第1章.

松田奈緒子・加藤力（2007）「インテリア空間に表れる精神の病み」『日本社会心理学会第48回大会発表論文集』pp.572.

松本佳久子（2009）「少年受刑者への音楽療法」サトウタツヤ編『TEMではじめる質的研究』誠信書房，第4章第2節，pp.101-122.

McNemar, Q.（1940）Sampling in psychological research. *Psychological Bulletin, 37*, 331–365.

箕浦康子編（1999）『フィールドワークの技法と実際』ミネルヴァ書房.

森直久（2009）「TEM動乱期（2006-2007）」サトウタツヤ編『TEMではじめる質的研究』誠信書房，第3章.

Neyman, J.（1934）On the two different aspects of the representative method: the method of stratified sampling and the method of purposive selection. *Journal of the Royal Statistical Society, 97*, 558–606.

大倉得史（2008）『語り合う質的心理学——体験に寄り添う知を求めて』ナカニシヤ出版.

Patton, M. Q.（1990）*Qualitative evaluation and research methods*（2nd ed.）. Newbury Park, CA: Sage.（2001年第3版）

Peirce, C. S.（1894／1998）What Is a Sign？ In N. E. A. Houser（Ed.）, *The Essential Peirce*. Bloomington, IN: Indiana University Press.

サトウタツヤ（2007）「研究デザインと倫理的配慮」やまだようこ編『質的心理学の方法』新曜社，第2章.

サトウタツヤ（2009）「ZOF（目的の領域）による未来展望・記号の発生と『発生と三層モデル』」サトウタツヤ編『TEMではじめる質的研究』誠信書房，第4章.

サトウタツヤ編（2009）『TEMではじめる質的研究』誠信書房.

サトウタツヤ（2012）「TEAへの昇華——理論・方法論・認識論として」安田裕子・サトウタツヤ編『TEMでわかる人生の径路』誠信書房，第4章第1節，Pp.209-222.

佐藤達哉・菅原ますみ・戸田まり・島悟・北村俊則（1994）「育児に関連するストレスと

その抑うつ重症度との関連」『心理学研究』64, 409-416.
Sato Tatsuya, Watanabe Yoshiyuki, Omi Yasuhiro. (2007) Beyond Dichotomy-Toward creative syntheses on methodology of psychology. *Integrative Psychological and Behavioral Science, 47*, 50-59.
Sato Tatsuya, Yasuda Yuko, Kido Ayae, Arakawa Ayumu, Mizoguchi Hazime and Jaan Valsiner. (2007) Sampling Reconsidered: Idiographic Science and the Analyses of Personal Life Trajectories. In Valsiner, J. and Rosa, A. (Eds.) *Cambridge Handbook of Socio-Cultural Psychology*, Chapter 4, Cambridge University Press, Pp.82-106.
サトウタツヤ・安田裕子・木戸彩恵・高田沙織・ヴァルシナー, Y. (2006)「複線径路・等至性モデル —— 人生径路の多様性を描く質的心理学の新しい方法論を目指して」『質的心理学研究』5, 255-275.
高野陽太郎・岡隆編 (2004)『心理学研究法 —— 心を見つめる科学のまなざし』有斐閣.
谷村ひとみ・サトウタツヤ・土田宣明 (2008)「『ふつうの結婚』を目指させた親の性別役割意識 —— 1980年代に結婚を経験した女性たちの語りから」『立命館人間科学研究』No. 17, 61-74.
Valsiner, J. (Ed.) (1986) *The individual subject and scientific psychology*. New York: Plenum.
Valsiner, J. (1999) *Culture and Human Development*. Sage Publication.
Valsiner, J. (2001) *Comparative study of human cultural development*. Madrid: Fundación Infancia y Aprendizaje.
Valsiner, J. (2007) *Culture in minds and societies: Foundations of Cultural Psychology*. Sage Publication. (サトウタツヤ監訳 (2013)『新しい文化心理学の構築 ——〈心と社会〉の中の文化』新曜社.)
Valsiner, J. and Sato, T. (2006) Historically Structured Sampling (HSS): How can psychology's methodology become tuned in to the reality of the historical nature of cultural psychology? In Straub, Kölbl, Weidemann and Zielke (Eds.) *Pursuit of Meaning: Advances in Cultural and Cross-Cultural Psychology*, Transcript Verlag, 215-252.
Von Bertalanffy, L. (1968) *General systems theory*. New York: Braziller. (長野敬・太田邦昌訳 (1973)『一般システム理論』みすず書房.)
ヴィゴツキー, L. S./柴田義松訳 (1970)『精神発達の理論』明治図書出版.
渡邊芳之 (2007)「心理学と方法」渡邊芳之編『心理学方法論』朝倉書店, Pp.1-29.
安田裕子・高田沙織・荒川歩・木戸彩恵・サトウタツヤ (2008)「未婚の若年女性の中絶経験 —— 現実的制約と関係性の中で変化する、多様な径路に着目して」『質的心理学研究』7, 181-203.
Yule, G. U. (1929) *Introduction to the Theory of Statistics*, 9th ed. London: C. Griffin.

付章　質的心理学の歴史

フリック，U.／小田博志ほか訳（2002）『質的研究入門 ――＜人間の科学＞のための方法論』春秋社.

伊波和恵（2002）「書評『カタログ 現場(フィールド)心理学』」『質的心理学研究』*1*, 154-157.

箕浦康子（1984）『子供の異文化体験』思索社.

箕浦康子編（1999）『フィールドワークの技法と実際』ミネルヴァ書房.

佐藤郁哉（1984）『暴走族のエスノグラフィー』新曜社.

佐藤郁哉（1992）『フィールドワーク ―― 書を持って街へ出よう』新曜社.

Suzuki, K. (2000) Qualitative social research in Japan. Forum Qualitative Sozialforschung/Forum: Qualitative Social Research [On-line], 1 (1). Available at: http://www.qualitative-research.net/fqs-texte/1-00/1-00suzuki-e.htm [Date of Access: February 25th, 2013]

トゥールミン，S.／藤村龍雄・新井浩子訳（2001）『近代とは何か ―― その隠されたアジェンダ』法政大学出版局.

山田洋子（1986）「モデル構成をめざす現場(フィールド)心理学の方法論」『愛知淑徳短期大学研究紀要』*25*, 29-48.（やまだようこ編（1997）『現場(フィールド)心理学の発想』新曜社, pp.161-186. に再録）

やまだようこ（1987）『ことばの前のことば ―― ことばが生まれるすじみち1』新曜社.

人名索引

▶あ 行

麻生武 176
安藤寿康 66
安藤典明 66
石川文洋 20
石田幸平 156
磯村陸子 48
伊藤哲司 187
伊波和恵 255
印東太郎 50
ヴァルシナー, J. 51,52,82,181-183,211,
　213-215,217-219,234,236,239,240,
　241,245-247,251
ヴィゴツキー, L. S. 246
ウィトマー, L. 74
ヴント, W. 68,74,138,139,253
呉宣児 180
大倉得史 238
岡隆 241
尾見康博 104,137,162,234
オールポート, G. W. 190,195

▶か 行

加藤力 237
ガービッチ, C. 35,36
ガーフィンケル, H. 161,162,168
カリザス, M. 201
苅田知則 16
河合隼雄 209
ガンサルス, C. K. 62
ギアーツ, C. 44
ギーゼブレヒト, G. F. 37

木戸彩恵 182,185,211,216
ギボンス, M. 76,175
金順子 180
クヴァル, S. 54
鯨岡峻 244
栗原彬 168
厚東洋輔 201
古澤頼雄 66
小嶋秀夫 214
小林信一 175

▶さ 行

戈木クレイグヒル滋子 44
西條剛央 45,83,88
齊藤久美子 33
斉藤こずゑ 66
佐藤郁哉 3,40,42,43,156,254
サトウタツヤ（佐藤達哉） 4,5,10,30,32,
　45,51,52,65,78,85,88,89,104,137,
　157,162,171,172,175,180,182,187,
　190,197,201,203,211,215,220,221,
　230,234,236,239,246,248,251,252
澤田英三 79,80
ジェンシック, V. J. 39
柴山真琴 12,13,54
スキナー, B. F. 194
Suzuki, K. 255
ステイク, R. E. 46
スプラドレー, J. P. 117,119,120
ソーンダイク, E. L. 254

▶た 行

高田沙織　182,211
高野陽太郎　5,102,241
高橋登　180
詫摩武俊　4,171
竹尾和子　180
田中國夫　155
谷口明子　40
谷村ひとみ　248
ダンツィガー, K.　228,230
崔順子　180
ツィナス, K.　228
都筑学　66
土田宣明　248
トゥールミン, S.　255
德田治子　42
富田正利　66
冨田恭彦　210
ドリーシュ, H.　218

▶な 行

中島理暁　60
ネイマン, J.　231
能智正博　79,80
野坂祐子　47

▶は 行

バーグ, B. L.　46
パース, C. S.　246
パットン, M. Q.　51,236
ハーマンズ, H. J. M.　234
バンベルク, M.　247
ピアジェ, J.　75
ピアソン, K.　227,251
片成男　180
東正訓　135
日高友郎　225

ビネ, A.　72,254
ヒューバーマン, A. M.　79
フォン・ベルタランフィ, L.　218,239
深澤道子　66
藤垣裕子　176
フリック, U.　37,38,45,88,255
ブルーナー, J. S.　217
ベルクソン, H.　216
ベルトー, D.　41

▶ま 行

マイルス, M. B.　79
マクネマー, Q.　231
松田奈緒子　237
松永俊男　218
松本佳久子　237,240
マロット, R. W.　201
ミシェル, W.　190,191
溝口元　218
三井宏隆　156
南博文　32,79,80,171,176
箕浦康子　5,10–15,22,30,32,90,107,161,254
宮内洋　40
宮川知彰　192
ミューラー, U.　37
無藤隆　176
村本由紀子　129,130
モグハッダム, F. M.　211
森直久　234,235

▶や 行

安田裕子　41,65,182,211,215,219,236
やまだようこ（山田洋子）　32,37,39,43,44,47,50,52,83,156,168,171,176,208,209,254
山本登志哉　96,180

ユール, G. U. 231

▶わ 行
渡邊芳之 5, 45, 104, 162, 171, 187, 190, 201, 203, 234, 235
ワディントン, C. H. 219, 220
ワトソン, J. 256

事項索引

▶ A to Z
ADL 尺度 241
GTA ⇒グラウンデッドセオリー・アプローチ
HSS ⇒歴史的構造化サンプリング
IRB ⇒組織内レビュー委員会
KJ 法 44, 242
subject 140
TEM ⇒複線径路等至性モデル
TLMG ⇒発生の三層モデル

▶あ 行
一貫性論争 191
一般化限定性 88
一般システム理論 218
違背実験 162
異文化記述 7
違和感分析 145, 163, 167
インタビュー 36, 46
　——研究 37
　——の影響 54
　——のスケジュール 41
インフォームド・コンセント 54, 55
映像記録 9

エスノグラフィ 6, 22
エスノメソドロジー 72, 161
エピジェネティック・ランドスケープモデル 219
オープンシステム（開放系） 179, 216, 239
オルタナティブ・オプション（代替選択肢） 184, 216

▶か 行
解釈主義 10
外挿的再現性 88, 89
外的妥当性 88
科学の典型性 73
書くこと 7
確実性（手堅さ） 87
確率標本抽出法 51
仮説継承 83
仮説検証アプローチ 10
仮説生成 21, 83, 93
　——アプローチ 10
　——法 107
語り 210
　——直し 210
可能性：

監査—— 87
再現—— 45,87
転用—— 88,97,100,209
反証—— 87
可能世界 217,219
観察 11,17,36,37
　行動—— 14
　参与—— 3
　自己—— 14
　焦点—— 93
　臨床的——（クリニカルリサーチ） 74
感受概念 167
感受主体 146,163
記号:
　——による媒介 246
　——の機能化 245
基本的帰属の錯誤 64
客観性 87
偶有的 238
グラウンデッドセオリー・アプローチ
　（GTA） 44,242
クローズドシステム（閉鎖系） 179
経験ベーストサンプリング 229
ケースカンファレンス 173
血液型性格判断 5,83
研究:
　——デザイン 35
　——と実践 76
　——の挫折 17
　——倫理 53 ⇒ 手続き的倫理,フィールドワークの倫理
現場（フィールド） 39,161
　——的定義 167
現場（フィールド）心理学 50,159,198
構成概念妥当性 86

▶さ 行

再現性概念 88
錯視図 69
サンプリング 49,52,95,145,177,207
　——の偏り 96
サンプルの代表性 30
時間のモデル 37
実験 253
実証科学的 137
実証主義 10
「実践」と「研究」 172
質的研究 36,49,78,79,85,227,255
　——における対象抽出 49
　——の訓練 90
　——の研究プロセス 43
　——へのテクニカル・アドバイス 92
　——への批判 81
質的心理学 253
『質的心理学研究』 255
質的な経験 78
視点:
　一人称的—— 197
　二人称的—— 197
　三人称的—— 197
社会的方向づけ 185
主観的 49
受動的参与 120
状況主義 193
省察 47
少数事例研究 99
象徴性記号 246
冗長な統制 214
事例:
　——記述 177
　——研究 173,208
　——報告 177
人格 187

真正性　87, 88
信憑性　46
信頼性　45, 85, 87
心理学
　　——のジレンマ　75
　　——の成立　68, 70
性格　188, 193, 197
（性格の）正確反映仮説　190
精神医学　197
漸次構造化法　43
組織内レビュー委員会（IRB）　59
素朴実在論　190

▶た　行
第一種の過誤　63, 82, 83
対象抽出　49　⇒ サンプリング
対象の偏り　178
大数サンプリング　230
大数の法則　232
第二種の過誤　63, 83
代表値　234
妥当化の過程　45
妥当性　45, 85, 100
知能検査　254
テクスト化　37, 44
テクスト分析　44
手続き的再現性　31, 45, 88, 89
手続き的倫理　62
問いの変容　42, 56
同意をとる際の形式　61
統計的検定　84
統計量　231
　　——アプローチ　227
等至点　182, 215, 239, 243
トライアンギュレーション　37, 46

▶な　行
内的実体論　190
内的妥当性　87
ナラティブ　38
日常生活動作　241
日本質的心理学会　255
人間科学　202
ノイズ　234
ノイラートの舟　210

▶は　行
ハイファイ性　31
迫真性　31
パーソナリティ　188
発生の三層モデル（TLMG）　245, 247
発達段階　245
　　発達の段階モデル　211
犯罪学　197
ピア・カンファレンス　48
非可逆的時間　216
比較文化心理学　212
非確率的サンプリング（非確率標本抽出法）　51, 52, 236
被験者　7
　　——の権利　60
ビッグ・サイエンス　139
ビッグファイブ　192
必須通過点　215, 243
評価概念　87
ぶ厚い記述　44, 82
フィールド　3, 15, 39　⇒ 現場
フィールド・エントリー　15, 115
フィールド研究　3
　　——の終わり方　16
フィールドワーク　3, 6, 107
　　——の特徴　40
　　——の倫理　19

——・プロセス　11
フォークセオリー　187
複数等至性　219
複線径路　215
複線径路等至性モデル（TEM）　183,185,
　　211,214,216,242
不作為の問題　62
プライバシーの保護　54
プログラムの必要性　61
プロモーター・サイン（促進的記号）　248,
　　249
文化心理学　212,245,251
文献　29
分析・仮説生成・理論化のプロセス　22
併存妥当性　86
方法崇拝　39
母集団　51,98,177,181,227,231
母数　227
ホーソン（工場）効果　58
ボトムアップ人間関係論　104,221

▶ま　行
マイクロ・エスノグラフィ　6
マイクロジェネティックレベル　246,247
民族誌　6
民族心理学　253
メゾジェネティックレベル　247
メモ　30
面接　11
メンター　47,84
メンタルテスト　72

モデル　177,208
——化　50
——化の機能　50
——構成　50
モード論　76,175

▶や　行
有意味性　87

▶ら　行
ライフストーリー研究　43
ラポール　18
ランダムサンプリング　50,51,98,177,178,
　　207,225,227
リサーチ・クエスチョン（研究設問）　18,
　　42
リスク　61
リーダーシップPM理論　128
領域密着型理論　22
両極化した等至点　219,243
量的研究　36,85
理論的記述　45,82
理論的サンプリング　21
臨場的再現性　88,89　⇒ ハイファイ性
類似性記号　246
歴史的構造化サンプリング（HSS）　182,
　　185,236,238
レポート　19
ローカリティ　50
ロビンソン・クルーソー問題　196

初出一覧

1章 フィールド研究のプロセス
サトウタツヤ（2001）．「フィールド研究のプロセス」尾見康博・伊藤哲司（編著）『心理学におけるフィールド研究の現場』北大路書房，pp.18-33.

2章 研究デザインと倫理的配慮
サトウタツヤ（2007）．「研究デザインと倫理」やまだようこ（編）『質的心理学の方法——語りをきく』新曜社，pp.16-37.

3章 心理学からみた質的研究
サトウタツヤ（2004）．「心理学からみた質的研究」『学術フロンティア推進事業プロジェクト研究シリーズ7号』立命館大学，pp.3-43.

4章 フィールドワーク・クラスのエスノグラフィ
サトウタツヤ（1999）．「フィールドワーク・クラスのエスノグラフィー」箕浦康子（編著）『フィールドワークの技法と実際——マイクロ・エスノグラフィー入門』ミネルヴァ書房，196-219.

5章 心理学で何ができるか——違和感分析への招待
サトウタツヤ（1997）．「心理学で何ができるか——違和感分析への招待」やまだようこ（編）『現場（フィールド）心理学の発想』新曜社，pp.31-52.

6章 現場に居ながらにして現場に入り込む方法としての違和感分析
サトウタツヤ（2001）．「違和感分析——現場に居ながらにして現場に入り込む1つの方法」やまだようこ・サトウタツヤ・南博文（編）『カタログ 現場心理学——表現の冒険』金子書房，pp.128-135.

7章 文化心理学からみた現場を伝えるいくつかの工夫
サトウタツヤ（2006）．「文化心理学からみた現場を伝えるいくつかの工夫」『ブリーフサイコセラピー研究』Vol.15, No.1，61-70，ブリーフサイコセラピー学会.

8章 概念や尺度に惑わされない性格研究を
サトウタツヤ（1997）．「概念や尺度に惑わされない性格研究を」やまだようこ（編）『現場（フィールド）心理学の発想』新曜社，pp.121-135.

9章 複線径路等至性モデル——人生径路の多様性を描く質的心理学の新しい方法論をめざして
サトウタツヤ（2006）．「発達の多様性を記述する新しい心理学的方法論としての複線径路・等至性モデル」『立命館大学人間科学研究』Vol.12, 65-75.

10章 「社会と場所の経験」に向き合うためのサンプリング論再考
サトウタツヤ（2008）．「『社会と場所の経験』に向き合うためのサンプリング論再考」

サトウタツヤ・南博文（編）『社会と場所の経験』質的心理学講座3，東京大学出版会，pp.233-260.

付章　質的心理学の歴史

サトウタツヤ（2004）．「質的研究はどうしてでてきたか ── 一回性、特殊性、歴史性への志向」無藤隆・やまだようこ・南博文・麻生武・サトウタツヤ（編）『ワードマップ質的心理学 ── 創造的に活用するコツ』新曜社，pp.27-30.

付記　これらの章を発表順に並べると筆者の思考の径路を歴史的にたどることができるかもしれません。

著者紹介

サトウタツヤ（佐藤達哉）
東京都立大学大学院博士課程中退。博士（文学　東北大学）。福島大学行政社会学部助教授等を経て，現在立命館大学文学部教授/研究部長。専門は、応用社会心理学，文化心理学，心理学史。

主要な著作
『日本における心理学の受容と展開』(2002，北大路書房)，『「モード性格」論』(共著，2005，紀伊國屋書店)，『IQを問う』(2006，ブレーン出版)，『社会と場所の経験』(共編，2008，東京大学出版会)，『TEMではじめる質的研究』(編著，2009，誠信書房)，『心理学・入門』(共著，2011，有斐閣)，『方法としての心理学史』(2011，新曜社)，『学融とモード論の心理学』(2012，新曜社)『社会と向き合う心理学』(共編著，2012，新曜社)他。

質的心理学の展望

初版第1刷発行　2013年5月30日

著　者　サトウタツヤ
発行者　塩浦　暲
発行所　株式会社　新曜社
　　　　〒101-0051 東京都千代田区神田神保町2-10
　　　　電話(03)3264-4973(代)・Fax(03)3239-2958
　　　　E-mail：info@shin-yo-sha.co.jp
　　　　URL http://www.shin-yo-sha.co.jp/
印刷所　三協印刷(株)
製本所　イマキ製本所

Ⓒ Tatsuya Sato, 2013　Printed in Japan
ISBN978-4-7885-1343-3　C1011

新曜社の関連書

書名	著者	判型・価格
方法としての心理学史 心理学を語り直す	サトウタツヤ	A5判224頁 本体2400円
学融とモード論の心理学 人文社会科学における学問融合をめざして	サトウタツヤ	A5判320頁 本体3300円
新しい文化心理学の構築 〈心と社会〉の中の文化	ヤーン・ヴァルシナー サトウタツヤ 監訳	A5判560頁 本体6300円
社会と向き合う心理学	サトウタツヤ・若林宏輔・ 木戸彩恵 編	A5判352頁 本体2800円
不妊治療者の人生選択 ライフストーリーを捉えるナラティヴ・アプローチ	安田裕子	A5判304頁 本体3800円
ワードマップ　質的心理学 創造的に活用するコツ	無藤　隆・やまだようこ・南　博文・ 麻生　武・サトウタツヤ 編	四六判288頁 本体2200円
質的心理学の方法 語りをきく	やまだようこ 編	A5判320頁 本体2600円
対話的自己 デカルト／ジェームス／ミードを超えて	H.ハーマンス・H.ケンペン 溝上慎一・水間玲子 訳	A5判304頁 本体4200円
性格とはなんだったのか 心理学と日常概念	渡邊芳之	四六判228頁 本体2200円
心理学者，心理学を語る 時代を築いた13人の偉才との対話	D.コーエン 子安増生 監訳／三宅真季子 訳	四六判512頁 本体4800円
論争のなかの心理学 どこまで科学たりうるか	A.ベル 渡辺恒夫・小松栄一 訳	四六判256頁 本体2400円
心理学への異議 誰による，誰のための研究か	P.バニアード 鈴木聡志 訳	四六判232頁 本体1900円

＊表示価格は消費税を含みません。